SITEJIAOYUXILIECONGSHU

班主任谈心术

《“四特”教育系列丛书》编委会 编著

吉林出版集团股份有限公司
全国百佳图书出版单位

图书在版编目(CIP)数据

班主任谈心术 /《“四特”教育系列丛书》编委会编著 .
—长春：吉林出版集团股份有限公司，2012.4
（“四特”教育系列丛书 / 庄文中等主编 . 班主任治班之道）
ISBN 978-7-5463-8784-0

I. ①班… Ⅱ . ①四… Ⅲ . ①中小学生－心理健康－健康教育 Ⅳ . ① G479

中国版本图书馆 CIP 数据核字（2012）第 045938 号

班主任谈心术
BANZHUREN TANXIN SHU

出版人 吴 强
责任编辑 朱子玉 杨 帆
开 本 690mm × 960mm 1/16
字 数 250 千字
印 张 13
版 次 2012 年 4 月第 1 版
印 次 2023 年 2 月第 3 次印刷

出 版 吉林出版集团股份有限公司
发 行 吉林音像出版社有限责任公司
地 址 长春市南关区福祉大路 5788 号
电 话 0431-81629667
印 刷 三河市燕春印务有限公司

ISBN 978-7-5463-8784-0 定价：39.80 元

前言

学校教育是个人一生中所受教育最重要的组成部分，个人在学校里接受计划性的指导，系统地学习文化知识、社会规范、道德准则和价值观念。学校教育从某种意义上讲，决定着个人社会化的水平和性质，是个体社会化的重要基地。知识经济时代要求社会尊师重教，学校教育越来越受重视，在社会中起到举足轻重的作用。

“四特教育系列丛书”以“特定对象、特别对待、特殊方法、特例分析”为宗旨，立足学校教育与管理，理论结合实践，集多位教育界专家、学者以及一线校长、老师们的教育成果与经验于一体，围绕困扰学校、领导、教师、学生的教育难题，集思广益，多方借鉴，力求全面彻底解决。

本辑为“四特教育系列丛书”之《班主任治班之道》。班主任是教师队伍的重要组成部分，是班级工作的组织者、班集体建设的指导者、学生健康成长的引领者，是思想道德教育的骨干，是沟通家长和社区的桥梁，是实施素质教育的重要力量。班主任工作是学校教育中极其重要的育人工作，既是一门科学，也是一门艺术。班主任工作既包括日常的教学管理，也包括班级文化建设。

本辑共20分册，具体内容如下：

1.《管好班干部》

班干部是班集体的核心，也是班级的“火车头”，这个“头”带的好不好，马力足不足，直接影响到整个班级的运转。有了优秀的班干部队伍，班级各项工作就会顺利开展，班级面貌就会生机勃勃；反之，班级就是一盘散沙，集体就会涣散无力。因此，如何培养一支素质高、能力强的班干部队伍，显得尤为重要。本书对班主任如何管理好班干部进行了系统而深入的分析和探讨，并提出了解决这一问题的新思路、可供实际操作的新方案，内容翔实，教案丰富，对中小学班主任颇有启发意义。

2.《带班的技巧》

本书讲述的常见问题与解决策略，绝大多数来自新时期一线班主任的教育实践，因此，其实用性和可操作性是不言而喻的。同时.本书又不拘泥于就“问题”论“问题”，而是透过现象看本质，善于引导新班主任们看到问题背后更深层次的东西，从而看得更远、想得更深、悟得更多。

3.《全能班主任》

优秀的班主任是如何炼成的？他们的成长要经过多少道磨练？……本书对优秀班主任成长必经的多项全能进行了深刻剖析与精彩演绎。

来自一线最真实的问题，来自一线最优秀班主任的“头脑风暴”，来自全国著名班主任的点拨,使得本书在浩如烟海的班主任培训用书中脱颖而出。

4.《拿什么约束班主任》

班级是学校进行教育、教学工作的基本单位。班主任是班集体的组织者、教育者和指导者,是学校领导实施教育、教学计划的直接执行者,是指导团队开展工作的重要力量,是沟通学校、家庭、社会三结合教育渠道的桥梁。为了能更好地体现新课程改革对班主任工作的要求,进一步规范班主任工作的管理,明确班主任工作职责,促进班级工作的开展,建立良好的班风、校风,班主任教师除了在工作中讲究技巧性和艺术性外,还应该有严格的工作要求与便于实践操作的基本规范。

5.《班主任的基本功》

班主任工作十分繁杂,头绪很多,要想成为一名优秀的班主任,应当从事务堆中解脱出来,始终保持清醒的头脑,以明确自己的使命。本书全方位地阐述了新时期做好班主任应具备的各方面要素;它从班主任实际工作出发,从工作中出现的问题入手,再到详细地分析问题的成因,最后提出解决问题的方法、策略或建议。本书反映了我国新时期有关班主任工作的方针、政策的新动向,反映了班主任教育理念发展的新趋势,同时也反映了班主任工作实践活动的新发展。

6.《从细节入手》

班主任是班级的组织者、协调者、领导者和教育者,他是距离学生最近、与学生接触最多、对学生影响最大的老师。他的管理、他的教育影响的发挥在很大程度上取决于对教育细节的把握。细节虽小,却能透射出教育的大理念、大智慧。一个成功的班主任,一定是一个关注细节、善于利用细节去感染、教育和管理学生的人。

7.《班主任谈心术》

当前,青少年心理健康问题已成为全社会越来越关注的焦点。因青少年心理问题引发的违法犯罪等社会问题,也呈日趋上升的态势。现代教育的发展要求教师"不仅仅是人类文化的传递者,也应当是学生心灵的塑造者,是学生心理健康的维护者"。作为一班之"主"的班主任,能否以科学而有效的方法把握学生的心理,因势利导地促进各种类型学生的健康成长,将对教育工作的成败有决定性的作用。但是,面对性格迥异,出身、家庭等各有不同的学生,如何走进他们的心灵、倾听他们的心声、解决他们的思想问题?本书将一一为您解答。

8.《班主任治班之道》

班级是学校的基础"细胞"。班级管理搞好了,学校的教育、教学工作才会得以顺利。正如赫尔巴特所说:"如果不坚强而温和地抓住管理的缰绳,任何功课的教育都是不可能的。"可见班级管理工作是多么的重要。而班主任作为班级的组织者、管理者,做好班级的管理就成为班主任工作的重中之重。

9.《怎样开好班会》

主题班会可以锻炼学生的活动能力，开拓他们的眼界。如何设计好一场别开生面的主题班会，寓教于乐，从思想上和情感上润物无声，对学生起到特殊的教育作用，这本手册是您的最好选择。分类细，立意精，内容新，一册在手，开班会不愁！

10.《突发事件应对》

书中列举的大量真实生动的案例，无不充满智慧，充满心与心的交流。书中的一幕幕校园闹剧，让人有种似曾相识的感觉；书中老师的"斗智斗勇"，让人感到耳目一新，由衷叹服，不禁感慨教育真是一门充满智慧的学问！

11.《学生人格教育》

本书从人格类型入手，对教师和学生的人格类型进行了划分；再结合大量实证研究和教学实践个案，提出了教师应如何巧妙地根据学生的心理类型，在全班教学的同时又针对类型差异，进行适应个别差异的教学和管理，以满足学生的需要来激发学生的学习兴趣，进而提高教学效率，使每个学生得到适合自己的发展。阅读本书，教师不仅能够掌握更有效的教学方式、让学生喜欢上学习、提高教学质量，而且能够对自己有更进一步的了解，有利于教师的自我成长。

12.《学生心理教育》

当前我国教育改革和发展面临的重大任务和时代主旋律，是全面实施和推进素质教育。素质教育的重要内容和目标之一，就是培养学生良好的心理素质，提高学生的心理健康水平。而要想培养和发展学生的心理素质，最重要的方法就是面对全体学生系统地开展心理健康教育。本书就是一本供中小学生心理健康教育用的书，有助于引导中小学生领悟到相关的理念、知识和方法。

13.《学生遵纪守法教育》

对广大青少年的遵纪守法教育应根据其认识水平，从纪律教育入手，让他们从小建立起规则意识。而且要明确所在学校的校规，所在班级的班规；要了解学校的各种制度。由学校的一些纪律制度，推而广之，让青少年对必要的社会公共秩序的规定也要有所了解。同时，要青少年明白人小也要守法。本书以青少年为主要读者对象，目的是让青少年读者感受到遵纪守法的必要性。

14.《学生热爱学习教育》

本书通过大量实例，深入浅出地剖析了动机的重要性和来源，教您如何激发学生投入学习的动机，怎样鼓励学生完成学习任务，还告诉您怎样及时遏制学生在课堂上的不当动机。掌握了激发学生学习动机的策略之后，您会发现，让学生都爱学习，已不再只是梦想，它正在慢慢变为现实。

15.《学生热爱劳动教育》

教育与生产劳动相结合是我党教育方针的重要组成部分，是我们坚持社会主义教育方向的一项基本措施。要搞好教育与生产劳动的有机结合，必须首先教育学生热爱劳动，使每个学生对劳动产生渴望，感到劳动是一种欢乐，是一种享受。当学生能从劳动中取得乐趣时，劳动教育才算获得成功。

16.《学生热爱祖国教育》

热爱祖国是中华民族的传统美德，是每个公民的神圣义务。"以热爱祖国为荣，以危害祖国为耻"不仅是一个普通的道德准则，也是公民的生活规范。爱国主义是维护中华民族大团结，促进社会大发展的主要精神动力，是中华民族最基本、最重要的传统美德。爱国主义，也是对自己祖国和人民的深厚感情。

17.《学生热爱社会教育》

构建社会主义和谐社会，必将为青少年健康成长创造一个优良的社会环境。同时，加强青少年社会教育，促进青少年健康成长，对于促进社会主义和谐社会建设，也具有十分重要的意义。社会的持续发展，持续和谐，在很大程度上取决于今天的青少年能否成为未来社会的合格成员，而培养合格的社会成员，仅靠学校教育、家庭教育是不够的，必须坚持学校教育、家庭教育和社会教育相结合。

18.《学生热爱科学教育》

当你们看着可爱的动画片，玩着迷人的电脑游戏，坐上快速的列车，接听着越洋电话的时候，……你可曾意识到科学的力量，科学不仅改变了这个世界，也改变了我们的生活，科学就在我们身边。科学技术的日新月异，使得科学不只为尖端技术服务，也越来越多地渗透到我们的日常生活之中，这就需要正处于青少年时代的我们热爱科学，学习科学。

19.《学生热爱环境教育》

我们不是从祖先那里继承了地球，而是从子孙那里借用了地球。宇宙无垠，地球是一叶扁舟，人类应该同舟共济。地球能满足人类的需要，但满足不了人类的贪婪。森林是地球的肺，我们要保护森林。水是生命的源泉，珍惜水源也就是珍惜人类的未来。拯救地球，从生活中的细节做起。对待环境的态度，表现着一个人的素质和教养。人类若不能与其它物种共存，便不能与这个星球共存。幸福生活不只在于衣食享乐，也在于碧水蓝天。

20.《学生热爱父母教育》

专家认为教育首先是让孩子"成人"，然后再是"成才"。要弄清成绩、成人与成才三者的关系，谨防"热爱教育"缺失造成的心灵成长"缺钙"现象。对一个孩子健全人格的培养，最关键的要让他做到几点：热爱父母，能承受挫折、吃得起苦，有劳动的观念。热爱父母，才能延及热爱社会、热爱人生。

由于时间、经验的关系，本书在编写等方面，必定存在不足和错误之处，衷心希望各界读者、一线教师及教育界人士批评指正。

编者

目 录

第一章

控制好自己的情绪

教师也是普通的人，在他们的日常生活当中也有喜怒哀乐、悲欢离合。

很多时候，教师的情商比智商更重要。因此，要成为高素质的教师，首先要学会控制自己的情绪。

真诚是谈心的基础

在师生交往的过程中，我们常常听到学生说："我喜欢××老师，因为××老师对我很好。""我愿意听×老师的话，因为×老师对我所做的一切都是为了我。""×老师对我真关心！比我的父母还理解我……"学生接纳了教师的关心，才能接纳教师对他们的教育。在学校里，几乎每位教师对学生的期望都是好的，但是并非所有教师对学生的关心与良好愿望都会被学生所接受，或者说不同的教师即使对学生有同样的教育要求和愿望，被学生接受的程度也不一样。这其中的一个重要原因是教师在与学生谈心时，学生对他们的真诚度的感受不同，或者是他们对学生的真诚度不同，教育的效果也就截然不同了。所以，班主任在与学生谈心时，最基本的态度是要诚恳。诚恳的谈话态度，是在友好气氛下进行谈心的基础，同时也能增加双方的心理宽容度。而夸夸其谈，说大话、空话、假话易给人留下华而不实的印象。说话态度过于恭谦，又易使人觉得虚情假意。因此，把握好这个度，态度诚实，一般而言，学生会产生谈话的愿望。

诚恳的谈话态度易使师生间相互信任

相互信任是班主任与学生谈话顺利进行的前提条件。当班主任获得学生信任后，学生对班主任的反感就会被克服，学生会把班主任看成一个可以亲近的人。只有达到这种信任平衡，才能使师生心心相印，无话不谈。同时要让学生感受到老师在倾听他的谈话，在尊重他。尽量使学生意识到，教师对全面的真实的信息感兴趣，而不喜欢弄虚作假，教师对工作认真负责，对班级全体学生都很负责。学生若能反映真实情况，诉诸实言，这便是谈话的最大成功。

诚恳的谈话态度也易于师生间情感的交流

"感人心者莫先乎情"，班主任只有先动之以情，才能对学生晓之以理，做到和风细雨、情理兼通，及时发现并表扬其优点，使学生在师生间情感的交流中，感到老师的关切与爱护。"亲其师"才能"信其道"。与学生谈话，不可忽视情感的作用，因为情感是教育信息通向学生内心世界的"桥梁"。要架设这座"桥梁"，关键在于寓理于情，以自己积极的情感体验影响学生，努力创设愉快、宽松的谈话氛围。这样才能引起肯定性的情绪反应，使学生愉快地、心悦诚服地接受老师的教育。

来看下面的案例：

记得有一天下午上第一节课时，我刚走进教室，一个男孩就站起来说：“老师，我的书包被人拿走了！”我说：“什么时候丢失的？”他支支吾吾地说：“是打上课铃前几分钟不见的。”此时，我看他满头大汗的样子及很不自然的表情，断定这个贪玩的孩子中午在外面玩而忘了带书包，怕挨老师批评，就编了一套假话来搪塞。于是，我就说：“你别急，说不定书包在家里等着你呢！快回去看看吧！”这个学生的家就在学校隔壁，不一会儿，他果然背着书包来了，同学们都笑了起来，我也忍俊不禁。

下课后我把他找来，他低着头站在我身边，神情有些紧张。为了消除他的疑惧心理，我用平和的语气微笑着说：“你猜猜，我是怎么知道你的书包在家里的。若是猜对了，老师还要表扬你呢！”他看了看我，又挠了挠后脑勺。“没关系，你只要照实说，一定能猜中！”他见我丝毫没有批评指责的意思，就把事情的经过原原本本地告诉了我。他说：“只要爸爸中午不在家，我一吃完饭就会在外面玩。今天玩得特别开心，一时忘了上课的时间，听到学校打预备铃，我赶紧往学校跑，来到教室发现没带书包，怕老师批评，就说书包不见了。”听了他的话，我高兴地说：“呀！你说的和我想的完全一样，猜中了！”他乐了，并向我保证以后一定实话实说。

这个案例中，班主任与学生的谈话始终在真诚、融洽、宽松愉快的气氛中进行。这样不仅使他认识了自己的错误，而且还主动提出愿意接受同学们的监督和帮助。人们在感情相融的心境下交谈，易产生求同和包容心理，能增强对对方观点的接受性，减弱排斥性。这个案例可为我们班主任运用谈话以对学生进行教育提供一些有益的帮助。

谈心过程是一个交心的过程。从教育者的角度讲，它是心灵感知的输出者；从学生的角度讲，它是敞开心扉接受教育者、心灵感知的输入者。班主任教育学生的实质是师生两颗心愉快地碰撞，在师生双方不断的碰撞中，实现感情的交流、融洽、升华，由情知到理知。谈话更是如此，语言交流是情感交流的表现形式。为达到师生情感融洽，班主任必须以真诚的师爱赢得学生的信赖，以深沉的师爱激起学生对生活的热爱，以高尚的师爱教学生怎样去爱。只有这样，师生的心才会贴近、融洽，谈心才能有好的效果。

除了谈话时态度要诚恳外，班主任还要通过其他的方式将自己的真诚传递给与自己谈心的学生。

(1)班主任要能够自我接纳与自信。自我接纳是指有勇气面对自己的内心世界，了解自己内心世界中软弱、阴暗和脆弱的地方。在这个接纳

自己的过程中,也对别人的内心世界感同身受,可以体验到每个人都需要得到外界的支持和宽容。这种正视自己内心世界的方法,本身就是真诚的品质在不断成长的过程。放下面具,在与学生谈心时越能流露出内心的真实,就越有人情味,越能够对学生产生感染力。自信来源于对自己的了解和由此产生的安全感、自在感。当一个班主任在心灵深处感到安全时,就不会构建种种防卫面具来伪装。自然地,他会给学生带来安全的谈心氛围,也就帮助了学生在这种人格力量的感染下接受了他的正面影响。

(2)要勇于向学生承认自己也有无知、犯错误、存在偏见的时候。人不可能完美无瑕,因为接受了自己的不完美,也就可以接受学生的错误、无知和不完美。这样的表达可以缩短跟学生之间的谈心距离。

总之,真诚是谈心的前提和基础。班主任在与学生谈心时,只有首先做到态度真诚,才能赢得学生的信任,取得良好的谈心效果。

戒急、戒躁,学会自我克制

作为班主任老师,我们是否常常不能自控,动辄勃然大怒?我们可能会认为发怒是自己生活的一部分,可我们是否知道这种情绪根本无济于事?也许,自己会为自己暴躁的脾气辩护说:"人嘛,总会发火、生气的。"或者说:"我要不把心里的火发出来,非得憋出病来。"

其实,愤怒并非"人人都有"。它不能解决任何问题,而且任何一个精神愉快、有所作为的人都不会与其为伍。愤怒是一个误区,是一种心理病毒,它同生理病毒一样,可以使我们重病缠身,一蹶不振。

生活中,我们确实也常常见到那些不能控制自己脾气的人,他们总是让人觉得难堪、窘迫、尴尬,甚至伤害别人的身尊心、自信心。这样一来,自己经年累月的奋斗和积累,会因为性格恶劣而毁于一旦。即使身处高位,也能在一夜之间失去许多。

老王是我父亲的朋友,他是一个事业单位的中层干部,工作能力很强,而且做事勤恳,但事业迟迟未能再上新台阶,而原因就在于他脾气暴躁。他对此也一直耿耿于怀,一想到自己能力很强而职位一般,就愤愤不平,甚至觉得是奇耻大辱。他也知道,凭自己的能力是可以升迁高职的,绝不会屈居人下。但他那暴躁的脾气阻碍了他的发展,同事和领导都了解他,他那暴躁的脾气令人无法容忍。

一次,大会讨论问题,会上老王与一位同事展开了激烈的争论。那位

同事口齿伶俐,善于辩论,滔滔不绝,老王几次被驳得无力招架。情急之下,他拿起桌上的茶杯摔在地上道:“你是妄口狡辩!”领导与同事都惊愕不已。虽然事后证明老王的观点是正确的,但人们早已记住了他的暴怒,而忘记了他的先见之明。

如果一个人十年寒窗苦读,凭着不懈的努力,在事业上刚刚有些起色,得到一个体面的社会地位,却因一时的大发脾气丢得一干二净,这是多么的愚蠢啊!如果一位雕刻艺术家他在一块很好的大理石上精雕细刻,长年累月地工作,就在大功将要告成之时,一时性起,竟举起大锤,把它毁得粉碎,然后再去找另一块大理石,从头再来。我们一定会说,这个人精神上有问题。当然,这种情况极其少见,但我们敢说自己一定比这位艺术家聪明吗?我们没有因一时情绪激动而毁掉自己苦心经营的师生关系和奋斗多年的成果吗?

愤怒有时会让一个人失去理智,感情用事,最终陷于失败之地。作为教师,我们理应控制好自己的情绪,不让自己成为一头咆哮的狮子,这既是做人做事做教师的需要,也是与学生谈心时的需要。想想看,一个动不动就怒火中烧、声音喊得震天响的班主任,能与学生很好的交流、沟通吗?

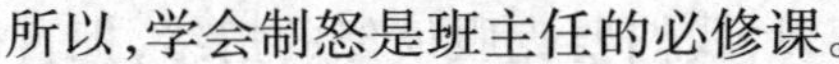

所以,学会制怒是班主任的必修课。

有一位班主任曾讲过这样一件事:

在我的办公桌玻璃板下,压着一张发黄的条幅,上面用厚重而苍劲的字体写着“制怒”二字。这张条幅作为我的座右铭,已伴随我走过了十六个春秋。

16年前,我第一次当高一年级班主任时,才20岁出头,还是个血气方刚的毛头小伙子。那时,在班级管理中,一遇到不尽如人意的事,我就火冒三丈、大发脾气。每当学生出现违纪现象,我都会不问青红皂白地严厉训斥,又是勒令写检查,又是勒令请家长。结果呢,学生在我的怒火中饱受“煎熬”,或沉默寡言,对身边的事情兴趣索然。或阳奉阴违,暗中制造麻烦,或干脆采取“以牙还牙”的做法,与我对着干。不到半个学期,我的班级就人心涣散,纪律松弛,几近崩溃。

学校发觉我是一个“霹雳火”式的班主任后,立即安排了一位德高望重、颇有经验的老教师帮助我。这位老教师除了要我多了解学生身心成长规律、多与学生接触和交谈外,还特意给我讲了古人“佩韦”、“佩弦”的故事，并亲自书写了“制怒”的条幅送给我，希望我不妨学学佩韦的西门豹——戒急、戒躁，学会自我克制。

“制怒”二字果然灵验。每当我怒火中烧，要对学生发火时，一瞥见玻璃板下的这两个字，就会想到“韦”的柔韧和弹性，便会逐渐冷静下来。在这位老教师的言传身教下，我开始对琐碎繁杂的班务工作有了耐心；对后进生的转变学会了宽容和等待；对偶发事件的处理学会了冷静和理智。怒气渐渐离我而去，微笑和自信在我脸上闪现。随着我的变化，班级也重新恢复了秩序和生机，同学们在宽松和谐、团结向上的环境里健康成长。高二第一学期时，我们班被评为学校文明班级。

十几年来，“制怒”二字一次又一次地浇灭了我心头之火，大大减少了我工作中的武断和粗暴，使学生的心灵免去了许多不应有的伤害。制怒，使我的班主任工作日臻完善；制怒，使我逐渐走向成熟。

虽然每个班主任的办公桌下不一定非要有“制怒”二字，但我们仍然要懂得制怒。因为愤怒是一团烈火，如不加以控制，它会熊熊燃烧，吞噬我们的理智与灵魂，使我们神经错乱，一错再错，乃至毁灭。

神经兮兮、容易暴怒其实是一个人弱点的外在体现，它源于内心空虚、盲目自大和自我中心主义。所以，我们要克服愤怒的情绪，把自己从怒火中解脱出来。愤怒没有任何好处，它只会妨碍我们的教育谈心工作。同其他所有的误区一样，愤怒让我们以别人的言行确定自己的情绪，用别人的错误来惩罚我们自己。在这里，错的也许不是我们，但我们却受到了惩罚，甚至是毁灭。

还是记住一位哲人的话吧：

“不管是多么令人难堪的局面，我们也要忍耐；不管是遭到什么样的挑衅，我们也要平心静气；不管处于什么样令人厌烦的境地，我们也要心地坦然；不管是面对多么嚣张和恼怒的人，我们也要心平气和……当此之时，我们的自制会使对方陷入窘境、进而改变自己的态度；我们的修养会赢得别人的尊敬，增添个人魅力；我们的平和会使我们思想澄明，作出明智的判断与决策；我们的心无旁骛，会使我们专注于自己的目标，走向成功。”

别像孩子一样冲动

下面的案例讲述的是发生在一所学校高二年级的班主任身上的真实

故事。

走上工作岗位的第二年，第一次当班主任，心里没底。这个班级是高一的两个普通班合并而成的文科班，学习基础差，更重要的是高一的时候，两个班的班主任处事方法、工作作风完全不同。一位班主任即将调离，班级所有的事情都不管，班长主持所有事务，这样学生的自学氛围好，但纪律很差；另一位班主任是新教师，工作严谨，狠抓日常纪律，这样学生的纪律好，但学习缺乏主动性。两班合并，由于高一的学习习惯不同，下课就分班围在一起，更有调位子讲话的，学习不抓紧的。我是看在眼里急在心里，但一时也无计可施。

这样过了半个学期。那一天下午最后一节自习课，我照例随机去教室查看。这一看，嗬，又是三个学生在调位子。一直以来，我最反对调位子，为了学习讨论问题调位子的少之又少，班规也规定自习课不许讨论问题。因此我宣布了一条规定：如果有同学调位子聊天谈笑的，第一次警告，第二次将座位直接搬至最后一排，第三次将座位再向后调，直到靠墙壁。效果有一点，调位子的少了，偶尔有几个，我也就睁只眼闭只眼。可是那天自习课，小宏坐在第一排指手画脚地大声喧哗，原本他就由于讲话过多影响别人而坐在后面。而坐在小宏位置上的小强也在和别人聊天，这个小强，没少让我操心，他很聪明但不太想学习，为了激发他的学习热情，安排他坐第一排和一位学习好的同学同桌。但现在他们俩……另一位调位子的是女生晓锦，她平时学习认真，表现很好，坐在最后一排看书。

看到我站在教室门口，班级安静下来，三个调位子的同学自觉地回到自己的座位。我让小强出来，问他为什么调位子，小强低头不说话。

这时，小宏跑到我们面前，直盯着我说："孙老师，不关他的事，是我要调位子的。"我没理会他的"承担责任"，继续跟小强说："我三番五次地讲不能调位子……"

"孙老师，你要训就训我好了，是我要他调的。"小宏打断我的话。

"现在没有你的事，我在跟小强谈话，你先进教室，我等会再找你。"

"老师，你怎么这样啊！"

"你先进去，我还有话跟小强说。"

小宏见我态度强硬，便气鼓鼓地走进教室。

我和小强聊了几句，没责怪他，而是希望他多抓紧时间学习，凭借他的聪明才智一定能取得好成绩的。谈话完毕，看到教室静悄悄的，小宏和晓锦也都在认真看书，我就直接回了办公室。吃完晚饭，看到办公桌上有封信。打开一看，差点气晕！

“孙老师，你混蛋！

今天调位子根本不关小强的事，是我非要他调的。跟你说了你却还责怪小强，你真混蛋！而且今天也不止我们俩调位子，而是还有晓锦，你怎么不说？你重女轻男！你偏袒女生！你混蛋！”

骂我混蛋？我大吼一声跳起来就往教室冲，同在办公室的王教师看出了不对，一把拉住了我。听完我愤怒的诉说后，王教师拍了拍我的肩头：“冷静点，怎么跟孩子似的冲动！”

我停住了脚步，慢慢地，使自己冷静下来，我处理事情有我自己的理由：之所以找小强出来谈话，也并不完全因为这次调位子，而是近期发现他的学习抓得不紧；之所以不找晓锦，原因有二，其一晓锦平时表现良好，而且她调位子不是在说话而是在认真看书；其二我觉得只要男生整治好了，女生也会自觉改正的。但是很多同学，尤其是在气头上的小宏不知道、不了解啊。

快上晚自习时，教室里非常安静。我深吸一口气，缓缓地说：“同学们，耽误大家几分钟时间，跟大家说件事。”

大家都抬起头。“刚刚我收到一位同学的信，”我停顿了一下，“这位同学说我是混蛋。”

班上一阵骚动。

“请大家安静，大家也不要猜测是谁，是谁都无关紧要。我想可能是我处理问题的方式不太正确，让有些同学误会了。那么在这里，我先向大家道歉，如果以后我有什么做得不对的地方，请大家批评。”

我接着用近乎平淡的语调说：“收到这样一封信，我的确很生气，但再一想我更感觉悲哀。我悲哀的原因有三：首先，我为我们这样的班集体悲哀，我们班由大家确定了口号‘普通班不普通’，但就在这不普通的班级里竟然会出现骂老师是混蛋的同学；其次，我为我自己悲哀，挨学生的骂让我感觉到了我的无能，虽然这么长时间以来我一直在努力，但现实情况和我预期的效果相比仍然有很大的差距；第三，我还真切地为这位同学悲哀，白受了近10年的教育，不但不应该骂老师，就是一般人也不应该骂的。我在找同学谈话的时候，每次都先问问自己有没有资格教训他，更不要说骂学生了。最后再次请大家原谅，如果我有哪些地方做得不好，欢迎继续批评指正。”

事情就这样过去了,我也没有去追究。小宏虽然一直没有给我道歉,但他从此跟换了一个人似的。去年他考上了一所重点大学,临走的前一天,他找到我,深深地给我鞠了一躬……

其实,像案例中这位班主任的遭遇,在学校里并不罕见。当面顶撞老师,背后谩骂老师,严重者甚至与老师动手。这些情况,时有发生。

当班主任面对学生这些"不敬"的行为时,到底该怎么做最好呢?案例中这位班主任的经历应该会让我们有所"悟"。

(1)在事件发生时,宜冷不宜热。当学生的"不敬"发生时,要冷静,要顾及到自己的感情会带来的后果,以理智战胜感情,冷静处理。苏霍姆林斯基曾说:"教师的职业意味着他放弃了个体喜怒哀乐的权利,应使自己胸怀宽广。"

班主任如果遇事能冷静处理,会节省很多时间,班级工作也避免走弯路。

(2)事发后,宜静不宜动。一些班主任在"不敬"事件发生后,急于制服学生,或找学生家长告状,或到学校政教处寻求解决的办法。在"不敬"事件发生后,大多数学生的心理会很敏感、很脆弱,如果再找家长和学校去刺激他,很容易产生更坏的结果。事件发生后,最好不要急于采取行动,而要静下心来思考。想一想,为什么会发生"不敬"事件,自己在处理问题的过程中有哪些不足。如果自己能解决,就绝不要找学校、找家长。

突发事件最能体现班主任的自控能力和应变能力。学生对动不动就找家长、找学校告状的班主任最反感,这样,班主任工作将很难开展。

(3)处理"不敬"事件,宜深不宜浅。学生很清楚应尊敬师长,这是中华民族几千年的优良传统,因此,一般情况下,只要发生学生对班主任的"不敬"事件,其背后必有隐情。我们在处理"不敬"事件时,应深入调查、了解,绝不能敷衍了事。

(4)处理"不敬"的态度,宜真不宜假。有时,"不敬"事件发生后,班主任怕把事件扩大,伪装自己的情感,不能心平气和地解决问题。这种态度是不可取的。"不敬"事件或多或少都会在教师和学生心中留下阴影,如果不真心实意地去解决问题,不光会影响学生的身心健康,就连教师的身心健康都会受到伤害。

当"不敬"事件已经发生时,作为教师应放下架子和面子,用真诚的态度去检讨自己的缺点、错误。如果学生的"不敬"是因教师的原因而

起，应勇于承担责任；如果原因主要在学生，我们也要有宽宏的气量，今后努力寻找出适合教育他的方法。

(5)处理“不敬”的尺度上，宜宽不宜严。因为，“不敬”是针对我们教师的，教师受到伤害，处理“不敬”更应把握好尺度。著名教育家苏霍姆林斯基说过：“有时宽容引起的道德震动比惩罚更强烈。”因此，宽容策略的提出，不是放松了对学生的要求，而是必须更加严格；不是降低了班主任的工作要求，而是提高了要求和标准。我们的所作所为无不以教育为目的，如果通过一件感人的事情、一句关爱的话、一个爱护的眼神达到了教育的目的，教师受点委屈是值得的。

让学生感受到你的温暖

在学校里，我们常常会看到这样的现象：几个学生，来到办公室门口，你推我，我推你，都不敢先进办公室。上课铃声一响，一溜烟，都跑了。这几个学生来干什么？他们也许在学习上遇到了困难，来请教问题的，可是，就是不敢走进办公室。

有一位班主任讲述了这样一种情况：

我刚教书的时候，有两个女生，一个是班长，一个是学习委员。有一次，她们提出要到我家去玩。我也想借此机会和她们谈谈心，于是告诉她们我的住址，详细地叮嘱她们怎样乘车，怎么走。星期天，我在家等候，一直等到了下午三点多钟，两个学生才满头大汗，满脸通红，十分紧张地撞了进来。她们告诉我：她们在我的门口走过去走过来，一共走了九趟，犹豫了半天，最后才下定决心，鼓足勇气进来的。

为什么在我们成年人看来十分平常的事，学生们尤其是初中学生却表现得那么的紧张，那样的胆怯？这正反映了学生们这一年龄阶段的行为特征：你要他搞一个恶作剧，他胆大包天；你要他去干一件正经事，他胆小如鼠。这一行为特征在初一、初二阶段的学生中表现得特别明显。

我们常常看到教师质问学生：“你闹课堂就敢，提问就不敢了？”老师也许没有意识到，学生此时没有撒谎，他确确实实不敢。闹课堂是下意识行为，没有动脑筋。要学生来请教问题，提要求，是经过他的思考的。老师天天在训他，把他训怕了，他还敢来跟你接触吗？

我们的老师，往往在一堂课结束之后，轻描淡写地说一句，有不懂的

地方，下了课可以来问我。这样学生就会来问问题了吗？不一定。教师的轻描淡写，对他们就是一种应付。学生敏感得很，他们常常从教师的只言片语里揣摩着老师对他们的态度。一个真正希望学生来提问的老师，他绝对不会轻描淡写地这么说一句，他会让提问的学生有一种特别亲切的感觉。

要想学生来经常问你，或者和你主动聊天谈心，你平时就要主动和学生多接触，建立一种平等的、富有亲和力的师生关系。

我们不妨看看下面这位班主任是怎么做的：

我在休息时间经常和学生一起打球、玩扑克，输了我自己主动接受处罚。有一次我还当着全校很多师生的面，在操场上拱球——就是输家用头把球拱到球篮里。很多老师认为不雅观，很多外班学生在看热闹，可是我照做不误，我们班上的男生个个劲头十足。我们的师生关系融洽啊，我要做什么事情，孩子们跟着我跑啊，别班的同学他们就做不到。

还有一次，星期六上午，我正在和一些没有回家的学生玩扑克，有男生也有女生。我又输了，该钻桌子了，按照规矩要钻两轮。他们对另外一个和我联手的学生说："郑老师就别钻了，你代替他钻。"那个学生马上同意，我却不肯了，那像什么话呢？我输了，请别人代劳，以后还有学生跟我玩游戏吗？不行，我得主动钻。于是我就说："你们别争了，我先来做一个示范动作。"他们哄地笑了起来。为了严格"牌纪"，我还在桌子上放了一杯水，水滴出来了就要重钻。就在我钻的时候，恰好校长有事情来找我，一看，我正在桌子底下，大家都哈哈哈地大笑起来。校长当即笑着说："呵呵，难怪你的学生被你哄得团团转啊。"是啊，不管你的级别多高，你越能够和学生做一些普通的活动，一样参与，一样处罚，他们就会感到你特别有亲和力，特别温暖，特别吸引人，也就愿意主动跟你接触了。高高在上谁愿意和你接近呢？

我们常常看到一些好学生，他们受到老师的重视和青睐，常常拿一些高难度的题目，在教室、在走廊请教老师，老师也很高兴，兴致勃勃地跟学生讲解、讨论。有些后进生畏首畏尾地在旁边听，高难度的习题对他们来说是天书。这些可怜的后进生，平时，他们多被老师批评训斥，对老师是敬而畏之。有了问题又不敢去问老师，别人问老师的东西他们又听不懂，心中有难，他们找谁呢？

所以,要想让学生跟你主动接触,你还要做到一点,不要只对少数几个人亲热,那样,那少数被你亲热的几个人就会被同学讥笑为“红人”,以后他们在同学中的也不会受到欢迎。也不要在学生中间显示出等级差别,要照顾学生的接受能力。后进生主动向教师请教问题,说明他们自己也想学习,为什么不满足他们的需求呢?

此外还有很重要的一点,就是教师再忙,再没有时间和学生说话,教师也不要逮着学生问问题的时候,抓住机会批评他,新账老账一起算。相反,教师还要不着痕迹地真心实意地表扬他一下,这样你的学生才喜欢跟你接触。

总之,做个有亲和力的班主任,给学生以温暖的感受,学生们才乐意和你谈心,与你合作,紧密团结在你的周围。

主动走近学生

班主任和学生之间有了隔阂,或者产生了摩擦和矛盾,并不是什么大不了的事。作为班主任,我们应该主动走近学生,通过谈心消除彼此的矛盾,决不能乱摆“师道尊严”的谱,等学生前来“投降”。

我们先来看一位中学班主任的真情讲述:

宇,我们班的现任班长,思想较复杂,不属于那种清澈透亮、一眼就可以看穿其心底的孩子。对他,我总是无法发自内心地喜欢他、欣赏他。

上学期,学校让选各种奖章的得主。记得选“礼仪章”时,我先提了几个同学的名字,当时宇就在底下问:“老师,是你选还是我们选?”教室里突然就静了下来,我心里有些生气,但还是平静地说:“宇,我只是想说明这几个同学符合‘礼仪少年’的标准,但是没有说就定他们了呀!”虽然自己当时显得很平静,但我语气中很不友好的味道大家都感觉到了。因为这件事,我们之间地产生了一些隔阂。我尽力让自己喜欢每一个学生,但是很长时间,对宇,真的是喜欢不起来。

这学期开学,我们重新改选班委,采用竞选的方式。那天竞选时,宇没有参与。当时,面对不是很热烈的竞选场面,我对学生们说:“没有人竞选班长?没有班长怎么行?没有班长,学校分下来的一些工作怎么做?”这时,听到宇在下面说:“那就不做了!”这话从当时还是班长的宇的口里说出,就如同大冬天一盆冷水冷不防浇在了头上。这盆冷水浇得我半天说不出话。我控制着自己,接着宇的话对同学们说:“宇说我们不做学校

安排的工作了，这行吗？可能吗？我们还是学校的一个集体吗？这话从我们的现任班长宇的口里说出，我感到非常悲哀！”听了我的这些话，宇脸上的表情极不自然。

班会结束后，尽管多数班委都被确定下来，但我的心情却很郁闷。我知道这个疙瘩就是因为宇，宇的举动让我很不舒心。这个疙瘩就让它这样持续下去，越滚越大？不，我要解开这个疙瘩！我把宇叫出了教室，还没说几句，宇的眼泪就往下掉。我说：“怎么了？有什么事就跟老师说。”宇还是在流泪，沉默了一会，他说：“老师，我不想说……”这个“不想说”让我心凉。看来，宇还是不想对我敞开心扉。看着流泪的宇，我决定换一个话题。我轻轻地对宇说：“你的英语这个学期一定要努力，老师很为你的英语着急。老师留的需要背诵的部分，以后你每天都来给老师背(每天我是让组长检查同学的背诵情况)，好吗？我们俩一起努力，争取让你的英语在这个学期有起色。”宇点了点头，但他突然说：“老师，像刚才班里那样的事，您最好私下里和我说，不要当着班里同学说，行吗?”我说：“行!”我明白了，刚才宇不想说的可能就是这件事！我突然意识到自己的失误。宇是一个很要面子的学生，我几次当着同学们的面，针对他的问题让大家发表意见，况且，我话语中透出了对宇的不满与愤怒，这也许让他感觉非常难堪，我对自己的不够宽容感到自责。

和宇谈话之后，想起他溢满泪的眼眶，我提起笔，决定给宇写封信。我要开始主动走近宇，我不能让宇远离我，我要用我的真诚打动他，我要让宇感觉到老师对他的关爱与期望，我要让宇明白，老师就是他的朋友。第二天，我把信交给了宇，宇没有回信。下午课余时间，宇拿着英语书来到我的办公室。他记着昨天我说的话！他主动来让我检查他的背诵情况了，我心里非常高兴，这是一个好迹象。他感觉到了老师对他的关爱！后来的几天，凡是我要求背诵的英语对话，宇都是在课间来办公室背给我听的。我突然发现，宇也是那样可爱。

在老师和学生之间出现矛盾时，主动来缓解彼此矛盾的应该是老师。传统的师生关系决定老师处于强势，学生处于弱势，学生是不会主动接近老师来缓和气氛的，那么只有老师主动接近学生了。这需要教师要有宽容的心态能包容学生。虽然故事中的师生之间有些隔阂，但当班主任老师把真诚与关爱给予学生时，他感觉到了这份真诚，那颗远离老师的心也开始向老师靠拢。当老师改变自己的心态，主动接近学生，尽力发现学生

身上的优点，用欣赏的眼光来和学生相处时，就会发现，原来师生间也可以有心与心交流的愉悦。

“天空收容每一片云彩，不论其美丑，故天空广阔无比。”当与学生发生摩擦，有了隔阂和矛盾时，班主任要有一颗包容的心，山不过来，我就过去。主动迈出那一步，主动走近学生，迎接你的将是一片灿烂的晴空。

做自己情绪的主人

曾看过这样一则故事，一直让人难以忘怀：

有一场举世瞩目的台球赛事，参赛的是上届世界冠军，他已走到卫冕的门口。他只要把最后那个8号黑球打进球门，凯歌就奏响了。

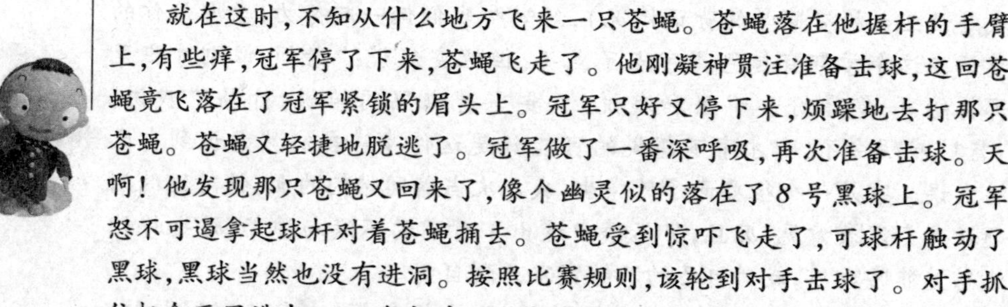

就在这时，不知从什么地方飞来一只苍蝇。苍蝇落在他握杆的手臂上，有些痒，冠军停了下来，苍蝇飞走了。他刚凝神贯注准备击球，这回苍蝇竟飞落在了冠军紧锁的眉头上。冠军只好又停下来，烦躁地去打那只苍蝇。苍蝇又轻捷地脱逃了。冠军做了一番深呼吸，再次准备击球。天啊！他发现那只苍蝇又回来了，像个幽灵似的落在了8号黑球上。冠军怒不可遏拿起球杆对着苍蝇捅去。苍蝇受到惊吓飞走了，可球杆触动了黑球，黑球当然也没有进洞。按照比赛规则，该轮到对手击球了。对手抓住机会死里逃生，一口气把自己该打的球全打进了。

卫冕失败，冠军恨死了那只苍蝇。可惜的是他后来患了不治之症，再也没有机会走上赛场。直到临终时，他对那只苍蝇还一直耿耿于怀。

一只苍蝇和一个冠军的命运粘在一起，也许是偶然的。但倘若冠军能控制自己的情绪心平气和地静待那只苍蝇飞走的话，故事的结局也许不会是这样的。无论在工作还是在生活中，我们一定要善于控制我们的情绪，让理智主宰情感，就像将军统帅军队一样，否则我们永远不会取得出色的成绩。或者做感情的主人，或者做感情的奴隶。而受自己的情绪左右的人是不自由的，只有当他成为情绪的主人时才是自由的。

做人如此，做教师如此，和学生谈心时更应如此。

有些班主任不能驾驭自己的情绪，经常因某种牵挂与烦恼而引起情绪上的异常，并且在工作中充分地表露出来。辟如，或整天板脸少语，或易怒易冲动，或训斥、挖苦、体罚学生等等。这些都容易产生教育的负效应，给学生造成精神上的压抑，造成情绪上的失落，使学生滋生恐惧心理与紧张感,时刻担心老师的情感迁移,怕"晴转多云,阴转风雨"。久而久之,师生之间便会形成一道鸿沟,阻隔师生间正常的情感交流,从而造成教育的失误。

与学生谈心是一项十分细致的工作,教师若能控制自己的情绪,保持心平气和而非简单粗暴,就会缩短与学生的心理距离。这样,学生才会乐意与教师交流,和教师说心里话,相反,教师如果简单粗暴,情绪失控,学生就会与之拉开心理距离,甚至对教师关闭心灵之门,这就无法达到谈心的目的。请看下面的例子:

班会课上,一个女孩哭叫起来:"谁把我的书给撕破了!"

上课的实习老师急忙处理这个问题:"谁把××的书撕破了?"

连问几声,无人回答。老师生气了:"把别人的东西弄坏了,还不肯承认,这是什么行为?赶快自己出来承认!"

全班学生你看看我,我看看你,教室里的气氛顿时紧张起来,就是没人敢承认。老师更火了:"你们自己如果不承认,等我查出来,就要加倍处分!你们都没有撕,难道这本书是××自己撕破的吗!"

教室里鸦雀无声,连那个女孩也吓得不敢呜咽了。只听得老师在大声嚷嚷,就是逼问不出撕书的人来。这时班主任知道了这个情况,立即赶到教室,一面暗示老师不要再追问,一面安慰大家不要紧张。她心平气和地说:"书本是每个人都应该爱护的,但是今天××的书被人撕破了,这是一件坏事。可是,我们谁不做错事呢?做错了事,只要承认,能认识错误,改正错误,以后不再犯错误,就是好孩子。能大胆地承认错误,就是诚实、勇敢的表现。"

这时教室里的空气开始缓和了。班主任接着以教材中《诚实的孩子》这篇课文为例来引导大家。最后她说:"今天,××的书被撕破了,她当然很着急,很心痛,撕书的同学,如果不敢承认错误,他就是欺骗了同学,欺骗了老师,也欺骗了他自己,这就不是诚实勇敢的孩子。再说,有的同学犯了错误,怕老师会处分,那要看他承认错误、改正错误的态度。如果他认识了错误,改正了错误,我们还要表扬他诚实勇敢。"

班主任的话音刚落,有个学生突然举起了手,轻声地说:"老师,是我撕的。但是,我不是有意撕破的,我是……"

班主任笑着说:"好!×××自己承认了。当然不会是有意的。我相信我们班的同学都是懂道理的,决不会有意弄坏别人的东西,但是,既然把人家的书撕坏了,就应该主动承认,请她原谅,帮她补好,或请老师帮助处理,就没事了。现在你听了老师的话,明白了这个道理,能在大家面前承认错误,这是很勇敢的行为,值得我们大家学习。”

两位老师,两种态度,两种说法,而效果却截然不同。实习老师情绪不对,话语简单粗暴,造成师生之间严重的情绪对立,学生自然不买账;而班主任则语气温和,态度诚恳,循循善诱,赢得了学生的信赖,从而化解了矛盾,达到了教育目的。

“人非圣贤,孰能无过”,有情绪是正常的,关键是如何控制它,不要让它随意地破坏我们的形象、关系和工作。

鉴于此,希望所有班主任在工作中借鉴并记住一位戏剧大师的话:“当演员来到剧院的时候,他应把个人的一切不快与隐私都留在剧院门外。因为在剧院里,他整个人是属于艺术的。”班主任工作是如此,和学生谈心也是如此,当我们来到学校后,就应抛弃自己的一切不快,在学生面前表现出正常的情绪。因为我们的整个人是属于学生的,是属于育人事业的。

第二章

深入孩子的内心世界

班主任不但要理解学生,用孩子的视角看世界,同时还要改变传统的说教方式和居高临下的姿态。这样,学生感到自己被理解和接纳,才有助于融洽师生之间的感情,使班主任了解学生更多的情况,深入学生的内心世界。

理解是教育的基础

有一句话叫:理解万岁。确实,人与人之间最需要的就是理解。师生之间同样需要理解,理解也是师生谈心的本质和要求,尤其在处理敏感的“早恋”问题时,班主任更需要有一颗理解的心。

说到“早恋”,几乎所有的老师和家长都认为学生早恋是错误的,是应当禁止的,这种认识当然不错。然而少年男女之间的交往所形成的亲密关系并非都是“早恋”。父母和老师总是以怀疑的目光看待男女孩子的爱慕感情和友谊,这种不信任和怀疑的态度会使孩子感到难受,如果再对他们横加干涉,则多数情况下这些孩子会产生抵触情绪,以至于真的把他们推向“恋爱”的漩涡。这是一种最坏的结果,而“罪魁祸首”正是关心爱护他们的父母和老师。

对少男少女的早恋问题宜导不宜堵,班主任对这些孩子要真心实意地疏导、调理,不可简单粗暴地训斥、责惩。不少家长和老师对孩子的早恋常采用搜查、软禁、监视、拦截、限时、放逐、恐吓等做法。这些方法不但不能制止孩子的早恋行为,而且还会带来一些副作用。所以,对待学生的男女交往,班主任要积极谈心,引导和疏导,帮助学生理性地分析和看待问题。

我们先来看下面这个案例:

我带的初三(4)班,学生从初二升级以后发生了很大变化。比较突出的是,男女同学之间交往增多了,在他们的课外读物中,描写爱情的书刊多了,这引起了我的注意。

有一天,我和本班的几个女生聊天,有一个女生风趣地说:“咱班小A的到来拨动了不少女同学的心弦哟!她们特别爱跟他接近,尤其是小B下课就爱找他说话……”“小A的进进出出,小B的眼神总是盯着不放”,“小B的日记还给我看过呢!”班长——小B的好朋友也这么说。她非常神秘地告诉我,小B在日记里说:“怕见到小A,又盼望着快点见到他,一天见不到他就心神不定,我也莫名其妙。我知道,这样很不好,同学会笑话我……我太苦闷了。”小B还跟班长说,她母亲也知道了这件事,狠狠地训斥了她一顿,她极力克制,就是克制不住。

小A是本班新转来的一位男生,长得很帅气,有风度,待人诚恳和气,上进心强,羽毛球打得很漂亮。

小B是三好学生,坐在小A的前一排,她活泼、热情、聪明、学习好。

但前一段时间，上课经常走神，成绩下降。当我关切地与她谈心时，她羞涩地低下头沉默不语。母亲的批评，同学的议论，给她造成极大的压力，她曾对班长说：“我这样是不是坏学生？吴老师还相信我吗？”

在这类问题上反映较突出的还有女生小C。有一天，小C的母亲焦急地找到我说：“吴老师，昨天晚上我偷看了孩子的日记，里边写着：‘我很喜欢他，但不知他对我的态度如何？叫××传信探问，他的回答是：不同意，嫌我长得丑，怎么办呀？’”这位家长说着，眼圈红了。她说：“我真担心，这么小的孩子就背上这样的包袱，这对孩子的打击太大了，会影响孩子成长的。”她恳切地希望老师给孩子以帮助，把她的精力转移到学习上来。

对以上这些情况，我没有简单地去指责同学们。我意识到，我面对的这些中学生，已经不是刚刚踏进校门时的“小孩子”了，他们进入了青春期，在生理、心理上发生了很大变化。在一些学生心中开始萌动着“爱恋之情”，这是正常的心理现象。

怎样对待这个敏感而复杂的问题呢？我想切不可四处张扬，不能用“搞对象”、“没出息”、“不务正业”等刺激性的语言伤害或压服他们，更不能用封建思想来束缚他们。而应该热情地予以帮助，使他们顺利地度过青春期。

我首先分别给男生和女生讲授了青春期教育课，让他们了解青春期生理和心理特点，懂得人与动物的区别，使他们正确科学地认识自身、尊重别人、尊重异性，要他们学会用理智、高尚的情操与道德的力量调节、缓冲与控制自身的生理冲动和感情上的动荡。引导他们提高青春期的心理适应能力。我提醒他们，如果被对方的优点和长处所吸引，发现自己有早恋的情感时，应把这美好的情感深深地埋藏在心底，变成鼓舞自己前进的动力，而绝不能为满足个人的欲望去妨碍别人。人活着，要处处为他人着想，自尊、自爱的人才是一个高尚的人。

少男少女们聚精会神地听着，比平时上课还要认真，有的深思，有的微微点头，有的神情严肃。看得出，他们模糊的心逐渐亮堂起来。课后，班里的情绪很快稳定下来，他们不再议论纷纷了。

同时，我还找一些学生个别谈心，并让几位在这个问题上处理较好的同学做他们的知心朋友。他们是同龄人，更有说服力。

“早恋”的青少年，当他们在心理上压抑太深时，非常想要摆脱这种境遇，但他们一般厌烦严肃的谈话。所以我与他们谈心时，总注意要在宽容和理解的气氛中进行。比如，我对他们说：“我和你们的家长都是从你们这个年龄过来的人，你们青春期发生的心理变化谁都有，这是正常的。

我知道了你们心中的‘秘密’，决不笑话你们，关键是如何对待，怎样处理。希望你们以高尚的道德对待自己，对待别人，这样才能放下包袱轻装前进，才会取得好成绩。如处理不好，会延误一生，甚至会酿成人生悲剧……”我亲切真诚的态度，使他们消除了对我的“戒心”，他们坦率地对我讲出了从来都不好意思说的心里话。

我鼓励小B和小C说：“老师理解你们，相信你们，你们以前是个好学生，今后精神振奋起来，仍然是个好学生。”她们轻松地笑了。

后来，我又陆续和她们谈了好几次话。慢慢地，她们的早恋不知不觉地消失了。同学之间形成了正常良好的友谊，形成了你追我赶、团结友爱、“以优异成绩争做合格毕业生”的浓厚风气，初三，班级被评为了区级优秀班集体。

帮助学生度过青春期，像吴老师这样做，是个正确的典范。她正视问题，既不视之为“洪水猛兽”，也不漠然处之。有了正确的认识，还进行了有效的疏导：分男女生上性教育课，正面提出理智的建议，自尊自爱才成才；小会上讲了还要个别谈，理解学生，鼓励学生面对问题，正确处理，终于帮助他们走出了早恋的泥潭。这则案例启发我们，对于有早恋倾向的孩子，正确的处理方法应该是：

第一，冷静细心，谨慎从事。青少年喜欢结交异性，一般来说是一种正常现象。在孩子和异性同龄人的交往关系上，家长和老师一定要细心观察，分辨什么属于正常交往，什么属于不太正常的个别接触，切不可有一点苗头就捕风捉影，大惊小怪，甚至闹得沸沸扬扬。如果处理不当，反而弄假成真。即使真的发现孩子有早恋苗头，也要冷静地进行处理，要和孩子进行朋友式的、推心置腹的谈心，帮助他们去分析，切不可采取“生拆”的办法，因为这是无济于事的。

第二，相信孩子们并耐心等待。青少年的“恋爱”多数是以失败告终的。在这个过程中，老师要给孩子以一段较宽松的时间，允许他们反复思考，并在此期间给孩子更多的关心、体贴和照顾，通过谈心引导孩子理智地处理闯入自己生活中的各种问题，千万不可操之过急，“棒打鸳鸯”。许多经验表明，只要老师能拿出足够的耐心来，孩子大多愿意接受大人的帮助，理智地处理问题。

第三，帮助孩子筑起道德的堤防。老师要耐心开导，帮助孩子认清男女交往的界限，要告诉孩子，崇高感情的基础是以伦理道德为基石的，任何不负责任的态度和做法，都是对美好感情的玷污和亵渎，以避免孩子在

和异性的交往中做出出格或越轨的事情来。

总之，班主任必须对青少年的异性交往有一个正确的认识，从学生身心发展的角度去理解他们正常的心理需要，做到“尊重、理解、关怀、疏导”，并与家长互相配合，加以适当地谈心指导，使他们懂得“自尊、自重”，把握好“自然、适度、理智、自制”的原则，帮助他们顺利度过这一特殊的时期，成为具有健全人格、积极向上的社会主义建设事业的接班人。

用孩子的视角看世界

与学生谈心需要有个“角度”，什么角度？孩子的角度。只有站在孩子的立场，用孩子的视角去看世界，才能走进学生的心灵，达成对教育的理解。

当教师的似乎都有这样的感受：在自己还是学生时，总觉得老师是那么不可理喻；现在做了教师，又觉得学生是“一届不如一届”。怎么会有这样的想法呢？我想，主要还是因为随着年岁的增长，我们离学生的世界越来越远、越来越陌生了。

有这样一个小故事，一个正忙于写论文的教授，为了摆脱淘气女儿的纠缠，随手撕碎一张世界地图，对女儿说只要她能拼起来，就答应陪她玩。教授本以为，才上幼儿园的女儿不可能完成这个任务，自己这下可以安心工作了。可不一会儿，女儿就拿着拼好的地图来找爸爸。教授满脸疑惑：怎么会这么快？原来，那幅地图的背面是一幅人像画。在我们成人的眼睛里，那是一幅撕碎的世界地图，要拼好它需要一定的世界地理知识。可在孩子的眼里，那仅是一幅人像画而已。人像拼好了，地图也就拼好了，问题就这么简单。

还有这样一个有趣的故事：

在一所小学里，午餐刚过，教室里又是闹翻了天。“开心果”小C正在讲台上手舞足蹈，手里拿着个黑板擦，“啪！”——往讲台上一拍：“各位各位，静一静！拍卖会开始了！”

嘿，别小看了他，这么一吆喝，教室里果然静了下来，但马上又炸开了锅：“什么呀？你拍卖什么？”小C脸一板，眼睛一瞪，干咳了一声：“这个么……”突然停了。只见他的眼睛马上眯成了一条线，圆圆的脸堆成了一朵花：“拍卖——初吻！”“哈哈哈哈！”

“我出1分钱！”“我出3毛钱！”“我出500万！”教室里又炸开了锅……

这是在五年级(3)班上演的“拍卖初吻”一幕，看到这情形，作为班主任的你会怎么想呢？你可能会想，这帮小家伙简直是无法无天，在教室里这么大吵大闹，还有没有一点点组织性、纪律性？不行，得好好地批评一

顿,这么狂傲不羁还像一个班集体吗?批评过后,好好整顿班级纪律。

你也可能会想,不得了,现在的孩子怎么成这个样子了?小小年纪,一天到晚都想些什么呀!早熟!得好好地进行思想教育,找个机会找小C好好谈谈,让他意识到问题的严重性,把心思好好放在学习上才对!

于是,你就会采取批评、谈心、说教等教育手段,苦口婆心、言辞切切、语重心长,动之以情、晓之以理、导之以行,再不行,就在班上狠狠训斥一顿,甚至通知家长,也让家长引起重视。这样的教育后果,孩子肯定会印象深刻,或许他再也不敢如此胡闹了,他会认识到这样的行为是可耻的,是越轨的,他会从此收敛,但在他的心灵上却从此留下一条难以抚平的伤痕。

那你何不把自己也当成一个孩子呢?如果你也是一个学生,你坐在教室里,看到同学在"拍卖初吻",你一定也笑得前俯后仰,你一定也觉得非常有趣,而不会觉得这是多么可耻、多么伤风化的事。

当我听说了这件事后,我根本不觉得可气,也不觉得震惊,反而觉得这些孩子真是可爱。在活动课上,我开玩笑地问小C:"你怎么想到拍卖初吻的?""好玩啊!"小C答得很干脆。"那你的初吻卖给了谁?"小C不好意思地挠挠头,旁边的同学都过来凑热闹:"哈哈,他的初吻献给了小瑜家的那只狮子狗了!"我笑得喘不过气来:"真的啊?哈哈!"小C难为情地说:"呵呵,她家的狮子狗太可爱了,我就亲了亲它。"

看,孩子只是觉得好玩而已!他们的想法是那么的纯真可爱!其实,有时候只是我们把事情想得太严重。在我们成人眼里,或许那些事不像一个小孩子做的,我们以为他们什么都懂,以为他们的思想有问题,以为他们的行为出了格,但是,如果你也以一个孩子的眼光去看待,你就会了解其实他们只是好玩而已,就那么简单!

是的,就那么简单!面对许多问题,我们总习惯于用成人的思维方式去解决。殊不知,孩子自有他们的视角和办法。有时我们看似平常的一件小事,在孩子的眼里却觉得很有意思;有时我们认为很重要的东西,他们却觉得很平常。而且,孩子们更愿意用自己的方式去发现问题、解决问题。虽然这种方式有时并不高明,而且显得幼稚可笑,但重要的是,这是他们"自己的方式",这是他们人生道路上意义非凡的"小插曲"。

细想一下,在教育教学中,教师和学生的许多矛盾,往往是因为我们没有从学生的角度出发,固执己见。如果我们能以学生为主体来设计教学形式和方法,课堂上是不是就会多一些快乐?如果我们布置的作业能多一些弹性和

趣味,学生是不是会更积极一些？如果学生犯错时,我们能更宽容一些,谈心时,能站在他们的立场,师生间的相互理解是不是就会多一些？

作为教师,如果能放下“师道尊严”的架子,从学生的视角去看世界,也许就能更好地解决教育教学中的一些问题。

走出成人的世界吧！让我们俯下身去,深入孩子的世界,真诚地关注和呵护那些年幼而纯洁的心灵。相信这不仅仅是一个简单的位置的变化,还可以让我们看到以前不曾见过的美丽风景。

别把大人的逻辑强加给孩子

曾经在一本书里看见过一个故事,故事讲述了三个孩子的成长经历:

一个孩子4岁才会说话,7岁才会写字,老师对他的评语是:“反应迟钝,思维不合逻辑,满脑子不切实际的幻想。”他曾经还遭遇到退学的命运。

一个孩子曾被父亲抱怨是白痴,在众人的眼中,他是毫无前途的学生,艺术学院考了三次都没考上。他叔叔绝望地说:“孺子不可教也!”

一个孩子经常遭到父亲的斥责:“你放着正经事不干,整天只管打猎,捉耗子,将来怎么办?”所有教师和长辈都认为他资质平庸,与聪明沾不上边。

这三个孩子分别是爱因斯坦、罗丹和达尔文。

还有另外一个类似的故事:

四年级上学期期末的一天,我把批改完的试卷拿到班里。让孩子们分发。发完试卷的时候,小文同学来到我的面前,说:“老师,怎么没有我的卷子呢?”我说:“你是不是忘记交了？否则怎么会没有呢?”他说:“老师,我真的交了,我爸爸帮我检查的。”于是我又问其他同学有没有看到他的卷子,也毫无结果。这时我的心里不禁升腾起一种想法,会不会是他没有交卷子,为了躲避我的批评,而用这样的方式去掩盖自己的行为呢？因为他以前经常不及时交卷子,也有过类似的说谎行为。想到这里,我便把他叫到教室外谈心,语气有些坚定地对他说:“我觉得你没有交卷子。”因此,他更加委屈了,回到座位上,哭了起来。

为了不耽误上课时间,我没有再提这件事,开始讲卷子。下课的时候,他又来到我面前,说:“老师,我真的交卷子了。”听到这儿,看到他满脸的委屈,我的心里泛起了波澜,我开始怀疑自己最初的判断了。也许他真的交卷子了,可能因为卷子没有写名字,被其他同学错拿了。所以,我下去走了一圈,领着他挨个看每个人的卷子。这时,他把郑晶莹领的那份卷子拿了过来,说;“这是我的。”我把郑晶莹叫过来,仔细询问她,她终于承认那份卷子不是她的,是小文的,因为他俩的字迹很像,所以郑晶莹就冒领了小文的试卷。那一刻,我很惭愧,因为我错怪了小文,让他难过了一堂课,更值得自责的是,我的做法可能会让其他孩子对小文的诚实产生怀疑。所以,我马上把孩子们召集在一起,对他们说:“刚才是老师错了,我错怪了小文,我为我的行为向小文道歉,但是,也要记住,下次一定要写好名字。”随后我又找了郑晶莹,和她讲了很多道理……

这件事情虽然过去很久了,但是延续下来的却是我内疚的心情,小文委屈的表情时常会浮现在我的面前。我深深地体会到一个孩子被错怪的内心感受。而所有这一切,都来自于我的主观,来自于我习惯的对事物的判断方法。

这两个故事给我们的启发是很大的。仔细想来,生活中,很多时候,我们都是在以成人的标准要求和约束孩子们,以我们的眼光去评价和揣度他们,而过多地忽略了他们的内心感受,轻视了他们做事的准则,甚至是扼杀了他们创新的思维……

其实,在孩子的内心世界里,有很多他们没有言表的逻辑,所以我们要打破我们大人原有的“自信”与“自以为是”,不要把我们的逻辑、我们的习惯随意地强加给他们。否则,我们所做错的就不仅仅是一件事,所破坏的也不仅仅是师生之间的和谐关系,更多的是孩子的自尊,甚至会影响到一个孩子的一生。

所以,作为班主任,我们必须清楚地认识到,每个孩子都有一座属于自己的宫殿,我们不能发现它,那是因为我们还缺少一双智慧的眼睛。孩子在成长、在发展、在进步……不管是给他们上课、谈心还是别的什么,都请不要用成人的逻辑去评价和判断他们。

改变唠叨的坏习惯

尽管我们说“身教胜过言教”,但教师言教的重要性是不能否认的。教师既要重身教,也要重言教。教师的言语要有教育性,避免伤害性。好的教育言语,犹如学生成长的甘露;不当的教育言语,好似打蔫作物的寒霜。

有这样一个寓言故事:

樵夫救了一只小熊,母熊对他感激不尽。有一天,母熊安排丰盛的晚宴招待了他。第二天早晨，樵夫对母熊说："你款待得很好，但我惟一不满意的就是你身上的那股臭味。"母熊虽怏怏不乐，但嘴上却说："作为补偿，你用斧头砍我吧！"樵夫照它的话做了。若干年后，樵夫又遇到了母熊，问它头上的伤好了没有，母熊说："那次痛了一阵子，伤口愈合后，我就忘了。不过，那次你说的话，我一辈子都忘不了。"

由此可见，言语伤害有时超过肉体伤害，因为它刺伤的是心，是灵魂。正所谓"一句话，一辈子"。

在班主任与学生的谈心中，唠叨是一个较为普遍的现象。虽然有人说唠叨是女性心理保健的良药，但对教育来讲，唠叨是无效药，甚至是反效药。中国有句俗语："话说三遍狗都嫌。"

唠叨者喋喋不休的数落、没完没了的重复、不厌其烦的历数过去、主观臆断地推测将来，会激起他人厌烦、对抗甚至仇恨的情绪，或违心屈从，或刻意逃避，或正面冲突，与唠叨者的主观愿望大相径庭。

唠叨几乎是教育者尤其是女性教育者的通病（起码就孩子的感受而言是这样的）。令人担忧的是，教师往往没有意识到这一点，许多教师反而把唠叨当作"苦口婆心"、"诲人不倦"而自居。整个社会对唠叨的危害也缺乏应有的认识。

我们不妨听听小学生们是怎么说的。

我们的语文老师和许多老师不一样，她爱唠叨。每节课上课前5分钟，她总是先说上几句，什么今天早上谁没戴红领巾；谁课前没准备好书本文具；谁桌下还有纸屑……她像个敏锐的侦察员，用她那双明亮的眼睛扫视一圈，准能发现谁谁有什么毛病。再比如放学排队回家吧，她的9个字"肩并拢、口闭紧、一条线"一定要记牢，要不然，她会和谁说上一通大道理，说是要有集体荣誉感啦，班级被扣分多可惜呀！有时碰上坏天气，她还会说上一顿，什么这么冷的天，穿得这么少会得病，这么热的天，不带水口渴了怎么办。从早到晚，总是她不停地说呀说，你说我的语文老师她是不是特别爱唠叨？

数学老师："你们上数学课不要做英语课的卷子，上英语课也不要做数学课的卷子，你们上数学课要做数学课的卷子，上英语课才做英语课的卷子，上什么课做什么课的卷子。"

隔壁班语文老师讲语文选择题："同学们，为什么不选 a 啊，对，因为 a 不对；为什么不选 b 啊，对，因为 b 不对；为什么不选 c 啊，对，因为 c 不对。所以这道题应该选？同学齐声高喊d。对，我们讲下一道题。”

班主任老师：“真是不像话，每天作业不好好完成，问你们干什么去了，不是说家里有事，就是说作业多来不及，或者干脆说去校外搞‘雏鹰假日小队’活动去了。好啊，今天终于狐狸尾巴露出来了，原来被电脑游戏给迷住了！要不是被我逮了个正着，你们……你们……哼！小小年纪，怎么就迷上了电子游戏呢？昨晚的电视新闻看了吗？那可真是触目惊心哪！有的孩子上网彻夜不归，父母心急如焚；有的孩子上网玩游戏成瘾，小偷小摸，甚至偷盗、抢劫；有的孩子玩得废寝忘食、头昏脑胀，甚至猝死……这简直就是‘电脑鸦片’啊！四年级有个学生，父母开了一家游戏厅，他从小耳濡目染，被游戏深深吸引，一直玩啊玩，后来父母发现孩子不对劲，一检查患上了多动症，看了许多医生都不见效——教训！深刻的教训啊！”老师喝了一口水，接着说……

还要接着说？赶紧打住吧！谁受得了？！

其实，现实生活里像案例中小学生所描述的教师并不少见，他们教育孩子随意性太强，张嘴就来，翻来覆去总是那几句话，没完没了。学生们对这种教育反感透了。有人曾问一位老班主任：“您干吗老跟孩子唠叨啊？”老教师满有理地说：“我不跟他们唠叨成吗？我说这么多遍都记不住，我说一遍他们能记住吗？”认为对孩子多说点儿，孩子就记住了，其实正相反。

心理学研究表明：当载有新信息的语言第一次讲出时，对大脑刺激最大、印象最深。但同一内容反复次数太多，就会使大脑皮层产生某种抑制，自动关闭其接受系统。在这种情况下，再唠叨下去，你的话只能变成无关痛痒的废话，有时甚至会造成逆反心理，成为一种“精神噪音”。

既然唠叨未起作用，还费那么多口舌干什么？还是长话短说吧。所以，在这里要提醒班主任的是，不管是教学还是与学生谈心，都切记不要唠叨。当你话匣子打开，又要一逞“口舌之快”时，请记住西方教育界的一句名言：“同样的一句话对学生说了三遍，便是对学生人格的侵犯。”

要讲“道理”但不要总讲“大道理”

作为一个班主任，对学生讲“道理”是必需的，关键看你讲的是什么“道理”，怎么讲。

常听到学生对教师说：“少讲大道理，我不听！”事实也是如此，有的学生一听教师和家长讲道理，就皱眉头，起反感，甚至对所讲道理观点产生怀疑。其实，问题不在于这些道理的本身，而在于我们如何把道理讲好，讲得

入情入理，深入浅出，使得学生乐意听，易接受。当代学生思想敏锐，喜欢独立思考，也有些独立见解，因此，我们应当研究学生的特点，把道理讲好。

要防止假、大、空

我们不希望我们的学生在前人后面亦步亦趋，更不愿意他们成为口是心非的人。我们所讲的道理要让学生听、信、服，其关键是力戒“假、大、空”。我们不能把思想政治教育局限于严肃的政治报告，或热衷于耳提面命式的生硬灌输，更不能做表面文章、搞形式主义或冷脸训人。我们应当以平等待人的态度，深入浅出的理喻，灵活多样的形式，启发学生自己教育自己，要从动机到方法，从理论到行动，帮助学生辨别是非。这样才能从根本上防止把大道理变成不受学生欢迎的干巴巴的教条和口号，变成不能解决实际问题的假话、大话、空话。

如，在宣传社会主义精神文明时，如果只讲正面典型，回避社会上不正之风，学生就不会信服。如果我们在大力宣传正面典型的基础上，引导学生在正确理论的指导下，从调查正反两方面的材料中，独立思考，自我分析判断，就能使他们从纷繁的社会现象中，寻找积极向上的因素，看到社会的主流，从而提高认识和觉悟。

要研究学生的思想特点

现在的一些学生初步具有爱思考、不盲从、厌说教、重实际的特点，我们要采用灵活多样、生动活泼、符合学生思想特点的形式给学生讲道理。要转变学生的思想，就要唤起学生的自觉，变教师的“满堂灌”为启发学生多发言。我们要善于从学生的讲话中发现其正确性，引导他们克服片面性，逐步接近对大道理的认识。还可以从学生年龄和心理特点出发，寓教育于活动中。如组织学生搞喜闻乐见的、生动活泼的专题座谈会、主题班（队）会，和有关人士的对话会，或组织学生带着问题进行社会调查、访问和实践活动。教师要用哲学原理，帮助他们把实践中的感性认识上升到理性认识。这样，我们所讲的道理容易说到学生的心坎上，使他们心悦诚服。

要理论联系实际

道理是从实际生活中抽象出来的，当反过来用它指导学生的生活时，就应当具体化、形象化、个性化。

唐太宗李世民在自述其如何教子时，有这样一段话：“朕自立太子，遇物则诲之。见其饭，则曰：‘汝知稼穑之艰难，则常有斯饭矣。’见其乘马，

则曰：‘汝知其劳逸，不竭其力，则常得乘之矣。’见其乘舟，则曰：‘水可以载舟，也可以覆舟，民犹水也，君犹舟也。’见其息于木下，则曰：‘木从绳则正，后(君主)从谏则圣。’”

唐太宗抓住身边琐事，通过形象的比喻，引出深刻的道理。形象逼真、生动具体、寓理于事、深入浅出，便于接受，给了我们有益的启示。我们在给学生讲道理时，也要联系学生的生活和思想实际，“遇物则诲之”。我们要用真理、真情、真言、真态，深入浅出地疏导学生的思想，引导他们去思考，去辨析。

如讲要树立“艰苦朴素”、“艰苦奋斗”的精神时，不能只讲“苦不苦想想红军两万五，累不累想想革命老前辈”，也不能片面强调艰苦的生活能磨炼人的意志，似乎越苦越好。要讲清革命前辈如何在艰苦的条件下以顽强的意志战胜困难的精神，从而鼓励学生发扬艰苦奋斗的优良传统；还要联系同学中的不怕困难、具有顽强毅力的好人好事进行教育，这样才更具有说服力。

要融情于理

讲道理是给人听的，目的是使人提高认识，把积极性调动起来。人都是有感情的，因此，思想教育一定要融情于理，恰当地处理情与理的关系。情感是道理能够发挥作用的基础和前提。师生关系融洽了，讲道理即便尖锐些，学生也能接受。相反，道理再透彻，也可能听不进去。因此，要教育人，先要尊重人、关心人，使学生感到教师的一片诚心。这样才能达到情通理达、理直情正的境界。

有这样一个故事：

徐特立先生在长沙稻田师范当校长时，有一天晚上，几个学生打碎了厨房一篮碗，工友很生气，要求徐校长挂牌开除这几个学生。第二天，校长挂了牌，但写的不是开除学生的公告，而是一首“我愿诸生青胜蓝，人力物力莫摧残。昨夜到底何缘故，打碎厨房碗一篮”的诗。由于诗中饱含着徐校长对学生的热情和期望之情，恰当地处理了“理”制约“情”、“情”服从“理”的辩证关系，所以使学生深受教育。他们不仅主动地作了检讨，而且进步很快。

总之，学生道德观念的形成并非一朝一夕所能解决的，班主任应该多了解学生的思想状况和产生根源，多动脑子想办法，在爱生的前提下，理直气壮地、辩证地去讲能使学生信服的“道理”，而非一味地干巴巴地讲“大道理”。

了解真实的学生

我们说,与学生谈心前要了解学生,因为只有全面了解学生,我们的谈心工作才有针对性,才能对症下药。但需要指出的是,我们所了解的学生信息必须是真实可靠的才行。因为真实的信息才是教育针对性的起点,真实的信息才是因材施教的基础。

了解学生本来是师生交流的过程,交流信息的真实性体现了师生之间的真情和真诚。然而,学生与教师交流时,虚假信息的确不少,其责任不完全在学生。许多时候,我们教师特别是班主任不愿听取不同意见,不尊重学生的第一意愿,不能站在学生的立场上思考问题,爱用成人的观点评价学生,甚至动辄讽刺挖苦学生。于是,使一些善于察言观色的学生开始用一些漂亮的假话哄骗班主任;一些秉性倔强的学生开始产生逆反心理,他们与班主任顶牛作对也就在所难免了。怎样才能获得真实的信息呢?关键是班主任要树立民主的思想,并努力做到以下几点:

要尊重学生的意愿

了解学生要从他们的心理特点出发,尊重他们的真实意愿,即便这种意愿与《中(小)学生日常行为规范》或传统美德不相符合,但必须深信这种第一意愿是最真实的,必须认真听,让他们把话说完。真正的智者,应当首先肯定学生说真话是诚实的表现,然后,再去研究教育的对策,否则就会弄巧成拙,甚至事与愿违。

有一个来自监狱的故事。犯人自述:小时候,有一天妈妈拿来几个苹果,红红绿绿大小不同,我一眼就看见中间的那个又大又红的苹果,心里非常想要。这时,母亲问我和弟弟:“你们想要哪个?”我刚想说要那个最大最红的,这时弟弟抢先说出了这话,妈妈非常生气,瞪了他一眼,责备说:“好孩子要学会把好的东西让给别人,不能总想自己。”于是我灵机一动,改口说:“妈妈,我想要那个小的,把大的留给弟弟吧。”妈妈听了非常高兴,在我的脸上亲了一下,并把大苹果奖励给我,我得到了我想要的东西。从此,我学会了说谎,为了得到想要的东西不择手段,又学会打架、偷、抢,直到进了监狱。

家长和老师们的出发点是好的,而且是煞费苦心,时时重视对孩子进行道德教育和熏陶。可是,从案例孩子的自述中,我们不难看出,这种教育已经把孩子引向了反面。其根本原因是家长忽略了孩子的真实意愿,

并把这种意愿作为道德问题进行了批评，于是把孩子道德选择错误地引到另一个选择中：说妈妈爱听的话（假话）可以受到表扬，还可以得到自己想要的东西。这就是道德教育得到了相反结果的原因之一。

要接纳学生的不同意见

真实的德育应以人为本。班主任应以开明的态度、多元的德育观念，允许不同的价值观并存，并提供充足的自由表达与争论的机会，使学生真实地袒露自己，自由地伸张个性。不能压制不同意见，否则会使学生用班主任喜欢听的话来迎合班主任，说真话的会越来越少。值得强调的是，班主任还要善于倾听学生的心声，不要急于用成人的道德判断去评价学生，否则会犯“以小人之心度君子之腹”的错误。

要做学生真诚的朋友

做学生的朋友，可以使学生向老师敞开心扉，向老师倾诉真实的想法，从而避免了说假话的现象。有这样一个实例：

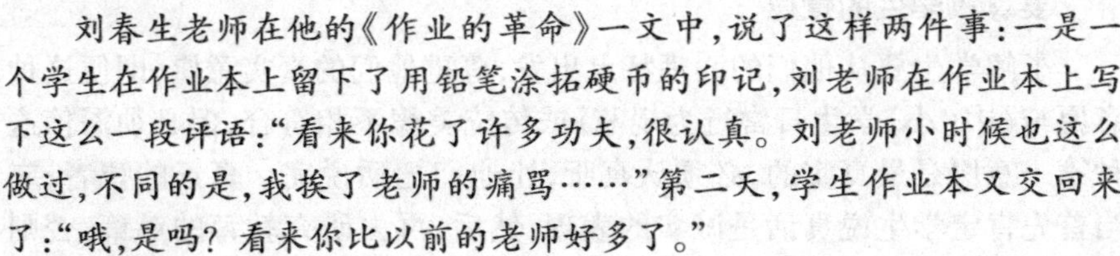

刘春生老师在他的《作业的革命》一文中，说了这样两件事：一是一个学生在作业本上留下了用铅笔涂拓硬币的印记，刘老师在作业本上写下这么一段评语：“看来你花了许多功夫，很认真。刘老师小时候也这么做过，不同的是，我挨了老师的痛骂……”第二天，学生作业本又交回来了：“哦，是吗？看来你比以前的老师好多了。”

二是一个学生在作业本上画了一幅有池塘、荷叶、荷花和青蛙的画，并向老师叫板：“把它画下来，如果不会画，就为它作一首诗吧。”刘老师的诗是这样写的：“一叶一蓬一莲花，一池一声一青蛙。一年一季一自在，一唱一和一歌夏。”

在学生的作业本上，老师与学生的一来一往，充分体现了师生之间亲密无间的情怀。这让我们体会到了刘老师与学生之间朋友的关系。他们之间无话不谈，这里边都是真情的流露。要做学生的真实朋友，基础是要保持一颗童心，关键是尊重学生人格，而且要坚持用移情换位的方法。只有如此，学生才能与你进行真实的诚挚的交流，教师才能享受教师幸福的教育生活。

把学生当成朋友，就应当以民主平等的态度与学生交流，尊重学生意见，尊重学生人格，善于倾听学生的心声。

总之，只有了解了一个真实、全面的学生，才能为接下来的谈心工作打下良好的基础。

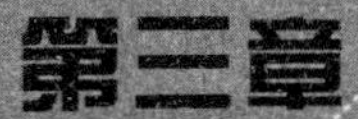

第三章

师生沟通有艺术

有效的沟通，使教师得以走进学生的内心世界，学生也真正理解了教师。因此，作为班主任教师，应当专心研究这门艺术，耐心地聆听，了解学生的感受，掌握灵活多样的沟通方法，从而才能成为名副其实的塑造人类灵魂的工程师。

最受欢迎的人是"听众"

戴尔·卡耐基说过:"人际交往,没有什么神秘可言,只要懂得专心倾听对方的谈话,你就可以让对方满意和开心,因为世间最叫人渴望的,就是有人倾听你说话。"

卡耐基为什么会这样说呢?这与他的亲身经历有关。

一次,卡耐基参加了一个桥牌聚会。但他不会打桥牌,恰好有一位美丽的小姐也不会打牌,于是两个人就坐下来聊天。当这位小姐得知,卡耐基在汤玛斯未从事无线电事业之前曾是汤玛斯的私人经理,并在那个时期为获得旅行的讲解资料,而到欧洲各地旅行时,她很感兴趣地问:"卡耐基先生,你能不能给我讲讲你到过的名胜和所见到过的美景?"

卡耐基从她刚开始的谈话里,知道她同丈夫刚从非洲旅游回来不久。于是便说:"我想非洲一定非常有趣,可是我除了在阿尔及尔有过一天的短暂的逗留外,还没有到过其他任何地方,谈谈你的此次非洲之旅好吗?"

在接下来的45分钟的谈话里,这位小姐再也没有问过卡耐基到过什么地方,看到过什么奇景,她所需要的不过是一个可以听她讲述非洲之旅的倾听者。

类似这位小姐的人在现实生活中少见吗?一点也不,许多人都是如此。

在随后卡耐基参加的一个宴会上,再次证明了这一点。这是一个纽约出版商组织的宴会,在宴会上卡耐基见到了一位著名的自然科学家。卡耐基以前从未和这类科学家谈过话,他觉得这位自然科学家所说的话颇有吸引力。这位科学家同卡耐基讲了大麻、布置室内花园和关于马铃薯的一些惊人事实。当卡耐基谈到自己有一个小小的室内花园时,他马上告诉卡耐基应该如何解决室内花园常常遇到的几个问题。

在这次宴会上,卡耐基与那位自然科学家谈了数小时之久。在宴会结束时,自然科学家极力对主人说:"这是我见过的最有趣的谈话家。"

这让卡耐基感到非常好笑,因为整整一个晚上,他差不多没有说话,只是在听对方说话而已。因此卡耐基得出一个结论:倾听是适合所有人的最好的尊敬和恭维。

这个道理不但适用于成人之间的沟通交流,也同样适用于师生之间的沟通交流。

我们先来看下面这个案例：

临近小考，复习紧张，压力很大，但更使我焦虑的是：在课堂上，我越来越享受不到课堂的欢乐，那种和学生智慧的碰撞，情感的交融，心灵的默契所产生的激情和愉悦逐渐消失，这让我觉得揪心和烦闷。虽然我一直任这个班的语文老师，成天与学生打成一片，师生之间的感情不说很深但也不会很浅。开学不久，学生纷纷与我谈心，诉说自己的心里话，表豪言壮语，劲头可足啦！可此时课堂上没精打采，回答问题零星举几只手……每次我总是大声地提醒："你们怎么啦？注意力集中，动脑筋啊！"可他们木然地看着我，表现却不见改观，我心里就会更着急。

上课铃响过了，我忧心忡忡地走进教室，此时的他们有说有笑，快乐自在，看着他们充满生机的样子，我心里舒坦了许多，不动声色地观察并寻找着他们快乐的根源。

我边走边笑着说："你们说我心里是高兴还是生气呢？"说完，将书放在讲台上，期待着他们的回答。"当然是生气啦！"学生异口同声地回答。"为什么？""因为我们该复习、复习再复习，现在不是玩的时候，怎么能玩呢！"一位学生肯定地说，很多同学都说我的笑是假装的。

一阵沉默之后，一位同学怯怯地举起了小手，轻声地说："我觉得老师没生气。"这位同学平时很有主见。我微笑地看着他，并让他继续说下去。"这些天，我们课堂上没有活力，死气沉沉。今天上课，虽然我们还在说笑，但你看到我们这么活跃、开心，实际上很高兴，因为你看到了希望。"

"你真聪明！"我情不自禁地发出内心真诚的赞美。他发言时，我尝到了"知己"的欣慰，一种被解读心灵的快乐和被理解的幸福。

"大家好像放松了对语文的学习，你们能说说为什么？并给老师提提建议吗？"我没有掩饰地向学生敞开我的心扉，让他们一起帮我解开心结，减轻压力。学生们也像憋了许久，毫无顾虑地打开他们的话匣子，他们的话让我的心又一次受到震撼……

"你在上课时，要多对我们笑一点。"

"上课时，多给我们讲一些趣味性的知识，因为六年级了，我们太累了。"

"如果我们回答不出问题，你应让我们多想想，不要急，不要生气，如果那样我们就不敢举手了。"

"教室里多设一些活动，上课发奖品鼓励我们。"

“我们长大了，有自己的主见，其实我们很懂事！”……

那节课，是学生教我读懂了苏霍姆林斯基的《给老师提建议》中的话，是我的学生用他们那颗童稚无邪的心震撼了我，是我的学生让我懂得在教育教学中要沉静下来，浮躁、着急会让自己失去更多。

我知道学生还有很多话要对我说，于是我在黑板上写上：老师，我想对你说。然后，深情地说：“同学们，老师真的好感动，谢谢你们，不过我知道你们一定还有很多话要对我说，那么今天晚上，夜深人静之时，静静地敞开心扉，向老师诉说你们心中的情思，好吗？”

第二天，我收到了49份“沉甸甸”的信纸、“沉甸甸”的情。从此，我上课留心捕捉感动的细节，课后经常在他们中间转悠，不带任何目的，走进他们的心中，关爱他们的心灵。我感谢学生真挚的语言，纯洁的心灵。是他们让我重新拾回我鲜活易感的心灵，彼此灵犀相通。

我永远忘不了这节课，在我心急、快迷失方向的时候，他们让我明白了“一锄头挖不下一口井”、“心急吃不下热豆腐”的道理，如不走进孩子们的中间，俯下身子倾听他们的心声，读懂他们的需要，怎能因材施教？怎能分享到他们的快乐？怎能“携手共进，共创辉煌”？

学会倾听是一种修养，作为班主任更应该明白这一点。要想让学生尊敬你，那么你首先要尊重他们的想法。教师要想走进学生的内心世界，那就应该学会倾听学生的心声。

倾听是心与心的沟通，倾听是人与人情感的交流，倾听是对人的理解，倾听是对人的信任，倾听是对爱的呼唤，倾听是对人格的尊重，倾听是心心相通的桥梁，倾听是心心相印的纽带……倾听作为与人交往不可缺少的一个环节，是与人为善的表现。

倾听是实施有效教育的基础和前提。心理学研究表明，人在内心深处，都有渴望得到别人的尊重。作为班主任，要对学生进行有效的教育，就必须尊重学生，倾听学生的呼声，了解学生的疾苦，知道他们在想什么、做什么，有什么高兴的事，有什么忧愁的事，他们学习中有什么成功的地方，有什么困惑，是方法的问题、还是心理的问题，是习惯问题、还是基础问题？对这些问题有了比较清醒的认识，就可以对症下药，有的放矢。所以在了解学生的时候，要放下老师的架子，平易近人，和蔼可亲，增加亲和力，学会倾听。可是我们许多班主任，不愿意听学生的倾诉，不愿意听学生的唠叨，总认为自己高人一等，比学生高明，没有必要倾听学生的诉说。

其实,学会了倾听,就能够深入了解学生的内心世界,学生们就感受到老师对他们的尊重和关怀,他们就愿意把自己的想法、愿望、要求、困惑告诉老师,求得老师的关怀和尊重,求得老师的宽容和理解,求得老师的帮助和解答。这个时候所进行的交流,就是心与心的交流,就是灵魂与灵魂的沟通。

班主任要从倾听学生的诉说中寻找开启心灵的钥匙,从倾听中分析学生的心理变化;从倾听中找出学生思想问题的症结所在;从倾听中帮助学生勇于面对挫折、压力;从倾听中了解学生的疑惑、苦闷;从倾听中帮助学生找回自信、找回自我,为他们树立正确的世界观、人生视、价值观,为他们的心理健康的发展提供良好的环境和帮助。

学会"换位思维"

我们先来看两个案例。

案例一:

驶进心灵的港湾

每周一节的"驶进心灵的港湾"(即与班主任说心里话)活动又开始了。这次,我采取了"独立写"的形式,让学生用三言两语说一句真心话,来"帮助你们的大朋友"。结果,两位学生的真心话给了我不少启迪。

一个学生写道:"您平时待我们像朋友,从不大声斥责批评我们,但我实在有些怕您!"

另一个学生写道:"造句的感觉真舒服!我真喜欢上您的用词说话课。"

乍一看到这"一怕"、"一赞",颇为纳闷。平时我从不声色俱厉,学生对我何怕之有?造句又有什么好舒服的呢?何不找他们聊一聊呢。于是师生间便有了一次发人深省的谈话。

1. 与"怕我"者的对话

"老师哪些地方让你怕了?"

"造句。"

"造句有什么可怕的?"

"不可怕。"

"嗯?"

“记得有一次用‘发现’造句，我是这样造的：‘我发现大母鸡围着草垛转。’您听后，微笑着示意我坐下，然后轻声说了一句：‘一年级的孩子也造得出。’当时，我感到您的笑是冷的。”晶莹的泪水已盈满学生的眼眶。

“您不知道当时我是多么伤心，要知道，这可是我的真正发现呀！”她说着泪如泉涌了，“以后……我就特别怕上您的语文课了。”看着她从心底里流出来的委屈，我不禁自责，当时我也许确实是无意的，因而已没有一点印象了，她却记忆犹新！

2. 听“赞我”者的想法

接着我又问了那个“赞”我的学生，为什么对“造句”感觉很舒服。他说，自从那天他用“发现”造了“我发现地球围着太阳转的现象。”这个句子，老师热情表扬他后，他学语文便有劲了，所以他说造句的感觉真舒服。

这两个学生的叙述，促使我认真反思。学生“怕”我，是因为我把成人的思维定势移用到了学生的身上。其实，学生那种善于在生活中观察，善于将亲身经历表达出来的意识和做法，不正是新课程改革所需要的吗？发现的品质不就是这样逐渐产生的吗？而我恰恰忽略了这一点，只看到学生观察结果的肤浅，却没尊重其观察过程的可贵。学生怕我，令我也觉得自己可怕了！

对“赞我”的学生，我虽然肯定了他视野开阔，但他只是再现了所学的知识。久而久之，这类学生可能只会注意尽可能地跟老师保持一致（因为这样可以得到老师的表扬），只会接受别人的解决方法，却不敢去超越。

两位学生给我提出了一个共同问题：如何多角度地去理解学生，启发学生的思维，启迪他们去“观察——探求——领悟”。

案例二：

学生日记

又一届高三学生毕业离校了，我走进那空荡荡而又一片狼藉的学生宿舍，无意中拾到一本残缺的学生日记，翻看之余，心情很是沉重。现摘录其中几则：

某月某日

老师们积极性可真高，他们一天要干十几个小时。我们睡了，他们还没睡，我们醒了，他们却早已工作了。我想，他们一定没时间看电视、听广

播、读书、看报。他们和我们一样是笼中的小鸟。我总想,老师们可真伟大,仅凭那几本教科书,几份练习题,就可以教那么多学生。可是他们的生活太枯燥无味了,也没有几分温馨,将来一定不让我妹妹当老师,她不适合。

某月某日

我们学校橱窗办得不错,展示了许多标兵什么的,那么多人都围着看。有些人是去找自己的相片,我懒得去看。老师说他们是我们学习的榜样。据说还有刘某,赵某。我顶讨厌他们,对老师当面一套背后一套。也怪,现在这样的人吃香,社会上也是一样。

某月某日

教室坏了两个凳子腿,门上玻璃碎了一块。教导处和班主任正在调查是谁干的。我们都说不知道。老师说:"你们不说,我也知道。"真是的,明明知道还问我们。又想起车棚栏杆上不知谁编造的通俗文学来,啥内容——不好意思写了。老师不知看到了没有。知道了事情真相,准批评我们,不过挨批评的时候我们也懂得兵来将挡,水来土掩,唯唯诺诺,一再认错就是了,看老师有什么办法。唉!真是没意思。刚才听到别人讲玻璃肯定是赵某砸的,可能是因为老师在班会上把他当成了反面典型,所以他要报复吧!他早说了:"不就是赔吗?给他10元钱,花钱买个痛快。值!"细细想想,倒觉得老师很可怜!他们还以为把我们给制住了呢!

某月某日

今天不知怎么了,好像有点悲天悯人。前些日子班上出了那么多事儿,老师好像也没个说法。我真怕星火燎原。赵某他妈妈今天来看他,说:"你们班主任也不知道在干啥,难道他啥也不管吗?"我们告诉她:"我们班主任可严厉呢!作业差一份也不行。谁要是做得不对,他非得给你来个单兵教练。至于班上的其他事儿,他说都高三了,不用操心了。"有一次,他还说怕有一天会下岗呢!他们像我们一样也排考试名次。看样子考个第一什么的,学校会给他们涨工资、发奖金。看来老师们也在竞争,真是"爱拼才会赢"!倒霉的是我们,老师们都说为我们好,都挤着给我们补课。我们的命好苦啊!

两个案例,分别来自小学与高三,从两端显示出基础教育阶段师生之间的沟通情境。

第二个案例表现出来的沟通情景,是典型的"单向式"——校方或教师凭借其“话语权”提出要求，发出指令。由于缺乏沟通的“双向性”，导致“一厢情愿”的结果。而第一个案例，则展示出一种双向交流的情况，产生了加深彼此了解、理解和谅解的效果。两个案例启示我们，在师生之间谈心沟通时，教师应学会“换位思维”。换位思维，是通过转换角色、地位来思考问题，增进双方彼此了解的一种思维方式。它能够改善沟通双方的关系，直接影响沟通过程的畅顺程度以及影响的深入程度。

要做到“换位思维”，班主任就应了解“换位思维”的基本形式：

1. 视角转换

通过调整视线角度，如“俯视”、“平视”、“仰视”等，重新设定沟通双方的地位和关系。我国传统文化对教师强势地位的设定，常常造成教师以一种“俯视”的姿态与学生沟通，形成一种居高临下的态势，造成双方关系的不平等，直接影响着沟通的效果。我们提倡班主任要视角转换，要将“俯视”转换为“平视”，甚至是“仰视”，重新设定沟通双方的地位和关系，以改善沟通的质量。

2. 处境置换

将自己置换到对方的处境，来体验对方的感受，领悟对方的思想、感情。在不同的处境中，人们对事物会有不同的感应，产生不同的感受，萌发不同的想法。在与学生的交往当中，教师常常会陷入单向思维的误区，因为忽略了学生的“具体处境”这一重要因素而忽略了学生的感受，难以产生“共鸣”，甚至引起对方的反感。如上面第一个案例中的那位学生，由于老师对其造句进行评价时的忽略，而产生了反感，甚至引起了恐惧。因此，只要我们在与学生沟通、交往时能够“设身处地”地去体验学生的感受，就更容易接近他们的思想、感情，就能产生更多的共鸣。

3. 角色互换

通过交换彼此充当的不同角色，来了解对方的思想特点、行为特征，在增进双方彼此了解中消除差异、互补互动，增加双方的和谐与协调。在现实中，角色的社会规定性决定着教师与学生之间存在许多的差异性，这些差异性常常成为妨碍双方和谐、协调、合作的因素。如果师生双方能够通过“假如我是差生”、“假如我是班主任”等虚拟角色互换，甚至在真实的情境中进行一些互换角色的活动，对彼此的思想、行为就有更多的真实体验、就有更深入的了解、就有更好的合作基础。

总之，做到“换位思维”，是师生沟通取得良好效果的基础条件之一，班主任不可等闲视之。

先诊断再治病

一位班主任讲过这样一件让他尴尬的事：

昨天找班上一女生做思想工作。

问："为何成绩老上不去？"

答："对学习没有兴趣！无非是父母叫我来而已！"

问："是不是思想开小差了？"

答："你是指谈恋爱吗？"

问："你认为呢？"

答："如果说实话，我在谈恋爱！"

我努力地讲着中学生谈恋爱的弊端。其表情漠然。

说："老师，我已经十八岁了！我已经成年了呢！"

我无语。后来想想，这学生真是太"大胆"了。

这次谈话中，教师和学生的思路都很清楚。

教师的思路是：你成绩老上不去是因为思想开小差——思想开小差者，早恋也——中学生谈恋爱弊端大大的——所以你只有不谈恋爱，思想才能集中——学习成绩才能上去。

学生的思路是：我学习成绩上不去是因为对学习没有兴趣、没有愿望——早恋是有的——但那是我的权利。

对话无法进行下去了。

其实严格地说，这并不能算是"对话"，这只是师生二人在分别"自言自语"，是典型的"无沟通"对话。

双方谁也不想理解对方的意思。教师是沿着自己的既定"教案"在宣讲自己的"教育方针"，学生则是在申明自己的"既定生活原则"。

双方都是以自我中心，都不想反思自身，所以无法沟通。

然而一个是大人，是教育者，一个是孩子，是受教育者。我们对教育者要求得稍高一点，总是比较合理吧？

这位老师的发言，出发点是提高学生学习成绩，落脚点也是提高学生学习成绩，有相当明显的应试色彩和管理色彩。不是以人为本，而是以分为本。

所以这位老师并不关心孩子的生存状态，不关心孩子的感觉和喜怒哀乐，关心的只是“你要照我说的去做”。所以他一开口，就像一位“领导”，而不像是学生的朋友。

朋友见面，总是先问寒问暖，也就是首先关心对方的生存状态（你过得好不好）。现在很多教师自称是学生的“朋友”，可是他们对学生说话的口气，怎么听都不像个朋友。

还不止如此。这位老师的逻辑推理也是经不起推敲的。

“成绩上不去就是因为思想开小差，因为不刻苦”，这是很多教师的逻辑。这个归因是极其粗糙的。事实上学生成绩上不去有很多种原因，情况非常复杂，需要一个一个具体分析。如果只这样简单归因，那就不要研究和分析了，只要加强管理和监督，使得孩子没有时间偷懒，不得不刻苦，就大功告成了。许多老师就是这样做的。他们简单粗放的工作方法，来源于对学生问题的不科学的归因。这种极其简化的思维方式，使得他们很难进步——有现成的答案，自然不需要再思考了，“抓”就是了。

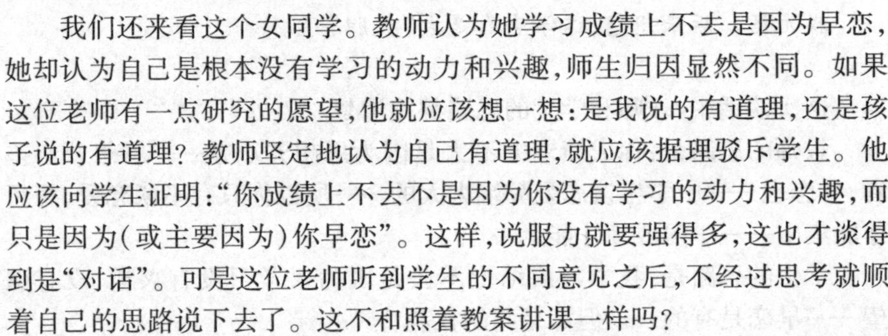

我们还来看这个女同学。教师认为她学习成绩上不去是因为早恋，她却认为自己是根本没有学习的动力和兴趣，师生归因显然不同。如果这位老师有一点研究的愿望，他就应该想一想：是我说的有道理，还是孩子说的有道理？教师坚定地认为自己有道理，就应该据理驳斥学生。他应该向学生证明：“你成绩上不去不是因为你没有学习的动力和兴趣，而只是因为（或主要因为）你早恋”。这样，说服力就要强得多，这也才谈得到是“对话”。可是这位老师听到学生的不同意见之后，不经过思考就顺着自己的思路说下去了。这不和照着教案讲课一样吗？

在此案例中，客观地说，在归因上，孩子可能比老师正确。这位老师只知道早恋是影响学习的原因，而不知道学生整体生存状态不好是早恋的原因。很多学生都不是因为早恋而走向失败，而是因为失败才走向早恋的。一个学生如果自己并不想上高中，迫于家长压力不得不上，自然很苦闷，那么早恋岂不就是宣泄这种苦闷的一个渠道吗？这时候如果向她大谈早恋的害处，就是废话，就是浪费教师的精力和爱心。

正确地做法是：从学习成绩谈起，不主动提起谈恋爱这件事。先问该学生过得好不好，心情如何，将来有什么打算，有什么苦闷。先关心她整体的生存状态。如果她的父母在非常主观地“塑造”她，那么要找她父母谈谈，改善孩子的生存环境。更重要的是，要帮她找到一条能够实现自我的路子，也就是找到一件她自己愿意做，而又有意义的事情（可能是考大学,也可能不是)。当一个孩子有奔头的时候,早恋问题才好解决。没有奔头的孩子会把恋爱当一种“临时奔头”,这时候堵是堵不住的。

教师与学生的对话,只有带研究色彩,才能谈到沟通,若一味主观地“贯彻”自己的想法,对话就会变成说教从而降低效果。

这位老师发现自己的方针贯彻不下去,气愤地说学生“大胆”。请问学生不“大胆”又如何?比如这个学生“低头认罪”,承认自己早恋不对,表态以后一定不开小差,好好学习。现实就能如愿吗?未必。

要真正解决问题,没有科学的“诊疗”意识和方法是不行的。所以,班主任们一定要明白“先诊断再治病”的道理。

重症亦须下猛药

一名叫“摩西”的班主任曾在网上写过这么一篇文章:

刚上这个班的课的时候,感觉上课简直是一种折磨:按我平素的“微笑战术”走进教室,孩子们最多能安静十分钟,之后则是说话声此起彼伏,于是几乎每节课都要拿出几分钟甚至十几分钟来约束纪律。我约束纪律,风格是比较刁的。比如上次有个孩子上课故意撅嘴出洋相,我就针对这事,专门进行了“洋相教育”,具体的语言已经忘了,但是说话肯定是比较尖刻的,此后,好多喜欢上课讲话的学生就老实多了。

今天改五班的作文,翻开一本,却意外地发现了这样一封信。

敬爱的老师:

您好!很惊奇吗?不要吃惊,我只是借此抒发一下自己内心的感情。我也不知道我是哪类人,但至少不会是那种赤裸裸的人,因为,自从人类知道羞耻之后,就懂得披上兽皮,就像一旦有利益的存在,人们就懂得了伪装。您比我大,比我经历得多,那么换句话说就是伪装得比我深。但亲爱的老师多次无情地剥去那些遮羞的外衣,常常让我无地自容——因为我的外衣常常穿反。不过,还得谢谢您,正是因为您的作用,才让我感到穿着的重要性,才让我会体会什么才叫羞耻。不过,话又说回来,我真的希望老师在脱我衣服时能否轻一点,因为里面包着的毕竟是肉啊!

××

我的评语是:感谢你的真诚,也为我的尖刻而抱歉,接受你的批评!

合上作文本,我在想:我做得是否过分了?这是班上一个经常在上课

的时候跟我开些无厘头玩笑被我训斥多次的男生。在班上，他总是一副软硬不吃的样子，很多次我几乎对他大动肝火，而今天这篇文章，却让我感觉到任何人都拥有的柔软的一面。

我想我该找他谈谈心。我会告诉他，每个人都有衣服被剥下，使自己另一面暴露在大庭广众之下的时候，因为，每个人都需要知道羞耻。我会告诉他：如果我的语言伤害了你，我愿意道歉，但是我并不会认为我做的是错的，因为重症必须下猛药，如果和风细雨不能使你明白，那么当头棒喝也许效果会更好，虽然头肯定会疼一阵子，但是相对于你获得的，这种痛苦实在太微不足道。我会告诉他：在你们身上，我看到了我过去的影子，我欣赏你的坦诚和直率，但是也要批评你的随意和散漫，就像我说过的一样，我不是以成功者的姿态来教训你，而是以失败者的身份来警醒你。我还会告诉他“知耻而后勇”，我也曾经有过感觉耻辱的时候，但是作为男子汉，应该勇敢地面对自己，面对耻辱。最后，我还会告诉他：恭喜你这学期考试语文考了*100*分，恭喜你的进步！

班主任在与学生谈心或教学工作中，究竟能不能说尖刻的话？这是个见仁见智的问题。

分析起来，在以下两种情况下是可以的：

(1)学生特别善于狡辩，主动挑衅教师权威时。

(2)学生侮辱教师人格时。

这时候，尖刻的语言，寒光闪闪的词锋，一针见血的剖析，往往可以有效地制止对方的挑衅。知道老师的厉害，以后学生就会收敛。

有趣的是，这种孩子你把他“打败”之后，他反而会更尊重你。像摩西老师收到的这份“自白书”，虽然还惴着提意见的“冲锋”架势，其实已露出“投降”之态，语调近于哀求。很明显，摩西老师胜利了。

每个人都必须学会自卫。个别学生受社会影响，有时会拿出成年人唇枪舌剑那一套来对付老师，老师只好应战，“陪他玩玩”，不然他会以为老师是软柿子，可以随便捏。这种现象在初中就有，高中就更多一些。高中教师，尤其是私立学校和职业学校的教师，没有一点“嘴上功夫”恐怕是不行的。

因此，辩驳能力是教师的基本功之一，应该进行专题培训，应该进行专门研究。很多教师说不过学生，败下阵来，躲到一个角落里哭，这实在不该。

我们不知道摩西老师说的尖刻语言的具体内容,但可以推断的是:那一定很精彩,但摩西老师的态度并不是居高临下的,他的尖刻里包含尊重,因此让学生心服口服。

当然,尖刻语言,不能出格。应符合以下几条标准:

(1)决不能侮辱学生人格,不能搞人身攻击。

(2)就事论事,不搞“翻箱倒柜”。

(3)在尖刻中,必须有智慧的闪光,要“聪明的尖刻”。

(4)不失教师身份,不失态。

检验标准是,如果你打掉了挑衅者的气焰,没有几个学生同情他,大家反而更亲近佩服你,那就证明你做对了;如果你“尖刻”之后,有更多的同学反而同情被批评者了,那恐怕你就做过火了。

班主任,请仔细斟酌。

幽默,师生沟通的润滑剂

幽默是生活的“味精”。前苏联诗人米哈依尔·斯维特洛夫说:“教育家最重要的,也是第一位的助手是幽默。”幽默会让人笑,笑作为传情达意的媒介,缩短了教育者与被教育者的感情距离,增强了对教育者的吸引力,创造了接受教育的良好气氛。幽默用于正面思想教育,胜过空洞直白的说教;幽默用于批评教育,胜过粗暴的斥责。幽默是具有智慧、教养和道德的表现,是一种优美、健康的品质。班主任在与学生的谈心沟通中,不妨来点幽默。

我们先来看下面这个案例:

吕老师在批阅学生作文时,又看到了那几本令她哭笑不得的作文本,她决定在课堂上专门讲评作文。她拿起一篇字迹潦草的作文,通过实物投影仪给学生看,问大家能不能用恰当的比喻来形容这个同学的字迹,学生说“像螃蟹在爬”。而吕老师说:“不,螃蟹爬是横爬的,还有一定的规律,是可以让人辨认的,但是它,我觉得像‘醉虾’,你看,东倒西歪,难道不像喝醉酒的虾吗?”学生一片哄笑,此时那位同学脸红了。这时,吕老师又说:“看来,现在的他已经成了大红虾,我想他一定是在下决心要认认真真地写字。”

接着,吕老师又拿起一本有很多空格的作文本(A 学生因为有些字不会写,又懒得查字典,结果作文本上空格很多)。我说:"这本作业本让我理解了'千疮百孔'的含义。看来这位同学有意考考我,看我是不是能做出这些'填空题',不过呢,我没令他失望,我全填写好了,请这位同学检查一下,如果全对,那么请你以后不要再出这么简单的题目了。我不喜欢做填空题。"课堂上又是一片笑声。

经过吕老师点数作文本,发现少了B学生的本子,而这位B学生经常不交作业。这时,吕老师点了他的名字。他无所谓地站了起来。看到这一态度着实令人气愤,但吕老师还是很平静,装作一副若有所思的样子对他说:"B同学,老师这几天一直在想一件事,那就是将来你的孩子干什么职业比较好。"因为老师刚刚还在讲评作文,而现在她突然这样说,所有的学生都感到很奇怪,B学生也是一脸茫然。吕老师停顿了一会儿又说:"我想你的孩子将来做考古学家比较好。"全场同学更是惊讶。吕老师继续说:"将来你的孩子成了考古学家,就可以考证一下他的爸爸在小学时候到底有多少作业没做,又有多少作业没交。"吕老师的话音刚落,课堂内顿时议论纷纷,那位同学感到很不好意思。

通过这节幽默的作文讲评课之后,学生们的作文写作和上交情况大有好转。

德国著名演讲家海因·雷曼麦说过,用幽默的方式说出严肃的真理,比直截了当地提出更能另人接受。幽默是班主任和学生沟通的润滑剂,人们都很喜欢用幽默的方式来解决问题,这样不仅能够真正地避免沟通的冲突,还可以达到很好的教育效果。在人际交往的时候,幽默具有独特的魅力。作为班主任,在与学生交往的过程中,要巧妙地解决难以处理的问题,那么就请别吝啬地使用幽默。当你用幽默的方式解决和学生之间的冲突的时候,可以说学生首先感受到的是一种你对他们宽容的态度。就像上面的例子一样,把严肃的批评变成了幽默的场景收到了意想不到的效果。可见幽默的作用是很大的,就像一座桥梁,拉近了教师与学生之间的距离,避免了可能在师生之间出现的情感的鸿沟。

幽默的运用会使班主任的工作增色不少,它能帮助教师与他人沟通和交流,解决问题,特别是人际关系问题,并顺利地度过困难处境。幽默,有助于班主任巧妙摆脱某种不期而至的窘困与尴尬,有助于班主任把严肃的批评变得亲切得体。采取这样的方式,由于没有使矛盾激化,所以学生在犯错误的时候,能够很舒服地理解老师的批评,而且在班主任幽默的

沟通手段的应用中，学生或明白了自己的错误，或从中学到了知识，或懂得了做人和处理事情的道理。可以说幽默是师生之间沟通的值得借鉴的好的教育方式。

说话拐个弯儿

班主任在与学生的谈心过程中，施行批评是很常见的方式，但是批评要讲究艺术。为了更好地达到教育目的，在对学生批评时，如果能拐个弯儿，巧妙运用富有感染性和迁移性的语言，反其道而行之，变指令为参谋，变对立为友善，变贬抑为褒扬，以委婉的语气，取得合适的角度表达真实的意思，则会收到意想不到的效果，而学生也能从表面意义和老师的表情、姿态中，准确地领悟到其语言的内在含义，达到比直言陈说更为有效的说服、沟通的目的。太极拳理论讲究的是“欲进先退，欲前先后”，古话则有：“将欲取之，必先予之。”说话拐个弯儿，对于建立和谐师生关系，提高教育效能有重要意义。

直白的话，委婉地说

王彬嗓门大，又不拘小节，经常在宿舍熄灯铃响以后还滔滔不绝地发表高见，惹来整个宿舍同学的不满。晨会课上，我对王彬说：“王彬，你知道吗？你们宿舍所有的人都爱听你唱独角戏，比听帕瓦洛蒂唱歌还过瘾，真可谓余音绕梁，三月不知肉味。”全班同学一阵大笑，王彬的脸“刷”地一下红了，马上站起来说：“老师，我违反了宿舍管理条例，影响了其他同学休息，对不起，请同学们原谅，今后我一定改正。”

英国著名的教育理论家洛克指出，如果教师使学生过分地无地自容，“他们便会失望，而制裁他们的工具就没有了。他们愈是觉得自己名誉已经受到打击，则他们设法维持别人好评的思想就愈加淡薄”。不妨设想一下，对一个名誉已经扫地、自尊心丧失殆尽的孩子，还能有什么方法教好他？所以，教师用委婉的语言代替直白的批评，善意地揭露出学生思想行为中的错误，点拨和提醒对方注意，让学生在笑声中领悟到自身的不当言行，提高认识，既保全了学生的自尊，又达到了教育的目的，可谓一举两得。

老套的话，创新地说

平常做习题时，因为有些题目有一定的难度，一部分学生就偷懒不做。于是,我把那些题目都收集在一起,上面写一行很醒目的字:"谨告,这些题十分难,非有聪明才智的同学,请勿尝试!"结果,学生很快就把这些题完成了。还有一次,班里的一个学生过生日,邀请了十几个同学去酒店吃饭,然后又到歌厅唱了半宿歌。这些学生家庭作业没做不说,第二天上课时,呵欠连连。面对这突如其来的偶发事件,我没有咄咄逼人地训斥,而是这样讲的:"昨天晚上,××高财生(家里有钱)邀请了一部分同学去为他祝寿,结果今天有些人成了特困生(上课打瞌睡),我丑话说在前头,今天,你们这些人就等着做可爱的留学生(留校补课的学生)吧。"

青少年学生性格开朗,充满热情,经常显得信心十足,他们渴望寻找新鲜的人生体验,乐于接受新异的沟通方式,所以,用青年人喜闻乐见、鲜活风趣的语言去说,不经意间,他们会把老师视为知音,从而更乐于接受老师的批评。

严肃的话,风趣地说

刘杰在教室追逐奔跑,看见我,急忙三蹦两跳,用手在桌子上一按,人弹起,脚一下跨到了椅子上。三番五次的常规教育没有效果!当时,我心里那个火,直往外冒。但我迫使自己冷静下来。我笑着说:"同学们,刘翔是2004年跨栏王,2008年刘氏家族又将出现一个跨栏王,那就是——刘杰(我故意拖长了声调)。你们看,他把简陋的桌椅当栏杆,抓住课间10分钟时间练奔跑速度及跨栏技术,有这种毅力和信心,老师相信,2008年的奥运金牌非刘杰莫属。本人作为他的老师,真是荣幸至极啊!不过,老师在这里要提醒你,简陋的设备很容易跌折腿脚之类的,到那时,你可就只能参加2008年的残疾人奥运会了。"教室里一片欢笑,刘杰羞红了脸,直低着头。从那以后,教室里再也没有出现过类似的违背《常规管理条例》的行为了。

法国演讲家雷曼麦有句名言:"用风趣的方式说出严肃的真理,比直截了当地提出更易让人接受。"严肃的话,风趣地说,一方面可以表现老师善解人意,宽以待人的品格,另一方面学生通过教师风趣的语言,消除了对教师敬畏的心理,缩短了师生间的心理距离。由此,使学生认识到教师丰富多彩的个性特征和内心世界,觉得教师不只有可敬畏的一面,而且还有风趣可亲的一面,有助于缓解气氛,减轻被批评学生的心理压力,让学生在笑声中感受和理解老师的用意,形成互助合作、人格平等、作风民主、感情融洽的师生关系。

批评的话，赞扬地说

李江同学作业不认真，字迹潦草，指正多次也没有用。一次，作文课上，我抓住机会，指着他的卷面说：“我很喜欢你的‘狂草’，洋洋洒洒，龙飞凤舞，它很有王羲之的风范，可惜我要求你写的不是书法作品……”此后，他认真练字，进步很快。

班级经常有一部分同学，不做或少做作业，需要老师去催处。对此，我决定换个角度来教育他们。班会课上，我向全班同学表达了我的“感谢”：“近段时间来，有好多同学用不同的形式表达着对老师的关心。例如，有的为了减轻老师的工作负担，故意少做或不做作业，替我省下了好多批改作业的时间，对此，我非常感动。在感动之余，我也想为同学们多付出一点。恳请各位，看在我闲得无聊的份上，给我多一些作业本吧！”一席话说得大家开怀大笑，同时也让不完成作业的同学有所感悟。

批评的话，赞扬地说，巧妙地揭露出事物的内在矛盾，造成既出乎意料，又合乎情理的令人含笑不止、回味无穷的效果，笑声大大改善了教育气氛，教师不是高高在上的布道者，学生也不只是规规矩矩的唯命是从者。只有理解了才笑，而笑的情感体验又加深了理解，这是学生自己领悟后才得到的，比单纯灌输更能占领学生的头脑。

教育艺术千姿百态，语言艺术千变万化。说话拐个弯儿，自然不同于失望与愤怒，也不同于冷笑和蔑视，更不同于挖苦和嘲讽。教师以真诚和善良的态度看待学生的缺点，了解错误的实质所在，用简洁的语言加以形象巧妙的揭示，用委婉、创新、风趣的方式进行教育，表现出对学生的一种希望和总体的肯定。笑声带来师生之间的融洽与和谐，受教育者自己也解颐而笑，在脸发烫、发烧的同时，内心积蓄起改过自新的动机，实现教育的最终目标。当然，教师还需及时捕捉教育契机，熟练地把握教育规律，机智地变换说话方式，与学生的理解水平相适应，只有被学生理解了，才能取得应有的教育效果。

温柔地征服

有一首流行歌曲叫《就这样被你征服》，怎样征服呢？温柔地征服。有时候，班主任温柔的情怀确实可以征服一颗颗稚嫩的心，甚至比一切谈心技巧还管用。

下面这位班主任讲述的故事就是最好的说明。

我刚毕业那年担任初一(3)班的班主任。班里有个叫吴峰的孩子，小学时是顶有名的“四大金刚”之一。你无法想像那个表面文弱清秀的男孩每天会整出多少乱子。可奇怪的是，开学一个月之后，吴峰陡然像变了个人，先前的桀骜不驯渐渐没了影子，我暗自欢喜的同时，总以为是每日里的谈心终于感动了顽石……

几年后一次偶然的路遇，无意间从已长成大小伙的吴峰口中得知，他的那次改变竟源于我的一次流泪。

那是我离开家乡到异地工作后母亲第一次来看我。那个傍晚，吴峰又犯了错误，一天中不知是第几次被揪进办公室谈心了。我气冲冲地在前面走，他晃悠晃悠地跟在后面。开学一个月了，忙忙碌碌的，想家的思绪倒被冲淡了许多。走廊尽头的办公室里欢声笑语，不似平时的安静。走进去不经意地一抬头，竟看见母亲笑盈盈地站在中间。愣住。怎么可能？意识到是真的时，我奔过去抱住母亲，瞬间的狂喜后是满腔的思念、满腹的委屈，然后全化作泪水，流得稀里哗啦的。慢慢平静下来后想起吴峰，那小子早就溜了……

怎么也想不到，当年那一幕除了我还会有人清楚地记得，而且竟是吴峰。那个大男孩对我说：“老师，其实那天我一开始没溜走，我躲在窗户外，想看看热闹。可是当我看到你越哭越伤心，看到您的母亲也在抹眼泪时，忽然就难过起来，那是我第一次看见老师也会像个孩子那样不加掩饰地流泪，我对自己说：今后一定不让周老师再伤心，再流泪……”我知道肯定有很多年轻的班主任跟我一样，刚接手一个班时，对学生倾注了所有的热情，可是当这份付出得到的是让人手足无措的顽劣，是状况不断的混乱时，青春的梦想如烟般幻灭，我们委屈，我们心痛，我们消沉。当我们最终挣扎着重新站起来时，我们藏起眼中的关切，隐去嘴角的微笑，我们给自己戴上了一副虚假的面具，我们学会了用冷漠装点自己的威严。于是，日复一日，我们真的冷漠起来。

吴峰的一番话重新唤起了我心底的热情。原来，再严厉的训斥、再苦口婆心的劝诫都不及一次无意中的真情流露。一个受孩子衷心爱戴的老师，一定是一位最富有人情味的人。正是这毫不做作的情感，温柔地触动了孩子心灵的某根琴弦，缩短了彼此的距离。冷漠永远培养不出热情，能够滋润童心的只有真情，还有爱心。

著名教育家李镇西老师这样说:爱心和童心,是我教育事业永不言败的最后一道防线。对年轻的班主任而言,我们可以没有不怒而威的丰厚阅历,可以没有这样那样的教育技巧,但无论遇到怎样的挫折,我们都不能丢弃对孩子的爱。

心中有爱,举手投足间挥洒出来的是温暖、亲切、宽容。你的温暖让孩子自在,你的亲切会鼓舞他们,你的宽容会启发他们。

也有年轻的教师这样诉苦:学生太顽皮,教室安静不下来,学生顽劣,会公然顶撞等等。这不是什么大不了的事,但如果处理不当,矛盾就会升级。这时教师不妨放下高高在上的姿态,俯下身子看学生。每个人都是一轮月亮,有着自己的阴晴圆缺,更何况是孩子。以一个孩子的视角看问题,我们的心中首先就有了一种宽容。青年人容易激动,在你嗔怒时,要提醒自己,给自己三分钟不说话,因为人在盛怒之下往往会怒不择言,而过激的言语对孩子的伤害无异于一把把利刃。要善用你的眼睛,试着将言语的交流化作目光的交流。当你以一种冷静的、不悦的却又暗含了鼓励、信任的眼神一直看向他时,他还会旁若无人地大讲特讲吗?从这样的眼神里,他会觉察到自己的错误,他会感激老师给了他保存自尊的机会,他会惭愧,进而暗下决心,改正错误……

教育,不必装饰成豪情万丈的伟岸,我们的孩子需要的,是温柔的征服。

一位在私立学校任教的老师,带的是全校最难管理且已换过几任班主任的班级。他因为一次晨跑中学生精神不振而在班上大发雷霆,结果引起部分同学的反感,甚至有同学当面顶撞。虽然最终教师的威严占了上风,但当天下午学生的态度就来了个180度大转弯,以前都称他"阿夫",现在却恭敬地改称"赵老师",原本和谐的师生关系出现了裂痕。一旦学生有意识地对老师敬而远之,教育,还能进行到底吗?学生是最敏感的。意识到自己可能操之过急,这位老师在当天的班会上让学生给自己开"批斗会"。老师的真诚最终感动了学生。"批斗会"最终变成师生双方的批评与自我批评。离开教室的时候,这位老师发现班主任笔记本里不知何时夹进了一张纸条:老师,我再给您提一条意见,不许再在我们面前提"辞职"的事!我们需要您带我们到高三!

因为心中有爱,所以赢得尊重。或者,老师的爱应该像阳光,阳光普

照世间万物时，它并不会在意每朵花是否都会散发出幽香和芬芳，它所在意的是，光线的每一个细微的部分，是不是都给了花瓣最温暖的触摸。那么，就让我们把愤怒的姿势换成握手，让一句厉声的呵斥变成温和的凝视，轻拍对方的肩膀，给仇怨一个宽容的眼神，用心倾听卑微的人的话语……

以善感的情怀感动学生，以真诚的爱心呵护学生，我们的孩子需要的，是温柔的征服！

第四章

谈话细节要各个击破

一次成功的谈心，犹如教师上一堂好课。如何上好谈心这堂课呢？关键是教师要把握好谈话中的细节，比如谈话的对象、时机、情景、氛围和谈话的态度；同时还要注意谈话过程中自己的语气、语调和手势，这些都是需要教师进行全方面综合考虑的。只有注意这些细节，从细微处入手，才能卸下学生的心理防备，拉近和学生之间的距离，从而各个击破，达到预期的目的。

把握恰当的谈话时机

所谓时机是指具有时间性的机会，是一种短暂性存在的甚至是瞬间存在的一种客观形势。人的思维、情感具有时空性，它们的产生和发展受时间、地点和条件的制约。因此谈话教育要选择适宜的时机。说服的成效，往往不取决于花了多少时间，讲了多少道理，而取决于是否善于捕捉教育的时机，拨动学生的心弦，被他们所接受。

我们先看下面的案例：

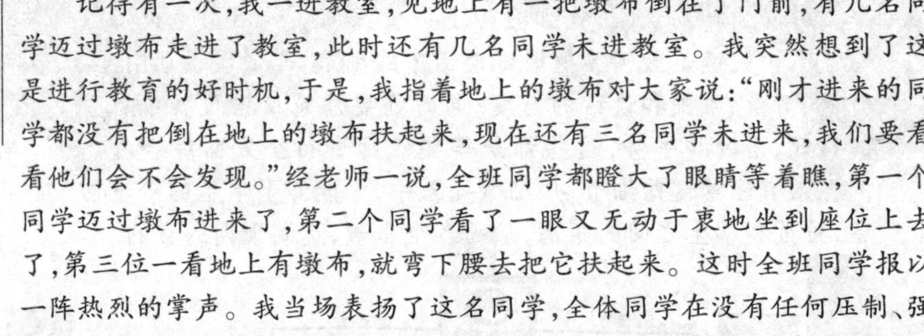
记得有一次，我一进教室，见地上有一把墩布倒在了门前，有几名同学迈过墩布走进了教室，此时还有几名同学未进教室。我突然想到了这是进行教育的好时机，于是，我指着地上的墩布对大家说：“刚才进来的同学都没有把倒在地上的墩布扶起来，现在还有三名同学未进来，我们要看看他们会不会发现。”经老师一说，全班同学都瞪大了眼睛等着瞧，第一个同学迈过墩布进来了，第二个同学看了一眼又无动于衷地坐到座位上去了，第三位一看地上有墩布，就弯下腰去把它扶起来。这时全班同学报以一阵热烈的掌声。我当场表扬了这名同学，全体同学在没有任何压制、强迫的情况下，也受到了一次深刻的教育。从此，班里的好人好事增加。

在学生每天的学习生活中，都会有大量的事情发生，其中有些事情教师如果好好利用，便是非常好的谈话教育的时机。

总的说来，学生工作由于其特殊性，有一些时机是教师必须特别关注的。教师的教育相当于外因，外因是通过内因起作用的，这个内因就是学生的思想认识。外因要想起到作用，就必须抓住内因出现变化的机会。当学生的思想一直处在闭合的状态，对外界的作用便不会有什么响应，这时候的谈话教育工作就会很困难，教师既吃力又没有效果；反之，在学生的思想处于开启状态时，外部的影响很容易产生作用，这就是谈话教育的时机。

学生换了一个新的环境是好的谈话教育的时机。比如说学生进入起始年级的时候，面对的是陌生的老师，陌生的同学，陌生的环境。以初中预备班为例，学生从小学毕业进入中学，从外部环境来说，是全新的，从内心来说，经历着从小学生到中学生的角色转变，这个时候，一些小小的外部力量可能会对学生产生极大的改变。教师如果多与学生谈话，善于在起点班帮助学生树立远大的志向，狠抓学生的学习习惯，培养学生的兴趣与信心，学生往往会有一个明显的变化，会出现一个质的提高。

每一个新学期的开始也是好的谈话教育的时机，此时的学生总是踌躇满志，经过暑假或寒假的长时间的休整，学校的生活还需要他们用一周或两周的时间去适应。新学期伊始，教师第一次进课堂，有没有这样的感觉：学生特别专注？教室特别安静？好的老师是不会放过这一大好时机的。这样的机会总是存在，每个学期都有，通常在每个学期开始的前两周，是最佳谈话教育时期，机会一旦来临时，就不能够错过。因为一两个月之后，学生适应了学校生活，往往又会松散下来。

当学校、班级里乃至社会上发生突发事件时，也是一个非常好的谈话教育时机。比如说班级里发生不团结的现象，发展到打架的地步，教师此时因势利导与之谈话，使学生对这个问题有深刻的认识，这样的谈话教育就会更有针对性，也更有实效。这种机会虽然不可预见，但是因为学生在学校里生活，每天发生的事情有很多，教师只要善于观察，善于分析，总能够利用其中的一些事情作为谈话教育的时机，甚至可以把一些坏事变成好事。

学生个人犯错误、受到挫折或取得成功之时，对他本人来说也是一个很好的谈话教育时机。小孩子犯错误时，通常喜欢撒谎，因为他们怕说出实情会受到惩罚。犯了错的学生其心理活动是复杂而剧烈的，表现出心事重重的样子，有经验的教师一眼就能看出来。受到挫折或取得成功时的学生，同样也是面临着心理上的巨大波动，这时教师所进行的谈话给学生的印象将会是十分深刻的，教师对受到挫折的学生进行鼓励，帮助他分析失败原因，对取得成功的学生进行赞美，并肯定他为取得成功所作出的努力，不仅可以使师生间的感情更加融洽，对学生的指导作用也要比平时显著得多。

总之，班主任与学生谈话的最佳时机主要表现在以下三个“点”：

1. 兴趣点

兴趣是动机产生的主要原因。学生如果对某种事物或某项活动感兴趣，则必定对其产生积极的态度，其内心活动是相当活跃的，这时最易接受外界的影响。如新的一年、新的学期开始时，学生会有一种新意识、新动力，此时，班主任因势利导地与学生进行必要的谈话，就会产生促使学生奋发向上的激励作用。

2. 荣辱点

英国教育家洛克说："儿童一旦懂得尊重与羞辱的意义，尊重与羞辱对于人的心理便是一种最有力的刺激。"当学生享受荣誉或感到羞辱的时候，及时谈话可以唤醒深藏在他们内心底层的自尊。如当学生学习进步、取得成绩，或暗下决心"我也要做出成绩"的时候，班主任应及时找他谈话，以肯定成绩，提出适当的目标要求，使他的热情变成持久的行动。

3. 感情点

学生的感情极为丰富，他们的喜、怒、哀、乐一般都在精神状态上表现出来。班主任如果能抓住学生的感情点谈话，就会产生明显的"移情效应"。如当学生在生活中受到委屈的时候，班主任主动地以冷静、宽容和同情的态度去帮助学生，并作出必要的解释，学生会产生感激之情，这时他就最容易接受告诫了。

单独谈心要找准地方

与学生私下里谈心总离不开具体场合，交谈场所虽然不是谈话的具体内容，却是语言交谈赖以进行的外在环境，而且对语言交谈有很强的制约作用。首先，谈话场合影响人的心理情绪，对语言交谈有诱发作用和暗示作用。我们常常看到这样一种情况：一个不善言谈的人，在令他兴奋的场合会侃侃而谈；相反，一个很爱谈话的人，在特殊的场合中也会缄默不语。这充分说明谈话的背景以及说话情境的诱发作用。其次，谈话场合还可以丰富词语意义，使交谈语言含有意外之意。因此，班主任在与学生单独谈心时应该选择好交谈环境。

一般说来，许多教师都认为办公室是班主任找学生谈话最常用的场所。但是，在目前学校的办公条件下，除了校领导，大部分教师都没有单独的办公室，上则三五人，多则十几人，共用一个办公室。这样，办公室里常见的镜头是：有的老师对学生语重心长地谆谆教诲，有的老师严厉地让学生反省错误，有的老师则对学生声嘶力竭地大声训斥……更有甚者还会出现几个老师同时找学生谈话的场面。再看学生，有的连声检讨，有的一言不发，承受能力差的则痛哭流涕……

于是，每个班上都有几个办公室的"常客"，办公室里其他老师常会跟他们开玩笑："哟，你们又来了。"学生中也常常用这样的话来吓人："某某同学，老师叫你去办公室。"此言一出，保证让正在兴高采烈的学生顿时傻眼。"去老师办公室"也因此成了交代问题或受训斥的代名词。

一些老师可能以为这很正常,办公室不就是处理工作的地方吗?为什么不能跟学生谈话?可是,必须认识到,这样谈话的效果如何?能达到解决问题的目的吗?其实,办公室很不适合师生之间的谈话。一方面,在教师的办公室里会让很多学生感到紧张,一旦犯了错误,只想着赶紧坦白完了走人,很少会认真倾听老师的话。这样,尽管教师苦口婆心,却很难达到教育的效果。老师认为学生不可救药,学生认为老师不理解自己。另一方面,办公室里人多口杂,的确不是做学生思想工作的理想场所,学生不会向老师交心,也没法交心,因为怕心里话被更多人听到,怕被人嘲笑。

有人说,办公条件有限,我们有什么办法?可是,为什么不换一个更合适的环境谈话呢?比如,对爱好体育的学生,可以到操场的跑道上,到篮球架下;对多愁善感的女生,可以在草坪上,花坛边,或者放学的路上,师生边走边聊,甚至,校园的石凳上、小桥旁,都可以是和学生谈话的好地方。在这样的场合里谈话,往往会有意想不到的良好效果。学生注意力集中,老师态度和蔼,双方可以完全放松,像朋友一样畅所欲言。润物无声的教育就在这样平等的交流中进行。

一位学生曾讲过这样一件事:

一次夜自习,因为晚饭的菜不太好,所以上到 8:00 左右,我就与同桌偷偷溜出去吃肯德基。虽然在晚自习结束之前赶回了教室,但还是让班主任知道了。不知怎的,三天过去了,班主任并没有找我谈心,心中便暗自窃喜。啊!到底是省优秀班主任,可能原谅我们了。谁知到周五晚上时(一般的孩子都要回家,那天不上课),班主任却发出了邀请,请我们三个出去散散步。我们欣然答应,只是不知她葫芦里到底在卖什么药。走着走着,老师带领我们来到了一个地方——哇,这不是肯德基餐厅吗?

"老师,您是不是走错地方了?"看着我们一脸的迷惑,老师却笑着说:"哦,今天老师发表了一篇文章,拿了不少稿费,想请你们吃肯德基。"我们心想:今天老师一定要好好训我们一顿了。餐厅里人很多,老师买了几份套餐,要了几杯饮料,选了一个僻静的地方坐下,我们三个紧张得很,生怕她……可是她好像全然不知那件事,只字不提。老师与我们闲谈着,还不时地称赞这里的气氛确实不错,她跟我们讲的话题没有涉及那次的"出逃事件",只是要我们以后遇到学校食堂的菜不好吃的时候,跟生活

委员提个建议。

我心里全明白了,老师是知道那件事的。吃肯德基是假,要我们改正错误是真。只是在那个地方,我们一下子都明白了,并接受了老师无声的批评。以后我们再也没有犯过规,倘若遇到饭菜不对口味,会及时到生活委员那里去诉苦,让老师去反映某些情况……

案例中学生的讲述让人感动。听完讲述,我们再来读一篇学生作文:《老师,我想对您说……》。

老师,我想对您说:您跟我谈心,能否换个地方。每次您找我去,要么是带着我来到我家里,当着我的父母,把我的不是一一数落,换来的就是父母的一顿毒打;或者是在您的办公室里,当着其他老师的面,您把我在课堂里的表现一一列举。(这时其他的老师还会时不时插上几句,众目睽睽下,好像我是一无是处的,真想挖个洞钻了进去)还有就是在课堂里,当着很多同学的面,跟我细细道来。(过后总是有同学模仿您的样子把我训一下,我的脸面何在?)虽然您每次都叫我坐下来跟您说,您的态度也很温柔,您的心思我也明白,不就是为我好吗?可是,我的心不知被什么割着,痛苦得很。我知道我是个淘气的孩子,您是个好班主任,经常与我们谈心,了解我们的所思、所想、所感。但是,我真的希望您能换个地方,一个让我能静下心来倾听您教诲的地方,这样,或许我的内心会好受些……

看了孩子的作文,班主任们一定有许多的感慨,从中也不难看出孩子内心所需要的到底是什么。当我们怀着真诚的心与孩子交流时,一定是从内心希望孩子能改正不足,唤起自信,扬起理想的风帆。所以,孩子说得没错:换个地方与孩子谈心,说不定效果就会不一般。

创设和谐的谈话气氛

所谓气氛,是指一定环境中给人以某些强烈感觉的精神表现或景象。由外在的环境因素造成的叫环境气氛,由内在的精神因素造成的叫心理气氛,无论是环境气氛还是心理气氛,在事物的变化发展过程中都起着重要作用。班主任和学生谈话需要一个和谐的气氛,因为和谐气氛既能消除学生因谈话而引起的紧张情绪和戒备心理,又能促使师生之间的感情

双向交流。

而在紧张的气氛下，很少有人愿意把自己的心事诉说出来，也就自然谈不上交流了。谈话需要一个轻松、舒适而心里觉得安全的环境，只有这样，讲话者才能放松自己，才会没有顾虑地、自由自在地把内心的想法、困扰、烦恼诉说出来。所以，作为老师，无论是在课堂教学中还是在与学生谈话中，都要注意营造一个良好的谈话氛围。当学生有事情想私下找老师谈话时，为了让学生毫不遮掩地、畅所欲言地倾诉衷肠，老师最好不要在人员繁杂的办公室里倾听学生的谈话，而最好是选择一个没有干扰的清静环境。如以下案例所述：

学生（诚惶诚恐地走进老师的办公室、声音很小地）："张老师，我……"

张老师（心里明白这个学生平时表现一向不错，学习也很好，现在一定是碰到什么麻烦了）便关切地问："小明，你有事吗？"

学生小明（难以启齿地）："我……"

由于办公室里还有其他几位老师，于是张老师把小明带到了隔壁的会客室（这时没人）。张老师关切地、静静地看着小明，并没有急于问他到底有什么事。过了好一阵，小明终于鼓起了倾诉的勇气，把他心中的烦恼一股脑儿倒了出来。

小明（烦躁而忧愁地）："张老师，我好烦好烦。"

张老师（头微微向小明倾斜）："你是不是碰到了什么不高兴的事情？"

小明（声音小而哽咽）："我爸爸妈妈一天到晚就是吵架，要闹离婚，我好害怕。"

张老师（同情地）："你害怕爸爸妈妈离婚？"

小明（轻声地）："是的，我不想他们离婚。我想和他们俩在一起。我看到我隔壁的小希以前好开心，可自从她爸爸妈妈离婚后，她总是愁眉苦脸的，好可怜。而且她妈妈总是骂她。"

……

最终，小明把心中的郁闷向张老师抖了出来后，觉得心里轻松多了，而且对张老师十分感激。试想一想，如果张老师直接跟小明说，"你有什么事？快说吧。"，而不是善于"察言观色"，并找个回避尴尬的地方谈的话，可能小明什么也不会说就失望地走了，以后也不会再找张老师倾诉烦恼了。所以，班主任在与学生谈话时，千万不要忽视了谈话气氛的重要性。

积极关注学生谈话

班主任在与学生谈话中听学生讲话时，最忌讳的就是心不在焉、三心二意。老师的东张西望、左顾右盼传递给学生的信息就是：我对你所讲的内容根本就没有什么兴趣，我还有好多事情要做呢，别一直烦我了，快点说完吧！这种行为对学生是不礼貌、不尊重的，而且学生以为你很看不起他，或是在心里取笑他，恐怕以后再也不会找你倾诉了。如：

学生（生气地跑到老师面前）："李老师，我根本就没有惹过大宝，他却无缘无故地把我推倒在地了。"

李老师（头也没抬，继续批改学生的作业）："是吗？你们就知道成天打打闹闹的，好让人心烦。"

还有些时候，特别是在上课的时候，一些老师会对学生的发言"听而不闻"或漠然置之，生怕学生的发言影响正常的上课；或是表面应付，如"我知道了""好了"之类的。如：

学生："老师，可我还是不懂怎么做分数的四则混合运算。"

老师："我知道了。这个并不难的呀。"

的确，老师在与学生交谈时，需要直接向讲话的学生表明你对他的谈话内容有兴趣，乐意听，这样既可以促进学生对老师的信任，更有利于相互间的交流。所以，在与学生谈话时，一定要对其话题表现出积极关注，要全神贯注地听，并不时地以一些目光的接触、简短地答话、微笑、点头等鼓励对方继续说下去。如：

学生（有些慌张地）："老师，我把数学课本和数学练习册都忘在家里了。"

老师（心平气和地）："看来，你现在有点小麻烦了。"

学生(稍微放松了些):“是的,我昨晚预习后忘记放在书包里了。”

老师(关切地):“想一想看有没有可以解决的办法?”

学生(轻松地):“我可以向学校图书馆先借一本数学书,再把习题重做一遍。”

老师(微笑着):“看来你把问题解决了。”

学生(开心地):“就是,我现在去借书了。”

总之,班主任在与学生谈话时,应当积极关注学生说话,这既是对学生的尊重,也是谈话取得良好效果的必要前提。

微笑,让学生走近你

有这样一个故事:

一天放学后,我找一个学生谈心。临走时她问我:“老师,您刚教我们的时候,每天都微笑着,我们都很喜欢您,也喜欢听您的课,为什么现在不再微笑了?”我怵然一惊,不知如何回答,只是一个劲儿地说:“真的是这样吗?”

记得我读初中时,特别喜欢我的语文老师,因为她每天都亲切地微笑着。她很受孩子们的欢迎,大家不仅喜欢她的课,而且喜欢课后跟她谈话。她是我心中的偶像,那时我常常想:长大以后,我也要做一名像她那样受欢迎的老师。于是高中毕业后,我报考了师范院校,几年后如愿成了一名人民教师。

回想自己的从教历程,的确发生了一些变化。刚做教师的我,每天都微笑着,每一节课都微笑着完成,课堂气氛很好,学生的学习积极性都很高,学生也把我当作大朋友。但是,做了班主任以后,我以为只有板起脸才能显示自己的威严。班里有几个小调皮上课时经常搞小动作,每当我狠狠瞪他们一眼,他们就会认真一点。于是,我不知不觉就养成了板着脸的习惯。

要不是学生提醒,我几乎不能觉察自己的变化,也几乎忘了自己曾经有多么纯真的教育理想。我怎能因为几个调皮学生就收敛起可贵的微笑呢?我怎么知道,学生是多么渴望看到教师的微笑!

伟大文学家雨果曾经说过:“笑就是阳光,它能消除人们脸上的冬色。”的确,微笑是人类最甜美、最动人的表情,微笑可以表达人们的喜爱,传递友善的信息,使人们显得可爱而有魅力。

据说,美国旅行业大亨康纳·希尔顿每次到下属的旅馆视察时,总要问员工:“你今天对客人微笑了吗?”靠着微笑服务,希尔顿旅馆在几十年时间里从一家发展到七十家,成为全球规模最大的旅馆之一。

服务业需要微笑,学校教育也需要微笑,师生谈心同样需要微笑。

微笑是学生们的企盼。但并非所有的老师都能理解、满足学生的企盼。有的老师不论是在课堂上还是在平时的相处中,总是不苟言笑,一脸对待阶级敌人的表情,对学生动辄训斥、责骂,学生在老师面前噤若寒蝉,甚至到了战战兢兢、汗不敢出的地步。这样对待学生既不公平,也不道德。老师的微笑不需要费力生产,大可不必如此吝啬。

一个善意的微笑胜过千言万语,一个会心的微笑,会在彼此之间架起一座心灵的桥梁。这些微笑犹如清泉涟漪,辉映着班集体成员的心灵,圆着学子们孜孜以求的成才之梦。微笑,统一着真善美,蕴涵着“胸有万汇凭吞吐,笔有千钧任翕张”的魅力。因为在这种微笑里,被震颤的是心灵,被开发的是天性。

高中班主任刘老师,她不仅是一位因材施教的高手,而且还是一位经常将微笑写在脸上的老师。微笑成了她战胜困难的“秘密武器”。

前些年,她接手了一个被其他老师称为“刺儿头”的班级。一开始,面对一群棘手、挑剔的大孩子,她不敢贸然行事。第一天,上课铃声响过,一个看上去很懒散的男生,一副悠闲无事的样子,晃着走进了教室。不用问,这便是学校“大名鼎鼎”的张帅了。刘老师没有批评,没有训斥,而是用微笑示意他先上课。

下午放学后,这个张帅手挠着后脑勺站在了刘老师的面前:“刘老师,同学们都在议论您和以前的班主任不一样,您总是微笑着走进教室,甚至我迟到了您也还是对我笑。”刘老师心中暗喜:机会来了,口中却说:“你一定知道迟到不好,我想你迟到或许是有原因的。”张帅更加不好意思了。他和刘老师谈了好多,从他的过去、现在到对前任班主任的印象以及对班级现状的看法等等。刘老师凭借多年的教育教学经验看出,眼前的这个小伙子是一个精力充沛、有头脑但是需要好好引导的男孩,是一匹不温顺的野马。

经过一个多星期对张帅以及全班学生细致的观察，刘老师心中有了底。这是个独生子女群体，这些学生曾经是班级、年级的佼佼者、尖子生，有抱负，有理想，目光远大。但是新的竞争环境、新的不平衡，让他们从心理上渴望老师的关怀、引导和激励。如果班主任只知道一味空洞地说教、泛泛要求和训斥，甚至讽刺挖苦，很容易引发学生们的抵触和不满情绪。周末的班会上，刘老师开始了自己的演说："同学们，我知道大家喜欢我的微笑。我微笑，是因为我很乐意做你们的班主任；我微笑，是因为我欣赏你们对知识的渴求和一丝不苟；我微笑，是因为我相信你们中的每一个人都会成为学校的骄傲；我微笑，是因为我相信大家会接纳我，我们会成为很好的朋友……"

话音刚落，教室里响起了雷鸣般的掌声。

后来，一位学生家长在电话中对刘老师说："孩子说，看到你温和的笑容，就不好意思不努力了。"

瞧！微笑，竟然有如此大的力量！

刘老师越来越善待微笑了。为了工作能有的放矢，刘老师给每个学生建立了个人档案，记住他们当中哪些是不需扬鞭自奋的"骏马"，哪些是需要"鞭策"方可前进的"老黄牛"，哪些是需要动之以情、晓之以理的"小毛驴"。一旦发现学生中的闪光点，她就会及时投以赞赏的目光。发现不足，她会心平气和地告诉大家：如果这样做就更好了。当然，一个人即使有大海一样的胸怀，有时也难免有控制不住的时候，刘老师心里明白：微笑不是放纵。

两年多的时间过去了，刘老师的这个班没有更换班主任，却成了全校公认的先进流动红旗固定班、各科竞赛优胜班。学校的领导和老师们都说：刘老师做班主任真是"有招"！

当然，微笑不是傻笑，也不是皮笑肉不笑，而是发自内心的真诚的笑。

堆砌出来的笑容，矫揉造作，极不自然，令人不快，很难接受。而从内心深处自然生发出来的微笑，有着无比强烈的亲切感，让人心情愉悦，增进亲和力，会很自然地感染他人。人们都知道"笑一笑，十年少"的道理，就是因为微笑具有减轻压力感，释放人们心头郁结的愁苦的神奇魔力。因此，人人都喜欢笑口常开。

上海演讲学会会长刘德强教授经过多年的潜心研究发现，人们最美丽的笑容是露出八颗牙齿，请大家有时间照着镜子练一练。当你将自然露出八颗牙齿笑容的功夫练到炉火纯青的境界时，你很可能离“名师”已经不远了。

微笑着的老师是美的，老师的微笑是送给学生最好的礼物。愿班主任们每一天都能这样问自己：“你今天对孩子微笑了吗？”

第五章

方法因人因事而异

教师要针对不同的教育对象，施以不同的谈话方法。或是和风细雨式的润物无声，或是"诱敌深入"式的循循开导，或是单刀直入式的开门见山，或是点拨暗示式的"此时无声胜有声"，诸如此类的方式都是行之有效的好方法。

故事启发

班主任与学生谈心要有启发性，要给学生留下思考的余地，最好能让学生在提高认识的情况下，自己得出合情合理的结论。学生自己的认识提高了，感到有必要了，他们才能自觉地去做，才会收到自我教育的成效。先看下面的谈话：

师："放学了，你为什么不及时回家？"

生："我太烦那个家了，自从爸爸去世以后，妈妈整天唠叨个不停。"

师："你为什么打架？"

生："他们骂我野孩子。"

师："老师给你讲个故事好吗？从前有一个男孩，他两岁就失去了母亲。和他一起玩的孩子骂他是野孩子，他就与那些骂他的孩子打架，为此男孩回家也没少挨父亲的打。他养成了爱和别人打架的习惯，这种情况一直持续到他上中学一年级。有一天校长找到男孩的父亲，告诉他要么另找学校，要么把孩子带回家。方圆几十里就这么一家中学，男孩的父亲没有作声，后来他突然双膝跪下……'给孩子一个机会吧，我会好好管教他的！'站在父亲身边的男孩，看到平时那么凶的父亲今天竟然……他从此立志重新做人。"

生："那个小男孩后来怎么样了？"

师："他成了一名人民教师，而且就教你们班。"

生："我明白了，我会努力的。我一定重新做人，做一个让人瞧得起的人。"

师："老师送你一句话'家庭的不幸会给一个人带来一时的苦难，但勤奋和美德最终会给不幸的人带来永远的幸福。'"

案例中的这位班主任运用了讲故事的方法，实际上是用亲身经历来教育学生，这是一种十分有力的教育方法，尤其是当老师的自身经历与学生的经历有某种相似之处的时候，学生很容易产生共鸣。这位老师并没有直接地对这个学生的行为进行评价，或告诉学生"你应该如何"，而是从自己的故事娓娓道来，让学生的思绪随着故事波动，从而很自然地引出了谈话的目的。在这种情况下，由真实的故事产生的启发效果可能要远远超过说理等方法。值得注意的是这位老师最后的一句话，不仅点出了本次谈心的目的，而且也留给学生一个思考的空间，对于这位同学来说，很可能是终身受用的激励。

借题发挥

借题发挥的意思是说，假借谈论某个题目，表示自己另外的意思或引导出另外的意思。在谈心中，班主任应针对学生的实际，敏锐地抓住某个有利于教育的话题，生发开去，巧妙地进行引导，让学生提高认识走出误区。例如，一位老师在进行爱国主义教育时，发现一个学生存有一种不正确的想法：认为自己年纪小，只是一个普通的中学生，是“无名小卒”，对国家起不了多大作用。这位老师抓住“无名小卒”作话题，对学生说：

“一盘棋中有将、相、士、车、马、炮，还有众多的小卒。小卒每次只能走一格，这比不上马走日字，相走田，车走直线，炮翻山，可是当小卒勇往直前时，却势不可挡。小卒过河能吃车、闹士，而且能将军，怎么能说无名小卒起不了多大作用呢？”

接着又进一步发挥：

翻阅历史，大人物总是少数，无名小卒却是大多数。许多名人当初也都是无名小卒，大发明家爱迪生是报童，飞机的发明者莱特是自行车修理工，发明火车的史蒂芬逊是烧火工，我国著名的数学家华罗庚当初是学徒工，共产主义战士雷锋是普通一兵，成千上万的英雄模范人物，当初都是“无名小卒”，这些人物虽然当初是“无名小卒”，但都为自己的祖国乃至全人类做出了杰出的贡献！

这位教师运用借题发挥的方法启发学生，使其思想开了窍，提高了认识，树立起为报效祖国而努力攀登科学文化高峰的崇高志向。再如，有位同学是班上有名的小老虎，同学见了他没有哪个不躲开的，甚至没人敢告他的状。校长、老师批评他，他就摆开“再说就干一场”的架势。这位老师决心化掉这根铁钉子。她了解到这位同学因妈妈离他父子而去后，跟着叔叔出没舞厅酒店，而染上吸烟恶习，可又不敢向爸爸要钱买烟，于是就用武力去勒索同学。一天放学时，他叼一支“中华”牌香烟炫耀着说：“嗯，我最喜欢‘中华’！”老师听了，微笑着走近他：

好样的！谁不热爱自己的祖国，南宋民族英雄文天祥为了抵御外寇

的入侵，率军出生入死，浴血奋战，留下了可歌可泣的英雄诗篇，彭湃中学校园内的“方饭亭”，就是后人用来纪念这位伟大的爱国者而修建的。革命战争年代，彭湃同志从日本留学回到故乡，发动海陆丰农民起来向反动势力作斗争，并建立起中国第一个苏维埃红色政权，我们学校旁边的红宫红场，就是当年革命斗争的最好纪录。文天祥与彭湃，都是英勇的爱国主义者，他们用生命和鲜血保卫祖国，人民永远怀念敬仰他们，可你呢？虽然也很勇敢，但只用来勒索同学的钱财，只为了过把自己的烟瘾，结果是毒害了自己身体，又损害了同学利益。你这样的爱“中华”比起文天祥和彭湃，可就成天壤之别了。

这位老师借题发挥，就地取材，一番机巧、尖锐又入情入理的话，使这位同学感到羞愧而无地自容，从此，他痛改前非，与他交朋友的同学渐渐多了起来。

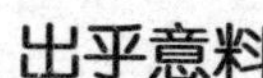

出乎意料

与学生谈心有时看起来是一件琐碎的事，甚至让许多班主任感到头疼。如果在爱与理解的基础上，增加点艺术性，不仅能提高谈心成功的概率，而且乐在其中。“出乎意料”是一种能产生意外效果的方法。

先看下面这个故事：

李华，初三女生，性格内向，不合群，看卡通漫画成瘾，所有零花钱都用在买书上，积攒了一大木箱卡通漫画书。上课看是家常便饭，学习成绩全班倒数，前任班主任谈话、批评、没收书本均无效果。我接班级后在即将召开第一次家长会前，她交给我一封千余字的长信，信中痛斥我不懂新文化、新时尚，告诉我看卡通漫画是世界潮流，讥讽我思想意识的落伍。父母亲撕过、烧过她的书，并不止一次地打过她，但她绝不屈服，仍旧要看下去，而且她预言家长会上我一定会给她告状，她等着家庭中一场暴风骤雨的来临，但不会让我看到满意的结果。接到这封信我犹如接到了一道“战表”，周围很多老师看后都被激怒了，我反而冷静了下来，因为我意识到她所谓的“预言”是揣摩了一般老师的心理和做法，她已经领教过了，于是我决定给她一个“意料之外”。家长会后我留下她的家长，并要求家长配合我，按我的方法去做：回家后不生气，不责备，表现出很高兴（这就是第一个“意料之外”）；然后告诉她：关老师表扬你了，表扬你爱看书，不追星，这在现在青少年中还是比较少的（第二个“意料之外”）；但是老师提出两个问题请你认真考虑一下：第一，你这样没有节制地看，对学习有没有影响？如果觉得没有影响，你的智力和能力不过如此，学习成绩只有这个水平，那关老师支持你继续看下去（第三个“意料之外”）；第二，你上课看如果关老师不管，其他同学也上课看关老师该不该管？——家长完全按我的意思做了，没有出现她所预料的“暴风骤雨”，她反而被触动了，第二天她主动要求找我谈谈，我由于当天有别的安排而没有答应她，出乎我的预料的事情发生了：第二天是个星期日，她迫不及待地由父亲陪同，打听着找到我的住处，再一次要求和我交流，并表示谈好了她立即去理发馆把那很怪异的发型剪掉，要重新做人。这会儿是我被感动了，我让她坐在我身边，揽着她的肩，首先感谢她对我的信任，对昨天没和她谈话表示歉意，然后推心置腹谈了很久。第二天的李华，头发剪短了，把一箱子卡通漫画书锁起来了。从那以后，她上课认真听讲了，学习成绩直线上升，期中考试从全班倒数提高到25名，期末又提到22名。用她的话说：“您这种对待学生的方式，让我无法再顽抗，我只能投降，但我心服口服。”

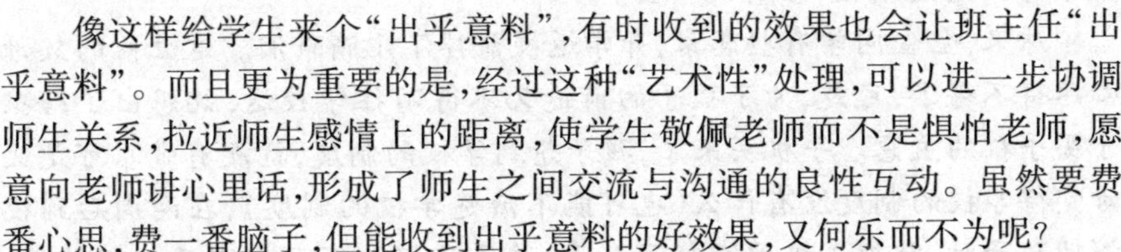

像这样给学生来个“出乎意料”，有时收到的效果也会让班主任“出乎意料”。而且更为重要的是，经过这种“艺术性”处理，可以进一步协调师生关系，拉近师生感情上的距离，使学生敬佩老师而不是惧怕老师，愿意向老师讲心里话，形成了师生之间交流与沟通的良性互动。虽然要费番心思，费一番脑子，但能收到出乎意料的好效果，又何乐而不为呢？

引而不发

叶圣陶先生曾经说过：“教是为了不教，学是为了不学。”班主任工作也是这样一个道理：管是为了不管。遇到问题时不急于出手，而是引而不发，静观其变，看清事情的来龙去脉后再因势利导，往往会收到事半功倍的效果。

当然，引而不发不是无为而治。不发，但是发的准备已经做好，这种待发力量的震慑远大于发，对学生谈心同样如此。

一位班主任曾经碰到过这样一件事：

有一天，课间操刚结束，大队辅导员给我送来一件东西，说是在我们班学生做操的地方捡到的。

我接过来一看，是一个手机的后盖。这是怎么回事呢？

学校规定学生不准携带通讯工具到学校。中学生的寝室都安装了

IC卡电话,考虑到小学生的自制能力比较差,所以寝室安装的电话只能接听,不能外拨。此前曾发现有学生带手机的现象,都及时处理了。为此我还专门在班上讲过。近两年也没有再出现这种违纪现象。可是,这个后盖却明白地告诉我:有人带手机了。

我不动声色,随便叫了几个同学到我办公室去。到了办公室后,我拿出那个后盖,问在场的学生:"你们见过这东西吗?"学生们观察再三,叽叽喳喳一阵,都说没有见过。我看着他们的脸,发现强强的目光有些躲闪。我知道他是202寝室的,就让他们都回去了。

晚饭后是例常的室外活动,在草坪边,我叫住了要去小操场的小凡——他是202寝室的寝室长。

"陪我走走,行吗?"

"当然。"他笑了:"老师,我知道您找我是为了什么事。强强回去就跟我们说了,手机是金金带来的。"

这孩子!不问自招。倒让我准备好的话全没了用武之地。我只好顺水推舟:"态度不错,接着说下去。"

原来,金金同学有些恋家,开学返校前掉了几滴眼泪。这让他的父母心疼得不得了,可是,为了孩子的前途又不得不往学校送,就想出了给孩子买手机的主意。手机买来了,孩子想到学校的制度,就没有带。可是父母觉得学校的制度没有什么(也可能不清楚学校的制度),在两周后到校探望孩子时,就把手机硬塞给了孩子,孩子只好收下了。刚开始不敢用,东躲西藏的,却还是被同寝室的同学发现了。本来有几个同学要报告生活老师的,但是后来在金金许诺寝室里所有的同学都可以使用他手机的情况下,诱惑战胜了原则。

"你们用了几次?"我问。

"每个人都打了一次。"小凡说,"白天不敢打,怕别人发现。只好晚上9点以后打。可是打到家里,家长一问没有什么事,就开始追查用谁的电话打的。后来就不敢再打了。金金把手机藏在口袋里,做操时不小心掉了出来,他慌忙捡,却发现后盖不见了。今天就是金金让我来向您解释的,您就不要批评他了。他说周末时他一定把手机带回家,现在就暂时放在您这里吧。"

他从口袋里掏出了一个没有后盖的手机。

在案例中,对"手机"这件事情的处理上,教师引而不发,却收到了学生主动认错的效果，主要原因还是把握住了学生的心理。应该说，所有的学生都知道带手机是违反纪律的，所以，当他们把手机带到学校来，知道同学把手机带到学校来又没有告诉老师，当使用手机打电话时，他们内心都是有一点负疚感的。可是如果老师一开始就穷追猛打，对学生进行批评，这种负疚感就很容易被逆反心理所取代，工作就难做多了。所以，班主任在处理班级问题找学生谈心时，一定要掌握好做工作的时机，不该批评的时候就不要批评，给学生一个自我改正的机会。这样一来，教育的效果也达到了，学生的面子保住了，师生之间也不会产生对立情绪。

我们再来看另一位班主任遇到的事情：

周末，孩子们都忙着收拾行李，准备回家。明明跑来了，急切地对我说："我的游戏机不见了！昨天晚上还在呢。其他几个同学都玩过。"

我心里有些着急，不过还是不动声色地说："别找了，说不定是哪个同学玩完了忘了还你——同学们都走了，等他们回来我给你问问。"

孩子和他的家长走了。我回到办公室，思索了很久。到底是谁拿走了他的游戏机呢？我随手翻动着班级日志，脑子中把全班同学都过了一遍，可是一点头绪都没有。以前，学生在寝室里也不是没有丢过东西，比如校服什么的，往往是别的同学穿错了——也难怪他们，一群十来岁的孩子，不出点问题才怪呢。可是游戏机只有一个，而且都知道是明明的，基本上没有拿错的可能。

就这样，想来想去，想了好久。

周一，学生返校了。我赶紧去寝室调查。一进204寝室的门，就有孩子向我报告："老师，明明的游戏机找到了，在他的鞋盒里呢。"鞋盒里？看看明明，手里果然拿着自己的游戏机。"可是老师，我没有把它放进自己的鞋盒。我是准备穿这双旅游鞋才发现的，这个鞋盒原来一直放在床下的。"

"找到了就好。"我说。我已经无意继续追查下去了。我知道这个把游戏机放在明明鞋盒的同学，可能就在身边，说不定他正在为自己的一时糊涂后悔呢。就给他一个改过自新的机会吧，我对自己说。

一个月后的一天，我在备课本里发现了一张纸条，上面写了这样几句话："老师，您好。明明的游戏机是我拿的，本来我只是想玩一玩，可是忘记了，结果带回家了。回来后听同学们议论纷纷，说明明的游戏机被人偷走了。我怕同学们说我是小偷，就没有直接交给明明，而是偷偷放进了他床下的鞋盒里。虽然您没有追查，可是我知道您肯定知道是我干的，您的眼睛告诉了我。这些天我老是觉得不踏实,最后觉得还是告诉您好,您能原谅我吗?"

怎么不能呢?我不由得说出声来。

从孩子写的纸条中我们不难看出,这个孩子并没有把游戏机据为己有的意思,可是未经过别人允许就玩别人的东西,却实在客观上造成了"偷"的假象。如果不给孩子自我改正的机会,如果班主任是一个"福尔摩斯"式的喜欢"破案"的老师,这个孩子内心的一点负疚感很可能会在同学的鄙视和老师的批评面前消失得无影无踪,甚至在很长一段时间之内会背上"小偷"的恶名。这不是我们追求的教育效果。

所以,当问题摆在面前时,班主任不要急于下手,而应引而不发,给学生一点自我改正的空间。

正面说服

班主任在与学生的谈心中,一般说来应该以正面引导为主,做到以理服人,理顺辞畅,让学生信服,切忌苛语责人。如有一段时间,一些人认为雷锋精神过时了,针对这种看法,老师对学生说:

雷锋精神是我们民族宝贵的精神财富,永远需要提倡。在市场经济条件下,人们的价值观发生了变化,但这不意味着不需要雷锋精神。试想,当你遇到困难,走投无路之时,有人无私地向你伸出援助之手,你会说"雷锋精神过时了"吗?

入情入理的讲述,赢得了学生的赞同。

再如,有一段时间,流行音乐当中的爱情歌曲在学校盛行,引起师长们的忧虑。有位老师在班会课上与学生谈心过程中谈到了这个问题。他先放了一首女声独唱歌曲《我一见你就笑》。放完后他问:

请同学们想一想,我一见你就笑的女青年是个什么样的青年?

学生在思索。

这个女青年热情纯真,追求真善美。

老师出其不意地首先肯定这个女青年。接着又说:

但是,我觉得她不太成熟,因为“我一见你就笑……你可能还不知道”,这很明显她这种爱是一厢情愿,是单相思。这个单相思的结果会什么样呢?我先不作结论,请同学们再听一首流行歌曲。

录音机里播出男声独唱《你到我身边》:

你到我身边,带着微笑,带来了我的烦恼……
我的心中,早已有个她,噢,她比你先到。

这真是天衣无缝,匠心独运。这时老师适时引导:

你们在生活中遇到了类似的烦恼要向这位男青年学习,他处理矛盾的方法是完全符合“五讲四美三热爱精神”的。他没有骂这个女青年:你神经出了毛病。而是告诉她:“爱要真诚,不能分享,……待到你心中也有了他,你就会理解我现在的烦恼。”最后,他很有礼貌地对这位女青年道了声“Bye-bye”。

全场爆发出热烈的掌声。

那么我明明有感情,你又说不能我一见你就笑,那么这感情该怎样处理呢?我请同学们再听一首台湾校园歌曲《小秘密》。

录音机播放出优美动听的女声独唱:

我心中有个小秘密,
我从来不曾对人提起;
我心中有个小秘密,
我把它埋藏在心底,
变成永久的回忆。

老师将这首歌与第一首作了对比:

这两个女青年，都纯真热情，追求真善美，但她们处理感情矛盾的方法却截然不同，哪一个更成熟呢？我看是后者，而不是前者。心中的秘密，只能埋藏在心底，只能变成永久的回忆，万万不能我一见你就笑，给你带来无穷的烦恼。

又是一阵热烈的掌声。老师借机说：

你们中学生十五六岁、十七八岁，正是豆蔻年华，情窦初开。今天看见一个眉清目秀的异性，谈得很投机，心中有了一个秘密，明天又看到一个落落大方的，心中又多了一个秘密，这可就麻烦啦。我们国家人口众多，天长日久，这两个因素加起来，心中埋满了一个又一个小秘密。心灵的天地是有限的，小秘密多了，数理化、英体美就通通被挤到脑子外边去了，到最后的结果会怎样呢？

说到这里，他放了第四首歌曲《小儿郎》：

小呀嘛小儿郎，背着书包上学堂……
没有啦学问呀，无颜见爹娘。……

班会结束后，反响强烈。

案例中的老师通过活泼的形式，表达了严肃的道理，正面引导，理顺辞达，使学生由衷信服，值得班主任们在工作中借鉴。

反向刺激

人们常用“胜败乃兵家常事”，“没有常胜将军”，“失败乃成功之母”等话语用来劝诫、激励那些曾经的失败者鼓起再战的勇气，建立必胜的信心，从失败的阴影中走出来，重新崛起。

而对于在校学习的孩子们来说，“胜”与“败”往往就体现在学习成绩上，更确切地说就是考试成绩。所以，家长和班主任经常会用这些话来鼓励那些偶然失误、自己又很在意的孩子们。但是我们也应该看到，有些学生在学习上屡战屡败，却在用“胜败乃兵家常事”来宽慰自己，变激励为放纵；也有些学生一段时间走进低谷，怎么也激不活，家长规劝、责备，甚至大动肝火都无济于事，老师批评、激励也效果不明显，明知道这些孩子是可以“再生”的，却苦于找不准穴位，不知用什么方法能让他们从朦胧中清醒过来。每当

有学生出了这种状况，都是家长气，老师急，不知怎么办？

一般的鼓励——无济于事；一味的批评——更加逆反。

方法不是没有。什么方法呢？

反向刺激。

我们先看下面这个案例：

梅雨，一个聪明、好强、多愁善感的女孩子。学习基础很好，但学习成绩却总是忽上忽下、起伏不定，这可能跟她多愁善感的性情有很大关系，很容易受各种外界因素的干扰与影响，用她自己的话说就是“什么都明白，到时候就是控制不住自己”。在升入初二以后，有一段时间又无心学习了，成绩一路下滑。妈妈看在眼里，急在心上，提醒、批评甚至挖苦，都不管用。与我取得联系后，我找她谈话，软的说了，硬的也用了，她嘴上表示着急，表示要摒弃杂念全力投入学习，但在实际行动中却看不出有什么明显的起色，成绩徘徊在十五名左右。眼看又快临近期末考试了，如果这次她的成绩再不提高，很可能导致她对自己失去信心。而这个学生一旦丢失了自信，就有可能一蹶不振进而放纵自己，那就绝不仅仅是一次考试、一个分数的问题了——凭我对她的了解，必须下一剂“猛药”刺激她一下了。

“离期末考试还有两周时间了，我准备分层分批找同学们订一下你们的目标和努力措施，今天中午12点40，班里前10名的同学到我办公室开第一个会。”然后我念了10个同学的名字，没有梅雨。我用眼角的余光瞟了她一眼，她有点诧异，但又装得很平静。

中午，10个同学陆续来到办公室。有的同学进门就问：“老师，怎么没念梅雨呀？”有的同学告诉我：“梅雨就在门口转呢！”我说：“甭理她。”过了没几分钟，外面有人敲门，是我班的副班主任茹老师，她推开门说：“关老师，您是不是把梅雨给忘了，她去找我让我问问您。”透过半开着的门，我看到梅雨就在茹老师身后不远处站着，我不客气地故意大声说：“不是忘，前10名哪还有她呀？”

从这一天起，我悄悄注意和观察着她：蔫儿了，话少了，踏实了，上课精神集中了。期末考试成绩出来了，梅雨一跃进入班里第四名。还没等我向她解释什么，还没容我去对她进行安抚，她却表情凝重又掩饰不住兴奋地找到我：“关老师，我现在明白您的用意了。我真的特感谢您，要不是您那么刺激我一下，这一次还不定考成什么样呢！”她告诉我：那天，刚开始确实以为是我把她的名字丢掉了，后来一听说没有她，觉得特没面子，

心中生我的气，暗下决心要把"面子"找回来。于是浮躁的心沉下来了，发热的头脑冷却了，意念好像一下都集中到学习上了，上课听得进去，回家坐得下来，不知不觉中成绩节节攀升，到期末自然取得了良好的成绩。就在考试结束拿到分数的一瞬间，她好像忽然悟出了什么，明白了我的一片苦心。她还特别告诉我："这件事我会记一辈子。"

事后有老师问我："给她这么大打击，您不怕她破罐破摔，或者由于心理承受不了而出意外?"这恰恰是我的用心之处，我不是一时的冲动或心血来潮凭感情用事，而是经过了周密的分析与思考：第一，梅雨不是"破罐"，她是个争强好胜的孩子，骨子里有一种不服输的意念；第二，她在学习上的潜力作为老师我了解，她自己心里更清楚；第三，她的心理素质较好，心理承受和自我调节能力很强；最后，她的家长能够给予非常好的配合。针对梅雨的这种种特点，我采取了"反向"的强刺激，收到了预期的效果。

上面这个故事，说明了一个道理：内疚感是一个人进步的最好动力，但如何把一个人的内疚感、知耻心挖掘和调动出来，则是一门艺术，需要用心去把握。作为班主任，必须做一个有心人，而且要让自己的心走进学生的心，揣摩学生的心跳，摸准学生的脉搏，着眼于学生的成长，才可能做到有的放矢，进而收到事半功倍的效果。

当然，世上没有万能药，"反向刺激"并不适用于所有的学生，应该针对学生的不同特点，具体问题具体分析，找到最适合的办法。

对症下药

学生在思想言行上可能存在或出现的问题多种多样，各不相同。班主任在与学生谈心时，只有善于把握不同学生的性格特点、思想状况，分析他们的言行动机，找到问题存在的原因和症结，然后对症下药，才能取得好的效果。如果只是泛泛地谈，没有明确的针对性，就会疏而不通，导而无效，甚至使学生产生反感。

我们来看下面这个成功的例子。

一位学生的母亲在《家庭通知书》的"家长意见栏"上写道：

小刚在校表现挺好，可是在家根本不听家长的话，也不学习，希望老师严加管教。

在返交通知书时，这位叫小刚的学生在上面贴了一张纸条，写道：

×××不是我妈妈，她不实事求是，不配当我妈。

老师发现后很不高兴，但还是冷静对待。为了了解原因，他走访了小刚父亲。原来，小刚妈妈的评语有出入，小刚在家较贪玩，但有时也看书。他妈妈望子成龙心切，希望孩子回家就学习，考虑到孩子听老师的话，就写了这些评语。但事与愿违，小刚一赌气，回家后偏不学习，也不听父母劝告，任凭妈妈怎样向他道歉，也不愿讲和。根据这一具体情况，针对小刚自尊心强和性格直率的特点，老师找他作了如下谈话：

老师："小刚，你能理解老师为什么要找你谈话吗？"

小刚："知道，是要批评我……"

老师："错了，我首先要表扬你。"

小刚："表扬？我有什么值得表扬的？"

老师："我要表扬你的坦率，敢于指出妈妈不实事求是的缺点。"

小刚："就是嘛，我妈妈就不爱实事求是。"

老师："不！你妈很实事求是，值得你我学习。"

小刚：（表示不解。）

老师："你妈妈能实事求是地承认她的评语写得不切实，还能向自己的孩子检讨，这是一般妈妈做不到的。以前我也错怪过我的孩子，当孩子申辩时，我为了维护尊严，还打了孩子，这一点和你妈对照，我很惭愧……"

小刚：（不好意思地低了头。）

老师："对知错的人，谅解比责备更有说服力，生活中谁能无过呢？你能谅解你妈妈吗？"

小刚："老师，我错了。我对妈妈不礼貌，让她伤心了。"

从此，小刚和他妈妈的感情密切起来了，他的上进心也更强了。可见，因人因事、对症下药，对于班主任做好谈心工作是很重要的。

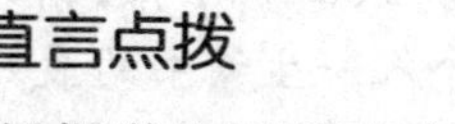

班主任在与学生谈心时，要根据学生思想上存在的问题，抓住实质，要言不烦地给予学生正确指点，使学生明白事理，解除思想疙瘩或克服不良言行。例如，高二刚开学，好多同学想挑个宽敞、明亮、舒适的新宿舍，而班主任王老师偏为他们的班级挑选了最差最窄小拥挤的旧宿舍。班里

同学们有意见,一些"精灵鬼"夹着铺盖想来个"捷足先登","既成事实"。王老师和颜悦色、语重心长地对学生说:

选择最差的宿舍,我有两个目的,一是培养大家吃苦耐劳的精神,二是养成先人后己的美好品德。有了这两种美德,就能成就一番事业。得到别人和社会的尊重。请问,你们哪一位不愿得到这两件"宝"呢?

几句话,说得大家心服口服,怨气尽消。住宿两年,同学们一直坚持住在旧宿舍里,而无人叫苦,反而认为这是一次难得的磨炼机会。

直言点拨一定要抓住问题的关键,找到突破口,方能有效。如,一些同学好吃零食,渐成以奢侈为荣之风。给他们谈"艰苦奋斗",可有的学生还是认为现在生活好起来了,吃点零食算不了什么。老师便有意寻找突破口,当她发现一位女生的牙齿开始变黑时,便抓住契机点拨说:

我们平时吃零食大多数是甜软的食品,容易粘在牙上,腐蚀牙齿,再加上不及时漱口刷牙,就会蛀坏牙齿,影响身体健康,小小年纪,牙被蛀了多难看。

话语不多,但结合美育和科学知识教育,使得吃零食的风气很快扭转。直言点拨需要谨慎使用,要以不伤害学生自尊心为前提。

暗示提醒

学生中有很多问题,班主任不宜与学生直接谈论,如对于内向敏感的学生出现的问题或是中学生的早恋现象等。这时,班主任使用暗示的方式谈话不失为一种有效的方法。

来看下面的例子:

2003年我担任高一(8)班班主任。班上有一女生在第二学期期中成绩突然下降,后经调查,发现有谈恋爱迹象。为了帮助她,我经过一番准备,找她谈了一次话,询问了她在小学、初中的学习情况,谈了她进入高中后取得的成绩,谈了她的特长,谈了一个人一生读书的最好时光是中学,进而谈了影响学习的一些不利因素,如迷恋小说、上网吧、早恋等,勉励她为了自己的美好前途认真学习,集中时间和精力而奋发读书等。谈话结束时,从其表情看出,她对班主任这一次谈话的用意已心领神会。后经一段时间的观察,未再发现任何恋爱迹象。月考布置考场时,我无意间捡起教室地面一张纸片,竟是她写给×

×男生的一封回绝信,其最后一句是:“让我们做普通朋友吧!”

这位班主任采用了暗示法,不直接谈事件本身,而是谈与之有关的其他事件,使学生从所谈内容中得以启发,进行自我反思,达到转化思想和行为的效果。

反弹琵琶

所谓反弹琵琶,就是班主任在与学生谈心中,根据学生中存在的问题,从反面进行延伸,正话反说或者反话正说,使它的荒谬或危害更加突出,从而给学生以警示的作用,并产生风趣幽默的效果。例如,一位老师在班里发现有学生吸烟。为了能有力地说服学生不吸烟,第二天教师在黑板上写下了《谈谈学生吸烟的好处》的标题,学生一见感到新鲜而好奇。教师接着说:

同学们,你们知道吸烟有哪些好处吗?

学生们纷纷摇头表示不知。接着,教师说:

学生吸烟的好处体现在省粮、省衣、防盗上。省粮,即吸烟时间一长,身体也随之垮了,身体一垮,食欲锐减,食欲一减,这当然就节省了不少粮食。省衣,学生时代本是身心发育的阶段,如果这个时候开始吸烟,烟中的尼古丁可以及时地控制身高,从而达到了省衣的目的。防盗,吸烟一久,在尼古丁的作用下,会使肺部及呼吸道发生病变,导致痰喘、咳嗽,这样,在无声的夜里,劫贼们很远就听到了你的声音,以至不敢近前行动。当然吸烟的好处还有很多,希望同学们能在实践中不断地总结经验,为将来能成为有造诣的吸烟专家打下良好的基础。最后祝有志于吸烟的同学事业有成。

在一片笑声之中,学生接受了老师的警告,从此以后,班上再没有发现过学生吸烟。

逐步推进

这种谈心方式适用于班级后进生。由于后进生形成原因较复杂,甚至因后进生长期“后进”,日积月累,问题根深蒂固,所以一两次的谈心并不能从根本上解决所有的问题,必须实施目标分解,逐步推进。请看下面

这个案例：

我担任高二(2)班班主任时该班有一个学生叫杨××，曾在高一因抽烟、喝酒、严重旷课被学校处分过。转化他谈何容易，找其谈话时，他一脸的无所谓。我想骂他也无济于事，不如好好谈谈。我和颜悦色地询问了他被处分的原因，问了他本学期的打算。我声明过去的我不再追究，重要的是现在及今年以后的表现，只要今后不抽烟，不喝酒，按时作息，正常上课，期末我就向学校建议撤销对他的处分决定。他感到非常意外，怎么这位班主任没有骂呢？他当即表示，坚决做到老师提出的要求。半个月内他确实做到了，但第三周晚自习还没下课，又发现他又不在教室了。班长说他头痛去宿舍休息了，我不放心就去看他，哪知他竟在宿舍“腾云驾雾”。看到这种情况，我非常气愤，但仍强压怒火说道：“杨××同学，说话要算数，如果再继续这样，那我对你的承诺也就不可能兑现了，很可能你毕业都成问题。我希望你好好想想，想好后明天找我谈。”第二天他写了一份深刻的检查交给我，请老师再给他一次机会，这次若做不到，自己主动退学。后来每当他有点进步时，我总要找其谈话，鼓励他继续努力。他的学习信心逐步有所提高，两年后顺利考入了一所本科院校。

这位班主任开始谈话时提出一些较低的要求，如“只要今后不抽烟，不喝酒，按时作息，正常上课”，当学生达成后，再找其谈话，提出进一步的要求。这个过程并不是简单的直线式过程，而是一个艰难曲折，期间可能出现多种反复甚至倒退的过程，这是常有的现象，作为班主任要有足够的耐心，逐步推进，直至转化好为止。

总之，班主任在实践中应认真研究谈心艺术，让谈心成为沟通师生感情、激发学生心灵火花的媒介，以最大限度地发挥师生谈话的作用，促进学生身心健康成长。

第六章

学校心理素质教育的目标系统

学校心理素质教育的目标既是开展心理素质教育的依据，又是评价心理素质教育活动效果的标准。因此，建构心理素质教育的目标系统直接关系到心理素质教育的成效。目前我国心理素质教育目标体系的建构“存在着单一化与依附倾向”。有的从心理卫生学的角度，把维护心理健康作为心理素质教育的目标；有的从德育角度认为，心理素质教育的目标就是培养学生良好的道德品质；有的从智能发展角度，将开发智力潜能作为心理素质教育的目标；有的从个体社会化角度，认为心理素质教育旨在培养人的适应能力等等。这些观点虽然对于探讨心理素质教育目标体系具有启发作用，但仅仅强调其中的一个层次或一个方面，以局部代替全面，把具体目标和总目标混淆不仅在理论上使心理素质教育失去了自身独特性，而且在实践上也不利于全面开展心理素质教育。因此，认真研究，科学构建心理素质教育的目标体系非常必要。

构建学校心理素质教育目标系统的依据

学校心理素质教育目标的制定是一个系统工程，它要受很多因素的影响和制约。如果不充分认识和分析这些影响因素，就会使心理素质教育的目标脱离实际，不能有效指导学校心理素质教育活动。为此，我们首先必须分析影响学校心理素质教育的各种因素，充分认识心理素质教育的自身特征，从学生心理素质健康发展的需要出发来探讨构建学校心理素质教育目标的依据。

符合素质教育总目标的要求，体现心理素质教育的特殊性

1. 素质教育的总目标是心理素质教育目标构建的基本依据

素质教育作为我国教育改革和发展的根本指导思想，其总目标是面向全体学生，全面提高学生素质，即“全面提高学生的思想道德、文化科学、劳动技能和身体心理素质，促进学生生动活泼的发展”(《中国教育改革和发展纲要》)。面向全体学生，促进全面发展是素质教育的核心目标。面向全体即面对每一个受教育者，给他们平等的发展机会，使他们在教育活动中都能得到应有的发展。为此，教育者不能有偏见和不公平，不能歧视那些问题学生，而应该针对他们的情况因材施教。只有在这样的教育教学氛围中，学生的心理需要才能得到满足，也才能获得心理的健康发展。全面发展就是强调个体各方面的素质都应得到发展，即促进学生的各方面才能、兴趣爱好的和谐发展。从素质教育总目标来看，个体素质的发展应是全面和谐发展的，即通过教育，使个体的生理素质、科学文化素质和心理素质构成一个相互影响、相互渗透、相互促进的素质结构系统。已有研究证明，在个体的素质结构中，各种素质的形成都要以个体的心理素质为中介和基础。勇于探索、敢于竞争、善于合作、富于创造已成为21世纪人才的基本要求，这些品质都与良好的心理素质密切相关。可以说，心理素质就像人的血液渗透在人体各个部位一样，渗透在人的其他素质之中，它是提高个体整体素质的最佳结合点和着力点。因为个体的成长与发展是通过一种持续递进的心理活动来实现的。在教育教学活动中，学生由不知到知、由不会到会、由盲目到自觉、由幼稚到成熟，均要通过由观察、记忆、想像、思维、情感、意志、动机、兴趣、性格、能力等因素参与的心理活动，并反映出其心理素质水平的不断提高。因此，在个体素质的全面发展中，心理素质制约着其他素质的发展。它既是素质教育的出发点，又是素质教育的归宿。但是，传统教育在个体发展的目标问题上存

在种种偏差,使学生的全面发展受到了阻碍。由于受升学应试教育的影响,往往单纯强调知识的重要性,把学科知识作为一种固定的结果来传授,把学生的发展仅仅看作是对知识的接受和掌握,不但忽视了学生情感、态度、价值观的培养,也忽视了学生认知品质的特点、心理需要的发展和潜能的开发。心理素质教育充分考虑学生素质的全面发展,在目标的制定上既着眼于提高学生基本的心理素质,又要为其他素质如身体素质、文化素质(学业发展)、思想道德素质等的发展服务。

2. 心理素质教育本身的特点是制定其目标的出发点

与其他学科教育相比较,心理素质教育具有综合性、层次性和渐进性的特点,因此心理素质教育目标的制定必须考虑个体心理发展不同水平的具体要求,既有总目标,又有分段目标和分层目标。心理素质教育的综合性主要表现为在教育目标、内容和方式上的综合性。在内容上,心理素质教育涉及学生学习和生活的方方面面,并与学校规范教育和具体学科的教学内容有紧密联系。在学校教育中,学生生理素质的发展主要通过体育来完成,思想道德素质和科学文化素质主要通过德育、智育、美育和劳动教育来完成,学生心理素质的发展主要是通过心理素质教育来完成,但同时又与其他学科的教育教学活动有紧密联系,表现出综合性的特点。层次性即个体心理素质的发展在不同年龄段具有不同的层次要求和水平差异。在人的心理素质结构中的每个维度内部包含着一些具体的心理因素或品质,人与人之间的心理因素又具有层次性差异,即各种因素之间具有水平高低之分。就心理操作与加工系统的认知维度而言,主要由感知、记忆、想像、思维、元认知监控等认知因素构成。这里,感知、记忆的特性是较低级的心理素质,而想像、思维和元认知特性则是较高级的心理素质。负责心理驱动与控制的个性维度主要是由需要、动机、兴趣、理想、信念等构成的动力系统和由意志、情绪情感、气质、性格等构成的控制系统。这些因素之间也表现出不同的层次和水平。渐进性即个体心理素质的发展是一个连续的渐进的发展过程,不可能一蹴而就。在教育实践中,如果我们忽略了心理素质这一特点,看不到心理素质教育的独立地位,不仅会影响学生心理素质的健康发展,致使学生出现较多的心理困扰和疾病,而且会影响学生其他素质如身体素质、科学文化素质的普遍提高。虽然我们在其他学科教育教学活动中也包含有某些心理素质教育的成分或相关因素,但过去这些因素并没有作为教育目标,只是一种其他教育的副产物。心理素质教育作为素质教育的重要组成部分,具有教育目标的全面

性与全体性、教育方式的活动性与互动性、教育对象的主体性与发展性等基本特点。这种特殊性要求我们在心理素质教育目标建构上应特别强调关注培养健全素质和主体发展这两个方面。

关注培养健全素质体现在,一方面是通过心理素质的培养,促进学生其他各方面素质的和谐发展。另一方面是全面提高全体学生的健全心理素质,不仅仅是针对有心理问题的学生或侧重个体某方面素质(如认知或个性)的培养。因此,心理素质教育不仅要教学生学会学习,而且要教学生学会生活、学会做人、学会交往。不仅重视学生智力品质的发展,更应重视其个性、社会性和创造性品质的发展。

强调主体发展即心理素质教育要着眼于发展学生的主体性和主动性,促进学生自知、自觉和自助。心理素质教育的最终目的就是促进学生的成长和发展,而成长和发展从根本上说是一种自觉和主动的行为,如果忽视了学生主体意识和主动精神的培养,心理素质教育就成为了一种强制行为,个体自我发展的能力就难以提高。因此,心理素质教育一方面应该坚持以人为本,在满足学生心理需要、尊重学生主体地位的基础上,充分发挥学生的主体作用,鼓励学生自我选择和自我指导,提高个体其他素质的有效发展,另一方面,应高度重视培养和发展学生的主体性,使学生感受到自身存在的价值,主动选择自己的成才道路,以促进学生主体性发展。

从学生心理素质结构特点出发,符合其心理素质发展的现实要求

心理素质是个体素质结构中的关键因素。研究发现,个体心理素质本身又是一个多维度的结构系统,它具有多维度和自组织的特点。

多维度即个体心理素质是一个由多种因素构成的整体结构,包含多种维度。在心理素质这一复杂的多维系统中,既存在着对客观事物进行心智加工的操作系统(认知),又存在着驱使和制约个体认知活动的心理驱动与制约系统(个性)以及由此整合起来、反映个体与外部环境关系的行为应对系统(适应能力),它们共同构成了个体心理素质的认知维度、个性维度和适应性维度的三维结构模型。其中,认知维度是心理素质结构的基本成分,个性维度是心理素质结构的核心成分,而适应性维度则是认知和个性因素在个体适应—发展—创造行为中的综合效应成分。自组织系统是指心理素质结构具有自我发展与自我调节的功能。一般来说,个体的心理素质就是一个自组织系统,一经形成,就会产生一种强大、持久的内在的自我发展动力与能力,促进个体其他素质的主动发展,最终实

现自我发展、自我预防与自我矫治之目的。因此,构建心理素质教育的目标,应该考虑个体心理素质的认知维度、个性维度和适应性维度,体现心理素质教育目标的全面性,即注重开发个体心理潜能,促进认知发展、人格健全和适应能力提高。做到既有利于各维度心理素质的协调发展,又有利于自组织功能的发挥。目标要反映个体心理素质发展的内在品质,考虑内在的自我发展和外部的行为表现,使目标具有层次性,即对每一个个体而言,心理素质教育的目标存在着由预防性—矫正性—发展性这样一个由低级向高级发展的目标序列。预防性,即学生未出现心理问题之前,有计划、有步骤地进行系统的心理素质教育,使之能掌握有关心理健康知识,培养心理自我调节能力,减少或避免心理疾患的产生。矫正性,即及时咨询与矫治学生的心理疾患,排除其心理障碍,帮助其心理康复。发展性,即有计划、有系统地对学生的心理素质进行训练,以促进其心理素质的提高和发展,使其具有正确处理好学习、生活、择业、人际关系等方面的心理矛盾和问题的能力。

个体心理素质在不同年龄阶段的发展总是表现出一定的阶段性,存在一定的关键期和差异性。因此,心理素质教育目标的制定必须考虑心理素质发展的阶段性、差异性和关键期。

个体心理素质发展的阶段性反映出个体在不同年龄阶段,心理素质的发展水平不同,心理品质在不同年龄阶段有新质的表现。发展心理学研究认为,个体的心理发展是一个从量变到质变的过程,其间存在着连续性和阶段性。个体心理素质的发展也是一个从量变到质变的过程。在一定时期内,心理素质出现的相对平稳和细微的变化属于量的积累,体现了心理素质发展的连续性;当代表某种新质要素的量的积累到一定程度就会取代旧质要素而占据优势的主导地位,此时,量变的过程就发生了质的飞跃,表现出心理素质发展的阶段性。心理素质发展的阶段性特点要求我们制定心理素质教育目标时,要考虑不同年龄段学生心理素质发展的需要,制定出与某一具体年龄段发展相适应的心理素质目标。

心理素质发展的差异性则反映出不同学生在心理素质发展上的不同要求。有的表现为认知发展问题,有的表现为个性品质问题,有的表现为适应能力问题。因此,心理素质教育要顾及个别学生的心理需求,关注每个学生素质的全面发展。在制定心理素质教育目标时,考虑共性与个性相结合,体现出心理素质教育目标的弹性。

促进个体心理素质的发展一定要抓住关键期。所谓关键期就是指在个体心理发展过程中的某一特殊时期,为其提供适宜的教育影响,个体最容易习得某种行为,心理发展特别迅速的时期。心理素质教育既要遵循个体身心发展的规律,考虑不同年龄段学生心理素质发展的需要,制定出符合个体心理发展阶段的目标,又必须掌握心理发展的关键期,制定出反映个体心理发展需要的心理素质目标。发展心理学研究表明,儿童青少年时期是个体心理素质发展的关键期。在心理发展的关键期进行教育,往往能收到事半功倍的效果。我国最早的教学专著《学记》也提到,要增强教育的有效性,必须"当其可之谓时。"其意思是:正当人可以接受教育的时候就对其进行教育。其实质就是强调了教育的关键期。现代心理学的研究也证明,在人的心理发展的不同时期,其大脑发育、语言、感知觉、抽象思维、人格发展等方面都存在关键期。(1)关于大脑发育的关键期。生理心理学、神经心理学研究发现,人的大脑发育的第一个关键期是出生第5个月到第10个月。第一年末的发展达到出生后需要发展的50%。6岁时大脑基本发育成熟。然而在具体的现实生活中人们往往忽视对5~10个月儿童的养育。研究发现,环境刺激的丰富与贫乏跟儿童脑生理发育有密切关系,并且直接对智力产生影响。有关家庭中环境刺激的质与量对儿童智力发展影响的研究发现,6个月婴儿的智力水平和母亲交往所花的时间有很大的关系,生动的或社会性的刺激比不生动或玩具类的刺激对婴儿心理发展更为有益。这种情况在白鼠的对比实验中也得到了证实,即解剖在刺激丰富的环境中生活的白鼠和在贫乏的环境中生活的白鼠发现,前组白鼠脑细胞的轴突和树突均比后组的要粗、多,某些化学递质的激活水平更高。因此,在关键期应该为幼儿提供丰富的心理发展的刺激和教育影响,即丰富的外界环境刺激,如适宜的声、光刺激和各种社会性刺激,如音乐、成人的交谈声、合适的阳光及成人对乳儿的爱抚等,以促进大脑机能的发展和完善,实现大脑潜能的开发。(2)关于认知发展的关键期。美国心理学家布鲁姆(B. J. Bloom)通过追踪研究认为,一个人的智力发展,如果把他本人17岁达到的智力水平算做100%,那么,4岁时就已达到50%,4~8岁又增加30%,8~17岁又获得20%。由此可见,幼儿在5岁以前是智力发展最迅速的时期,也是早期智力开发的关键时机。皮亚杰关于儿童认知发展年龄阶段的研究发现,个体的认知发展经历了感知运算阶段(0~2岁)、前运算阶段(2~7岁)、具体运算阶段(7~11岁)、形式运算阶段(11~15岁),这表明15岁以前是个体认知发展成熟的关键期。(3)关于人格发展的关键期。埃里克森(E. H. Erikson)

通过对个体人格发展的研究发现，个体从出生到死亡整个一生是一个持续发展的过程。在这一过程中必须学习和解决各种人生的中心课题，而这些课题又是随着人生发展的各个不同阶段依次出现的。个体的人格发展主要经历了8个阶段，其中前5个阶段，即乳儿期、幼儿期、学龄期、儿童期、青年期。它的发展至关重要，它影响着人生以后的发展方向。教育的作用就是抓住关键年龄期，发展每一阶段的积极品质，避免消极的品质。此外，柯尔伯格（Kohlberg，1969）关于儿童道德发展的研究发现，个体的道德成熟经历了三水平六阶段，即前习俗水平（0～9岁）的惩罚与服从取向阶段、个人功利取向阶段；习俗水平（10～20岁）的寻求认可取向阶段、遵守法规取向阶段；后习俗水平（20岁以后）的社会法制取向阶段、普遍伦理取向阶段。各阶段道德素质的发展随年龄的不断增长而不断完善，但是其道德发展在前习俗水平和习俗水平至关重要，它决定着后面发展水平的实现。

所有这些关于心理发展年龄阶段的研究告诉我们，个体心理发展存在阶段性，而教育存在一个最佳的时期。掌握儿童身心发展的关键期并适时施教，不仅能充分挖掘智力潜能，而且对儿童个性品质的发展奠定良好的基础。因此，进行心理素质教育，应及时地抓住个体心理发展的关键期，以恰当的训练内容，运用最优化的教育方式进行教育和训练，这样才能起到良好的作用，促进个体心理素质的发展。

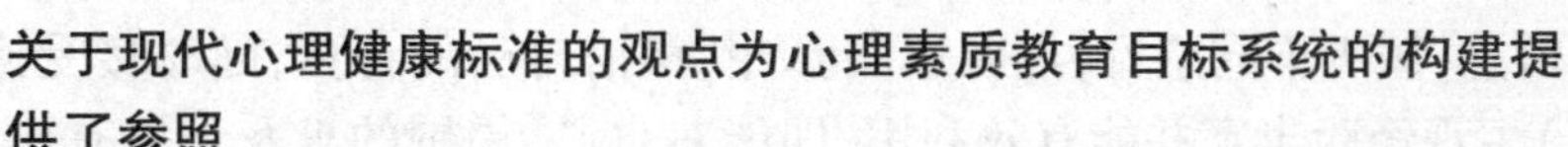

关于现代心理健康标准的观点为心理素质教育目标系统的构建提供了参照

心理健康是心理素质的状态反应，个体心理素质的和谐发展是心理健康的根本。“从心理素质的功能看，心理素质的高低与心理健康的水平有直接关系。心理素质高的人，不容易产生心理问题，其心理健康的水平更高；相反，心理素质低的人容易产生心理问题，其心理健康的水平就低。从心理测量和评定角度看，心理素质的测量常常包含许多心理健康的指标，如情绪方面的测量和人际关系方面的测量；而心理健康的测量标准也包含着许多心理素质的成分，如健全的认知能力、坚强的意志品质、正常的人格特点。心理健康是心理素质的功能性层面。”因此，关于心理健康标准的不同理论和观点对我们制定心理素质教育的目标具有积极的借鉴作用。

关于什么是心理健康、心理健康的判断标准等问题引起了健康心理学的广泛关注。世界卫生组织（WHO，1989）从社会规范和个人自我发展角度对健康进行了新的界定,指出健康包括“躯体、心理、道德健康,社会适应性良好”;西方不同心理学流派从心理发展和社会适应角度对心理健康及其标准进行了系统的研究,为我们制定心理素质教育目标系统提供启示。如精神分析学派从社会性格角度强调心理健康的人应该具备健康的社会性格。认为一个心理健康的人应该是“自信、独立自主,现实、完整、自发、爱和创造,以给予和分享为快乐,感受对生活的热爱和敬重,脱离幻想,认知自我,不贪婪,不想入非非,不崇拜偶像,有能力克服自卑,不骗人,不受骗,不幼稚,沉着稳重,无论命运如何,在生命过程中都能轻松愉快。”人本主义心理学则从自我实现角度强调了心理健康的人应该具有:(1)积极正确的自我观念和态度,即能客观地了解自己的经验、感情与能力(自我认识);能接纳自己的优缺点(自我悦纳);能统整自己的各种属性并能明确认识与区别自己和他人;能承担角色责任(角色认同)等。(2)关注自我的成长与发展,即能坚定不移地朝自己的目标迈进,并积极行动以完成自我实现。(3)恰当地认同他人,人际关系良好,即能认可别人的存在和重要性,既能认同别人而又不依赖或强求别人,能体验到自己在许多方面与大家的相同和相通;能和别人分享爱与恨、忧与乐以及对未来的美好憧憬。(4)敢于面对和接受现实,支配环境,即能主动地向其所处的环境挑战,改变自己的生存环境。即使现实不符合自己的希望与信念,也能设身处地、实事求是地去面对和接受现实的考验;能多方寻求信息,倾听不同意见,把握事实真相,相信自己的力量,随时接受挑战。(5)主观经验丰富并能有效利用,即能对自己、周围的事及环境有比较清楚的知觉,不会迷惑和彷徨;在自己的主观经验世界中,储存着各种可用的信息、知识和技能,并能随时提取使用,以解决所遇到的问题,从而增进自己行为的效率。(6)具有民主态度,创造性的观念和幽默感。我国关于心理健康标准的思想最早可以追溯到古代关于理想人格的描述中,这些描述为我们制定心理素质教育的目标提供了文化基础。如中国传统文化中强调一个具有理想人格的人就是心理健康的人。这种人所具备的主要品质有:(1)高度的社会责任感与良好的道德修养,即一个心理健康的人往往不为物欲所累,“志闭而少欲”,“不惧于物”;不妄想妄为,具有“仁”、“义”、“礼”等“君子”和“圣人”的品质。(2)良好的人际关系,即理想的人格应该“推己及人”、“正心诚意”,要“忠诚”、“宽厚”、“容忍”,能“乐其俗”,“好利人”。所谓“仁者爱人”、“博爱之谓仁”、“四海之内皆兄弟”等等思想均表明没有爱心,便不能建立良好的人际关系,而人际关系

处理不好，就不能成为“君子”和“仁人”。(3)乐观、进取的生活态度。一个心理健康的人既乐观自信，又积极进取，不断追求。他们总是保持乐观的心境，即“心恬愉为务”、“和喜怒而安居处”；身心有劳有逸，有规律地生活，即“御神有时”，“起居有常”；同时他们又具有坚强的意志，刚毅不拔、日进不息的进取精神以及乐观的生活态度，即“意志和精神专直，魂魄不散。”“天行健，君子应自强不息。”(4)平衡而稳定的情绪。一个心理健康的人在情绪上应该是心神宁静，“不忧不惧”、“坦坦荡荡”，“恬淡虚无”、“居处安静”，“静则神藏”，即孔子所谓“子温而厉，威而不猛，恭而安。”荀子倡导对情与欲要“节”与“导”，即要用“心”进行调控与引导，所谓“血气刚强，则柔之以调和；知虑渐深，则一之以易良；勇毅猛戾，则辅之以道顺；济指便利，则节之以动止；狭隘缩偏小，则扩之以广大……”(5)能自律反省、自我控制与约束。一个心理健康的人注重涵养性格，陶冶气质，克服缺点，即“节阴阳而调刚柔”。中国的传统文化特别强调通过“礼”和“义”来实现人与人的和睦相处。孔子曰：“不知礼，无以立。”他告诫弟子：“君子求诸已，小人求诸人”，因此，成为一个君子不仅要“非礼勿视、非礼勿听、非礼勿言、非礼勿动。”还要“纳于言而敏于行”，只有这样，才能使自已与社会和他人保持和谐，否则就“无以立”，不能成为“君子”。近年来，我国心理教育工作者也从不同角度阐述了关于心理健康的标准，如张伯源等认为，心理健康主要有8条标准，即：(1)了解自我，悦纳自我；(2)接受他人，善与人相处；(3)正视现实，接受现实；(4)热爱生滔，乐于工作；(5)能协调与控制情绪，心境良好；(6)人格完善和谐；(7)智力正常，智商在80分以上；(8)心理行为符合年龄特征。台湾学者黄坚厚提出心理健康的人应具有四条标准：(1)乐于工作，并能有效发挥自身才能和智慧，从工作中获得满足；(2)乐于交往，能和他人建立良好人际关系，与人相处时正面态度(尊敬、信任、喜悦等)多于反面态度(嫉妒、仇恨、怀疑、畏惧等)；(3)悦纳自我，发展自我；(4)能和现实环境保持良好接触，对环境能作正确、客观的观察；面对问题不逃避，并能作健全、有效适应。张大均等通过对中小学生心理素质教育的研究，提出了“积极适应，主动发展”作为判断个体心理健康的基本标准。具体表现为：(1)具有正常的智力、完善的人格、和谐的人际关系；(2)能积极适应学习、生活、交往和环境；(3)能主动寻求、探索自我发展的途径，具有开拓创新的能力。

纵观国内外已有关于心理健康的标准，我们可以发现：(1)心理健康涉及个体心理发展的很多方面，是个体心理素质的综合性反映。从这些

不同的心理健康标准的分析中，我们不难发现，一个心理健康的人，必须在认知、个性和适应性发展三个方面处于良好而和谐的发展状态，即个体的心理素质发展健全才能保持积极而健康的心理状态。(2)不同的心理健康标准虽各有侧重，但都强调提高个体的基本心理品质，开发个体的心理潜能，使其以良好的心理品质经受困难和挫折的考验，主动地应用自我调节的方法，及时解决焦虑和困惑，预防心理偏差的产生，增强其适应能力，促进自我发展。这些观点为我们制定心理素质教育的目标提供了有益的参照。

学校心理素质教育的分层目标

从素质教育促进学生素质全面和谐发展的总目标出发，心理素质教育的基本目标是培养学生健全的心理素质，促进心理健康。这一基本目标主要包括适应、发展和创造三个层面，即指导积极适应，维护心理健康；促进主动发展，形成健全心理素质；培养创造品质，提创造能力。适应被看作是个体心理素质健康发展的初级目标，或者叫做预防性目标，即通过对学生心理问题的预防、矫治，进而促进学生心理健康；而发展被认为是个体心理素质发展的高级目标，即通过提高全体学生学习、生活、人际交往和社会适应性等方面的心理素质，充分开发其心智潜能，促进心理健康；创造是学校心理素质教育的最高目标，是适应和发展目标的综合表现。学校心理素质教育应该以发展性目标和创造性目标为主，适应性目标为辅。

当前，国外学校心理素质教育的目标取向已经由矫治性向发展性转化，强调积极适应与主动发展已成为现代心理素质教育的主要趋势。过去，心理素质教育(准确讲只是心理健康教育)更多强调其矫治性目标，即针对一些有认知障碍、情绪障碍、行为偏差以及学习和适应困难的学生，帮助他们适应环境，消除各种异常心理和行为。这一目标取向使心理辅导与教育只注重为少数有心理问题和适应困难的学生提供服务，而忽视了对正常学生的心理辅导与教育。矫治性目标虽是心理素质教育不可缺少的一部分，但提高学生心理素质的水平、开发其心理潜能，促进个体身心发展，对学校教育来说更加重要。因此，心理素质教育的发展性目标日益受到重视。如，美国学校辅导主任协会在其所制定的“小学辅导主任的工作”中就强调对儿童的发展性工作，提出“小学辅导主任必须能够最大限度地挖掘和发挥儿童的潜能，并使其得到充分的发展”；对高中辅导

主任也提出明确任务，指明“发展性的指导是指导工作的组成部分，这个指导是通过对学生成长的有计划的积极干预，从而推动学生各方面——个人的、社会的、情感的、生计的、道德的、认识的、审美的——都得到发展，并促进这些方面综合统一到个人的生活方式之中”。心理素质教育的发展性就是促进学生身心的健全发展，包括促进学生健全人格与心理适应能力的发展，使其各种潜能得到充分的发挥。这种发展性转化，使心理素质教育的对象、内容也相应地出现了变化，即教育与辅导的对象由过去单纯面向心理障碍的学生扩及全体学生，内容由心理治疗、职业指导扩展为生活辅导（整个人生、整个人格的辅导）、学习辅导和职业辅导，目标由过去单一治疗目标变成多层次目标，即为解决学生存在的心理问题或纠正偏差行为只是心理素质教育工作中的短期目标，而培养学生具有正确的自我观，能对学习和人际关系做出适应，具有独立自主的能力，建立正确的人生观和适当的生活方式等则是心理教育的中期目标，终极目标则是自我完善，使个人潜能得到充分发挥。

总之，开展学校心理素质教育必须对其目标系统进行重新定向，由过去单纯强调心理问题的矫正拓展为促进个体身心健康和谐发展，使之适应复杂的社会生活。这种新的目标体系把矫正学生偏差行为和消除心理问题作为初级目标；把培养学生正确的自我观、学习适应、情绪适应和人际生活适应力，提高个体挫折耐受力等作为中级目标；而把开发个体心理潜能、促进个性自我完善、培养其创造能力，使个体素质得到充分发展和发挥作为终极目标。这样使心理素质教育的适应、发展和创造等不同层次的目标较好地协调和溶合起来，共同达成培养学生健全心理素质的总目标。

指导学生积极适应

指导学生积极适应，维护心理健康即通过有计划、有系统的学校心理素质教育教学影响，使学生能够以积极的心态、有效的方法合理应对学习、生活、交往和身体发育中各种变化，能够表现出与学习、生活、交往活动的变化与身体发育相一致的心理和行为；同时预防或矫正学生的心理困扰和障碍，促进学生心理的健康发展。每一个在成长和发展中的个体，面对学习的情境要求、目标内容、生活环境以及生长发育的变化，能否表现出与这些变化相适应的心理和行为，这既是衡量其心理是否健康的重要标志，也是其心理素质发展的重要基础。有学者直接把适应作为划分心理健康与否的标准，认为个人能否适应环境是心理健康与不健康的基本表现。若一个人对环境适应良好，则此人的心理就健康，如果适应不良则不健康。因此，心理素质教育的基本出发点之一就是让学生能够积极适应学习、适应生活、适应人际交往、适应身体变化（身心协调），达到会学习、会交往、会生活、会做人，即通过心理素质教育，使学生能正确、客观、乐观认识自己，培养乐观自信、友善合作、负责守信、开拓创新、不畏艰难的健全人格，提高其自我调控与环境适应能力，成为适应良好，心理健康的人，这是心理素质教育的初级目标。

1. 适应与心理素质

“适应”（adaptation）原本是一个生物学名词，借用到心理学上主要是用来表示有机体对环境变化做出的反应。在心理学研究中，适应这一术语有多种含义，既可以用来表示有机体对环境变化做出的反应，又可以用来表示能增加有机体生存机会的那些身体和行为上的改变。主要有三种不同层次的理解。其一是生理适应，即生物学意义上的适应，指在有机体的机能和感知觉水平上，个体对声、光、味等刺激物的适应。在此层次上，适应至少可以分为两种类型：一是长期性适应过程，指个体或群体为了求得生存和发展，在生理机能或心理结构上产生改变，以适合于自身生存的环境的历程。一是即时性适应过程，指有机体感官随着刺激在时间上的延续，感受性水平发生变化的现象，如感官适应、个体学习适应等。其二是心理上的适应，通常指个体遭受挫折后借助心理防御机制来使人减轻压力、恢复平衡的自我调节过程。其三是社会适应即对社会生活环境的适应，包括为了生存而使自己的行为符合社会要求的适应和努力改变环境以使自己能够获得更好发展的适应。我国一些学者以皮亚杰的“动态平衡论”作为理论基础，对适应进行了探索性研究。朱智贤教授认为，适应“既可以是一种过程，也可以是一种状态。有机体通过同化和顺应两种作用取得与环境的平衡，这种平衡的状态即适应状态，个体处于平衡—不平衡—平衡的动态变化过程即适应过程。”江光荣认为“适应是个人通过不断做出身心调整在现实生活环境中维持一种良好、有效的生存状态的过程。”许峰认为，“人的适应主要是指对社会的适应，就是个体在自己努力或外界环境的作用下，形成符合社会生活条件和满足个体需求的某种心理——行为模式的能力。”贾晓波在指出皮亚杰“平衡”论缺陷的同时，认为心理适应就是当外部环境发生变化时主体通过自我调节系统做出能动反应，使自己的心理活动和行为方式更加符合环境变化和自身发展的要求，使主体与环境达到新的平衡的过程。由此看来，个体正是通过“适

应”才能保持与外部环境之间的和谐关系，以此来维持个体的心理平衡，从而维持心理的健康状况。一旦不能“适应”内外环境的改变和变化，个体就难以保持心理平衡，久而久之就会出现这样那样的心理困扰和障碍。因此，适应甚至可以被看作是维护个体心理健康的重要的内在心理机制。

适应与心理素质健康发展的关系也得到了不同心理学家的广泛关注。他们从适应与个体的认知发展、人格发展和行为改变等不同方面分析、论证了适应在个体心理素质健康发展中的积极意义。

(1)皮亚杰的智慧发展适应观。

皮亚杰(Piaget)认为，适应对个体的智慧发展具有积极的促进作用。智慧行为既是对环境的生物适应，又是企图使环境及客体与心理活动之间达到和谐的表现。在他看来，智慧的本质就是一种适应，是有机体在不断运动变化中与环境发生交互作用——同化和顺应，最终取得相对平衡的过程，是通过动作所获得的对客体的适应而实现的。而适应的本质则是主体能够通过同化和顺应两种途径取得自身与环境之间的平衡过程和结果，即个体通过环境中各种刺激物的影响后形成了一系列认知图式(schema)。当以后认知新事物(或解决新问题)时，直接利用原有的认知图式给予对照，如当旧图式可用于认识解决新事物时，此过程称为同化(assimilation)，若不能解决，则需要改变旧图式，形成新图式以适应新情况，此过程称为顺应(accommodation)。个体就是通过同化和顺应这两种形式达到机体与环境的平衡(equilibrium)。但是这种平衡不是绝对静止的，而是运动、变化和发展的，一个水平的平衡成为下一个水平平衡运动的开始。如果有机体与环境之间失去平衡，就需要改变环境以重建平衡。因此，在皮亚杰看来，这种“平衡—不平衡—平衡”的动态变化过程就是适应的过程，也是个体智力发展的实质和原因。

(2)弗洛伊德的人格发展适应观。

弗洛伊德认为，适应对个体人格的健全发展具有积极的促进作用。人格的完善和健康取决于人格各部分(本我、自我、超我)关系的和谐一致，以及个人与他人必须生存于其中的现实世界的协调。而适应就在于自我必须调节本我、超我和外界的关系，为满足本我的本能要求而发觉和选择机会，但又不违背外界和超我所要求的准则。适应不良是由于外界环境没有提供适当有利的机会，使源于内在的心理欲望没有达到适当的投注和发泄，从而使个体遭受过多或过少的挫折，最终产生心理疾病。

(3)行为主义的学习适应观。

行为主义心理学十分重视对学习适应的研究。斯金纳认为,适应是在特定情景中通过刺激强化而建立适宜的行为反应的过程。班杜拉(Bandura. A,*1982*)认为适应究其实质来说是个体通过观察学习和社会学习获得适当的行为方式的过程,而适应的产生不仅决定于外在适当刺激的强化,更取决于个人主观的心理预期。罗特(J. B. Rotter,*1966*)则强调了个人的目标价值(需要)对个体的适应性行为具有重要促进作用。因此,行为主义的适应观在强调适应就是个体对内外环境所作出的特定反应过程之后,提出了引起个体产生适应行为的两种重要因素,即心理预期和适当的个人价值目标才能使个体产生适应行为。当个体对某一目标的个人目标价值(需要价值)过高,而对达成目标的心理预期又过低时,就会产生心理适应问题。因此,要促进积极适应,维护心理健康,就要调节个体的心理预期和成就目标之间的关系。

(*4*)人本主义的自我发展适应观。

在人本主义心理家看来,适应是促进个体的自我发展和自我实现的重要动力,自我的发展和完善就是个体与自然和社会环境不断适应的过程。马斯洛强调了社会适应与自我实现之间存在关系。罗杰斯(C. R. Rogers)则从自我概念及其发展变化角度来解释个体的心理适应问题。认为个体自我概念的发展水平及理想自我与现实自我之间的矛盾是心理适应的基础。他指出,适应就是个人与外在环境达成了一种和谐和默契,从而使个体能够充分挖掘自我潜能,展现自我价值的过程。临床研究发现,来访者(被咨询者)的自我概念和对现实的认知发生变化后,其行为也随之发生变化。心理咨询或治疗就是要提供一定的条件,让个人对自我概念的认知进行重组,使来访者从心理、情绪的紧张感中解放出来,使情感和认知发生变化,产生新的满足感和快适感,从而心理变得适应起来,结果便导致行为的适当变化。在罗杰斯看来,心理问题的产生是由于现实的自我(Present-self)与理想自我(Ideal-self)的矛盾和不平衡所致。这种矛盾和不平衡是由于对自我的认知不清而产生的心理不一致、不适应现象。因此,心理咨询就是要统一现实的自我与理想的自我,让来访者排除对自我概念的攻击因素、威胁因素,开始新的认知,使两者逐步结合起来。为此,他把培养能够适应变化,知道如何学习的"自由人"作为教育的基本目标。指出"只有学会如何学习和学会如何适应变化的人,只有意识到没有任何可靠的知识惟有寻求知识的过程才可靠的人,才是有教养的人。"在罗杰斯看来,个体的适应是一个包括认知发展和情感需要的整体适应过程,而传统教育一向注重学生对知识的复制,强调认知活动而忽视情感生活,是一种"心智能进入学校,躯体在表面上被准予紧紧跟随,但是情感和情绪只能在学校之外自由自在地享受和表达"的一种知情分离的残缺的教育。"缺乏情意的教学活动不会使学生产生知性的学习;同理,缺乏心智活动的教学也不能激发起学生的意志与感情。"这样的教育对于个体的积极适应产生了极大的障碍。因此,人本主义心理学家布朗(Brown,1971)强调,要促进个体的积极适应,应该提倡"融合性教育",即"寓情意教学于认知"的教学思想(张春兴,1998)。

从以上关于适应的各种解释和理论观点虽然侧重点各别,但我们也可以从中受到下列启示:(1)个体的心理适应就是个体在社会化过程中,依据内外环境的变化,改变自身或环境,使自身与环境协调,保持良好发展状态的过程。(2)适应是主体对环境变化所做出的一种反应,适应现象伴随环境的变化而产生、发展、变化,没有环境的变化就无所谓适应或不适应,环境变化是适应发生的外部条件。(3)适应是主体对自身身心状态及其变化做出的反应,主体现有的生理特征、认知特性、个性特征、心理适应能力和自我意识是适应发生的基础和内部条件。(4)适应的目的是达到或恢复主客体之间的平衡,对维护个体的心理健康,促进心理素质发展具有重要的作用。一般来说,成功的适应能够增进心理健康,而失败的适应就会造成心理疾病和人格障碍。因此,我们认为,"适应"是个体心理素质发展的初级目标。这种初级目标的保持以个体各种心理素质的健康发展为基础。如果发生适应不良或不适应状态,久而久之就会陷入心理困扰甚至产生严重的心理障碍。如少年儿童出现的常见心理疾病"学校恐惧症",其开始时主要表现为学习注意力不集中,丧失学习兴趣,感觉到学习的压力沉重;随后继续发展为在上学的前一天晚上至第二天早上头痛、呕吐、情绪急躁;继而发展为身体僵硬、反应迟钝等明显的身体症状,或者在学校里激怒、争吵,对同学、教师和父母表现出异常态度情绪障碍等。

2."积极适应"的目标系统

适应是个体共同面临的课题,就学校教育来说,学生的心理适应主要表现在学习、交往、生活和做人等方面,因此,我们拟以此为内容来构建学校心理素质教育"适应能力培养目标系统"。详见表1。

表 1 心理素质教育初级目标——适应目标系统

“适应”目标	二级子目标	三级子目标
能以积极的心态、有效的方法合理应对学习、生活、交往和身体发育中各种变化，表现出与这些变化相一致的心理倾向和行为反应	学会学习 ——乐于学习、善于学习	激发学习动机，培养学习情感 掌握学习方法，提高学习能力 解决学习困惑，矫正学习行为
	学会交往 ——乐于交往、善于合作	激发交往动机，促进积极交往 教给交往技巧，提高交往能力 解决人际障碍，促进人际和谐
	学会生活 ——乐观生活、积极进取	培养健康高尚的生活情趣 养成乐观进取的生活态度 形成积极良好的生活习惯 学会职业选择，树立敬业意识
	学会做人 ——诚实、守信、有责	关心他人，乐于助人，富有同情心 律己宽人，热情善良，富有诚实性 忠于职守、遵纪守法，富有责任心 勇敢顽强，刚正不阿，富有正义感

促进学生主动发展

促进学生主动发展，形成健全的心理素质，这是心理健康教育的高级目标，即在心理素质教育活动中，充分关注学生的兴趣和经验，着眼于树立学生的主体意识，引导学生主动参与、亲身实践、独立思考、合作探究，在自由、愉悦的氛围中，发展自己的个性和特长，培养其创新意识和能力，促进心理素质各成分及其整体结构的健全、健康发展。为此，学校的各种心理素质教育措施，既应符合社会发展和教育对人才的要求，又应有利于学生的成长发展，符合学生的年龄特征，有意识、有目的、有计划地培养和发展全体学生健全的心理素质，这既是心理素质教育的出发点，也是心理素质教育的终极目的。

强调心理素质教育目标的发展性，其主要原因是：(1)心理素质教育目标的制定既要立足当前，又要着眼于个体未来发展的需要，即心理素质教育的目标既要考虑为学生现阶段的更好发展和适应服务，又要将个体终身发展与未来社会所需的心理素质自觉纳入其目标体系之中，因为，每一个处在发展中的个体迟早得走向社会，接受各种考验与挑战，而心理素质的优劣直接关系到个体未来的良好发展与事业成败。通过精心设计的心理素质教育实践活动，帮助个体解决从幼儿期、儿童期、青少年期发展过程中的一系列成长问题，提高个体心理发展水平，包括如何认识自我、如何认识他人与社会、如何学习与如何交往等等，而这些才是对个体未来可持续发展至关重要的高级品质。(2)心理素质教育应促进个体的主动发展,而不应停留、满足于心理及行为问题的矫治,即通过心理教育赋予受教育者强大、持久的内在自我发展动力与能力,达到自我发展、自我预防、自我矫治之目的。因此,在心理素质教育实践中,既应注意对已有各种心理困扰和问题的咨询与辅导,更应重视积极、超前的教育与问题预防,坚持以发展提高、积极预防为主,同时使矫正、治疗并举。(3)心理素质教育的目标在于个体心理品质的培养和发展而不是掌握相关知识。在传统教育体系中,其他课程或学科的目标往往以掌握该学科的知识体系为基本目标,但是心理素质教育课程或活动虽然也涉及一些心理学方面的知识,但其根本目标不在于掌握这些心理学的知识而在于发展个体的心理品质,开发心理潜能。因此,在心理素质教育活动中,绝不能将心理知识的掌握作为教育教学的目标,而应强调通过学生的实践参与和体验活动,形成学生积极的心理品质。

1. 发展与心理素质

对"发展"的重视一直是发展心理学家和教育心理学家的共识。发展心理学关于发展的研究主要集中在个体心理发展自身规律、特点,以及影响个体身心发展的因素等问题的研究上,属于发展的本体性研究。他们不仅强调了毕生发展的历程,关注了个体心理素质的整体发展,即"发展"被赋予了更加广阔的内涵,既包含个体认知的发展,又包含个体的情绪、社会性和人格的发展,即认知与非认知系统的发展。教育心理学关于发展的研究更多的是强调如何有效促进个体身心素质的发展,教育和训练如何根据个体身心发展的规律来进行设计和安排,属于发展的功能性研究。

所谓发展是指个体从胚胎期到出生直至衰亡的整个一生所发生的身心有次序的变化过程,即个体身心毕生发展和变化的历程,它包括个体的生物行为、社会行为、认知行为和情绪情感行为的成长变化。发展既包含量的变化,更强调质的改变;既指向前推进的过程,也指衰退消亡的过程。"发展"有别于"发育"、"成长"等概念。"发展"更多地侧重于个体身心素质有次序的变化,侧重于质的变化;而"发育"、"成长"则更强调个体生理方面量的增长。发展涉及个体身心素质的方方面面,通常包括:与身体、生理的生长成熟有关的生理发展;与人的认识活动及其能力的形成与变化相联系的认知发展;涉及人的情感、个性、人际关系等方面的个性与社会性发展。

发展心理学研究表明,个体心理素质的发展具有如下特点:(1)个体心理活动从简单、具体不断向复杂、概括发展，即最初的心理活动只是简单的反射活动，随着外界环境的影响和个体心理的成熟，其心理活动越来越复杂和概括；如个体的认知发展最初是简单的感觉过程，逐渐发展为更加复杂的知觉和表象，进而发展为更加高级的心理活动——思维。(2)个体心理活动从无意向有意发展，即个体心理发展最初出现的是直接受外来刺激影响或成人支配的无意的心理活动，逐渐发展为能按照自己的目的来行动的受自己意志控制和调节的心理活动。如儿童注意、记忆、情感等心理活动最初是不自觉、无意识的，以后逐渐出现有意注意、有意记忆等更加高级的心理活动。(3)个体心理活动从笼统向精细分化发展。儿童最初的心理活动是笼统、模糊的，无论是认知活动还是情绪情感，其发展的趋势都是从混沌、暧昧到分化和明确。如儿童最初的情绪发展只有愉快与不愉快之分，其后逐渐分化为喜爱、高兴、快乐和痛苦、嫉妒、恐惧等复杂而多样的情绪。(4)个体心理发展从零乱到形成系统，即个体的心理活动不是从出生就全部具有的，而是在发展的进程中，逐渐出现和形成的。最初，各种心理现象之间往往零散混乱而没有联系，以后才逐渐发展为有机联系的整体系统。

发展心理学还揭示出推动个体心理发展的主要因素是遗传和环境的交互作用。遗传被认为是影响个体心理发展的物质前提和基础。正是个体的遗传素质使其在一定的社会生活条件下可能发展成为一个具有健全心理素质和高度心理发展水平的人。可以说，没有正常的遗传素质就没有正常的心理素质。同时，也正是个体遗传素质的差异为个体心理素质发展的个别差异性提供了可能性。如高级神经活动类型的差异、感觉器官的结构和机能的差异反映了个体在遗传素质上的不同，正是这些遗传素质的不同，有的人就易于发展为一个安静的人，而有的则易于发展为一个活泼好动的人，有的易于发展为一个画家，有的易于发展为一个音乐家，有的则易于发展为一个舞蹈家。个体心理素质的发展除了受遗传素质的影响外，还要受个体的生理成熟程度的制约。生理成熟就是指有机体生长发育的程度或水平，表现为生理发展。生理学研究表明，个体的生理发展具有一定的次序和规律。如神经系统在出生后最初的几年发展迅速，以后逐渐缓慢，生殖系统则相反，开始发展缓慢，到11岁后迅速发育成熟。这些生理发展的次序和规律也影响到个体心理发展的次序和规律。因此，心理素质教育目标的制定一定要考虑个体的生理成熟和心理发展的次序和规律。如果个体的某种生理结构和机能达到一定的成熟程度时，我们适时地给予适当的教育影响，就会使相应的心理素质有效地出现或发展。相反，如果机体的生理尚未成熟，我们即使给予某种刺激，也很难取得预期的效果。美国心理学家格赛尔（A. Gesell）的双生子爬梯实验有力地证明了生理成熟对心理素质（动作技能）的制约作用。在实验中，格赛尔让双生子T和C在不同年龄开始学习爬楼梯。其中，对双生子T，从出生后第48周起进行爬梯子的训练，每天训练10分钟，连续训练6周。对双生子C则从出生后的第53周开始进行同样的训练，仅训练2周，就赶上了T的水平。由此，格赛尔形成了自己关于儿童心理发展的“生理成熟观”，认为，个体在没有达到应有的生理成熟之前，任何训练和教育都可能是事倍而功半，即有效的学习依赖于生理成熟所提供的准备状态。

尽管如此，环境和教育对个体心理发展的现实水平却起着决定性作用。个体所处的环境是指个体体外一切能影响其身心素质发展的因素，可以分为自然环境和社会环境。其中社会环境和教育是影响个体心理素质发展的关键因素。它使遗传所提供的心理发展的可能性变为现实。如野兽抚养大的孩子，虽然具有了人类的遗传素质，但却不具有人类的心理。无论是印度狼孩卡玛拉、阿玛拉和巴斯卡尔，还是法国的阿崴龙野男孩，他们都不会直立行走，不能学会说话，没有人类的智力、情感等。美国心理学家哈洛（F. Harrow，1970）对恒河猴行为发展的早期隔离或剥夺实验研究发现，在实验室孤独长大的猴子和有母亲和伙伴一起生活长大的野生猴子，其行为有巨大差异。实验室中长大的猴子，由于失去了母爱和伙伴等环境因素的影响，他们常常呆坐，两眼直视，在有陌生人接近时，他们不会像野生猴子那样对生人做出恐吓或攻击性行为，而只是自己撕打自己，其社交行为受到极大影响。因此，如果个体在幼小时候失去或部分失去正常的生活环境，其心理和行为都会受到消极影响，会阻碍个体心理素质的发展，而且越是高级的心理素质和机能越是更多地受环境和教育的制约。

由此看来，发展使个体心理素质出现了质的改变，使个体的心理潜能得以开发，使个体的某种心理素质从无到有，从低级到高级，从简单到复杂，可以说没有心理素质的积极发展，个体就缺乏与外部环境进行积极交流和有效适应的内在基础。

心理学家关于个体心理发展的理论观点为心理素质教育的主动发展目标提供了理论依据。

(1)皮亚杰的认知发展观。

皮亚杰(J. Piaget)在20世纪初对个体认知发生发展的研究使“发展”从传统的“遗传因素”学说中解放出来而深入到“环境与发展”、“认知结构的变化”这些主题之中。皮亚杰认为,儿童认知的发展是个体在与环境发生交互作用的过程中其认知结构发生变化的结果。在皮亚杰的理论观点中,发展主要集中在认知方面。Piaget通过大量的研究发现,儿童从出生到青年初期,其智力或思维发展大体经过四个阶段,即感觉运动阶段、前运算阶段、具体运算阶段和形式运算阶段。感觉运动阶段(0~2岁)是儿童思维的萌芽期。这一阶段幼儿的语言能力还未得到发展,他们主要是通过感觉运动图式和外界取得平衡,处理主客体的关系。在这一阶段,幼儿的心理发展经历了本能—习惯—智力活动出现三个层次水平。前运算阶段(2~7岁),这一时期是儿童表象思维阶段。在前一阶段发展的基础上,各种感觉运动图式开始内化而为表象或形象图式,特别是由于语言的出现和发展,促使幼儿日益频繁地用表象符号来代替外界事物,重视外部活动,这就是表象性思维。幼儿凭借这种表象思维,就可以进行各种象征性活动或游戏(如过家家游戏,以某种东西作为食物),延缓性模仿(模仿自己想起来的过去的事情)以及绘画活动等。但这些表象多是以自我为中心,即还不能协调自己和别人的观点,不理解自己行动会对别人产生影响,不能从事物的变化中掌握概念,因而他们还不能进行逻辑推理。具体运算阶段(7~12岁),相当于小学阶段。这一阶段的主要特点是出现了群集运算图式,已能用逻辑处理客观事物,认知发展具有了守恒性和群集特点。但这个阶段属于具体运算阶段,一方面是因为这种运算思维一般还离不开具体事物的支持,即思维仍以具体现实为依据。如果离开具体事物进行纯粹形式的逻辑推理,儿童会感到困难。另一方面这种运算还是零散的,还不能组成一个结构的整体,一个完整的系统。形式运算阶段(12~15岁)就是和成人思维接近的、达到成熟的形式运算(formal operation)思维(亦称命题运算思维)。此阶段,个体在思维时能在头脑中把形式和内容分开,可以离开具体事物,根据假设来进行逻辑推理,即个体的认知发展具有假设思维、命题思维和组合推理的能力。

(2)埃利克森(E. H. Erikson)的人格周期发展理论。

埃利克森从精神分析学说出发,结合发展心理学、社会心理学、文化人类学、精神病理学等提出了人格周期发展理论。他认为,个体的人格发展从出生到成熟经历了八个阶段:婴儿期(0~2岁)的发展任务是培养信

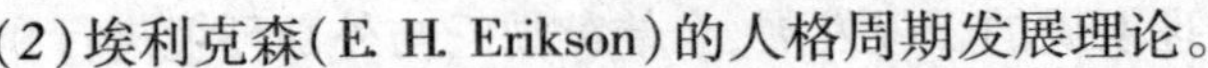

任感,克服不信任感。为此,应注重建立积极的亲子关系,使儿童的生活有规律、有保障,让儿童的期望得以实现。儿童早期(*2~4* 岁)的发展任务培养自主性,克服羞怯和疑虑。为此,教育一定要让孩子有行动的自由,允许孩子干力所能及的事,使他们感到自己有力量。如果成人对儿童的限制过严、批评太多,就容易使儿童对自己的能力表示怀疑,产生认为自己无能的羞耻感。学前期或称游戏期(*4~7* 岁)的发展任务主要是形成主动感,获得良心和性别角色,克服内疚感和犯罪感。为此,教育者的热情鼓励和肯定有利于主动感的发展。学龄期(*7~12* 岁)的发展任务则是获得勤奋感,克服自卑感。青年期(*12~18* 岁)的发展任务是建立同一性,防止同一性混乱。成年早期(*18~30* 岁)的发展任务是建立人际关系的亲密感,避免心理孤独。成年期的发展任务则是形成创造感,避免自我专注和停滞不前。老年期的发展任务是形成对整个人生的自我满意和完善感,避免绝望和厌弃感。

从这些关于认知和人格发展的理论研究中,我们可以得到一些启示:(*1*)个体心理素质的发展具有年龄阶段性,不同年龄段的个体其心理素质发展的任务各不相同;(*2*)个体心理素质的发展总是依赖于已有的发展水平和原有基础,没有基本的素质就不可能发展起高级的素质。这表明各种心理素质的发展具有相互制约的关系。(*3*)关于儿童认知发展和人格发展的这些研究为我们制定幼儿、儿童、青少年心理素质训练的目标和内容提供了理论依据。

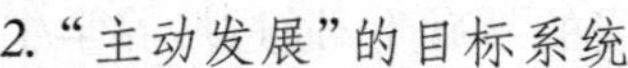

2."主动发展"的目标系统

发展是人生面临的主要课题,具体分析心理素质发展这一目标范畴,我们认为,个体心理素质的发展主要表现为个体的智能发展、个性发展、社会性发展和创造性发展等方面。据此我们构建了学生心理素质发展的目标系统。见表2。

表2　心理素质发展的目标系统

"发展"目标	二级子目标	三级子目标
着眼于树立学生的主体意识,	智能发展	*1.* 观察敏锐(观察力) *2.* 记忆力强(记忆力) *3.* 想像力丰富(想像力) *4.* 反应迅速、思维灵活(思维力) *5.* 善于监控和调节自己的认知过程(元认知)

引导学生主动参与、亲身实践、独立思考、合作探究,在自由、愉悦的氛围中,开发心智潜能,发展个性特长,培养创新意识和能力,促进心理素质各成分及其整体结构的健全、健康发展	个性发展	1. 具有不怕困难,追求成功的倾向(抱负水平) 2. 能独立思考,有独特见解,不依赖于他人(独立性) 3. 能持之以恒,坚持到底(坚持性) 4. 具有主动积极探求知识的欲望(求知欲) 5. 能控制、调节和支配自己的思想、情绪和行为(自制力) 6. 能确信自己的能力(自信心) 7. 能对自己的行为负责(责任感)
	社会性发展	1. 掌握一定的社会规范、形成基本的社会技能、具有亲社会行为(发展良好的社会行为) 2. 具有较强的观点采择能力和移情能力(形成良好的社会认知能力) 3. 具有正确的自我认识、客观的自我评价、积极的自我体验(发展完整的自我意识)
	创造性发展	1. 具有相应的创新意识,掌握基本的创造方法 2. 好奇好问(好奇心) 2. 敢想敢疑(挑战性) 3. 多想善想(发散性、变通性) 4. 求新求异(独特性)

培养学生富于创造

培养学生富于创造就是通过心理素质教育活动,鼓励学生善于质疑、敢于创新,发展和提高学生的创新能力,教给学生创造的方法和技巧,增强学生的创造性。创造性目标是在适应和发展的基础上,通过培养学生的创造心理品质(素质),提高学生创造性地发现、解决学习和生活中的问题。创造性是人类特有的高级心理素质,它制约着人的适应和发展能力,因此,培养学生的创造性是现代教育的重要目标,是素质教育纵深发展的必然要求,也是心理素质教育高层目标的具体反映。创造是一种综合性的心理素质,培养学生富于创造主要表现在三方面:(1)培养学生的创造人格,属动力系统,包括强烈的动机,不懈的追求、自主性、主动性、好奇性、挑战性、求知欲,坚韧性等等;(2)发展学生的创造认知,属认知加工系统,包括想像的丰富性、新颖性;思维的流畅性、变通性、发散性、独创性以及横向思维、逆向思维、直觉思维、灵感思维等等;(3)教给学生创造的技能,属工作系统,包括作为创造基础的基本知识、技能和一般创造技法等。在这三个要素中,创造人格是基础和动力,创造思维是核心和关键,创造技能是创造的技术保障。

强调心理素质教育的创造性目标,既是素质教育和心理素质教育的客

观要求，又是学生心理素质健康发展的主观需要。创造性心理素质的发展已经成为现代人必备的重要素质，而现代学校教育教学活动对个体创造性素质的培养并未足够重视，学生的创造性发展水平较低。我们知道，素质教育的根本目标是提高人的素质，而创新素质既是个体素质发展的最高体现，又是当今社会特别器重的素质，培养创新素质已经成为现代国际教育最重要、最明确的目标追求，甚至成为衡量教育教学成败得失的最高标准。因此，全世界范围，都在明显重视学生创造型性素质的培养。许多调查表明，成年人贡献成果与其学校成绩关系不大，而在很大程度上与其参与各项课外创造性活动有关，而这些创造性活动又与老师的指导分不开。有的学者对美国诺贝尔奖获得者大约五分之四的科学家进行调查访问，结果表明，他们的贡献与当初所在学校的教师能掌握问题的关键与解决实际问题的思想方法及创新能力的指点有很大关系。联合国教科文组织在《学会生存》中明确指出："教育具有培养创造精神和压抑创造精神的双重力量"。之所以如此，是因为教育在传递知识时可能制造框框，在训练思维时可能赶跑灵感，在注重群体时可能忽略个性，在讲究规范时可能压抑自由……双重力量经常相伴而生。要促进学生健全发展和高级发展，就应该高度重视学生创造性的发展。"为创造性而教"应该成为新世纪教育的追求和学校教育教学的重要目标。因此，对基础教育来说，教育的根本任务不仅要促进学生一般能力的发展，更要重视学生创新精神和创新能力的培养，促进学生创造性心理素质的发展。

1. 创造性与心理素质

创造性是个体心理素质发展中独特而高级的成分，备受现代心理学研究的重视。创造性的研究起源较早，英国的高尔顿（F. Galton）*1869* 年《遗传的天才》一书的出版引发了心理学界对创造性研究的兴趣。随后形成了关于创造性研究的两种理论思路，即以精神分析为代表的人格论和以格式塔心理学为代表的思维论。到了 *20* 世纪 *50* 年代以来尤其是 *1950* 年，美国心理学家吉尔福特在美国心理学年会上发表了题为"创造性"的著名演讲之后，关于创造性的研究及其成果不断增长，主要表现在关于创造性的性质、创造性的心理结构、创造性人格特征、创造性思维过程、创造性测量和评价以及创造性培养和训练等几个方面的研究上。

关于创造性本质的理解，心理学家们有不同解释，归纳起来主要有四种观点：（*1*）认知过程观，即按创造活动的认知发展进程解释创造性，将其分为准备、孕育（酝酿）、明朗（灵感）、验证几个不同质的认知阶段，每一阶

段，其认知活动的任务和工作方式均有差异。(2)观念联结观，即强调创造性依赖于已有观念或关系的重新联结与组合。他们认为，创造性是一种联结的功能，创造过程就是“联结因素形成新的、或者能满足特殊需要、或者在某些方面是有用的新的结合过程。”并认为在新的情境中，各种因素越是遥远，问题解决的过程越有创造性。(3)能力要素观，即认为创造性是一种“发现新联系，产生不寻常观念和背离传统思维方式的能力”，是一种以追求多种答案和解决方法为特征的发散性认知加工能力。其中发散思维能力是其核心和关键。(4)人格特质观，即强调创造性的人格特征，认为创造的本质在于个体所具有的在创造活动中所表现出来的不同于一般的某种人格特征。如好奇和探究性、挑战性与冒险性、独立性与坚持性等。关于创造性的心理要素及其结构的新近研究发现，个体的创造性是包含多种因素的复合体。这方面的最新理论当推美国心理学家斯腾伯格(R. J. Sternberg)的创造力多因素理论。该理论是斯滕伯格和洛巴特在分析以往关于创造力构成成分的各种理论的基础上提出来的。他们认为，过去的各种创造力构成理论大多强调其中的某一或某些方面而忽视、排斥其他方面，因而都不是对创造力最完整的解释。为此，他们提出了创造力等多因素理论，试图对创造力做出较完整、较全面的解释。该理论认为，个体创造力能否充分发挥，要受智力、知识、认知风格、人格特征、动机和环境6个因素的影响。所谓智力即信息的输入、转译、加工、输出过程，它主要包括元成分、操作成分和知识获得成分3种。其中元成分主要是对认知活动进行控制、调节，操作成分主要是完成解决问题的具体步骤，如编码、提取信息、比较信息等，知识获得成分主要是从长时记忆中提取与解决当前问题有关的信息或搜集新的信息。这3种成分的充分协同工作使得个体能够适应各种不同的环境，解决各类问题。研究发现，智力是创造力充分发挥作用的必要条件，将影响个体对问题情境的感知、表征、定义和再定义以及选择问题解决的策略等过程。知识即有关的经验体系和知识结构。知识能够给创造性思维提供加工的信息，帮助创造者了解其在某个领域中所处的位置。但个体的知识背景也可能会约束其创造力的发挥，使人循规蹈矩。认知风格即认知活动过程的风格或倾向性。它代表一种认知倾向和加工偏好而不是能力本身。斯腾伯格认为，个体的认知风格主要有3种类型：立法式认知风格(即乐于建立自己的规则和善于解决非预制的问题)、执行式认知风格(即偏向于用现成的规则解决具有现成结构的问题)和司法式认知风格(即用判断、分析和批判倾向看待事物，乐于对规则和程序做出评价，对现有的结构做出判

断，从而来检查自己和他人的行为）。而创造型个体常常具有立法式认知风格。人格特征如对模糊的容忍度、毅力等。个体的人格特征对创造力的发挥有着重要影响，其中对模糊的容忍力、冒险性、毅力和坚持性、成长的愿望和自尊这五个因素尤为重要。动机是指驱使个体从事创造性活动的动力，通常认为个体的内部动机有利于发挥其创造性，而外部动机则不利于发挥其创造性。研究发现，动机对创造性发挥作用的关键是它影响了一个对任务的注意方式，而不是动机的内在、外在性质；关注任务而非关注目的的动机更有利于创造性的发挥。创造型个体往往注重内部动机，他们最关心的是正在做什么而不是将从中得到什么。因此，内在动机和外在动机之间的相互作用对创造性的影响更大。环境也对创造性有重要影响，它可以提供有助于新观念产生的物理的或社会的条件。一般来说，环境可以激发一个人的创造性，也可以抑制一个人的创造性。这 6 种因素在创造力中不是孤立地起作用，而是互相影响，共同作用。

以上观点从不同侧面来研究创造性并找到了相应实证支持，这反映出创造性的确不是一个单一的心理因素，它存在多种心理成分，是各种心理因素的综合体；创造性不是一种单一的心理活动而是一系列连续的高水平的复杂心理活动。因此，我们认为，所谓创造性是指产生独特、现实、有社会价值产品的多种能力与优良人格特征整合的心理素质。个体的创造性是一种复杂的心理能力，它是由多种能力和多种优良人格特征的整合，主要包括创造意识、创造性思维、创造性想像、创造性人格等。研究表明，创造力不同于智力，它们是既有区别又有联系的两种不同的能力因素。其关系具体表现为：①低智商者，创造能力肯定不高；②高智商者，创造能力未必高；③低创造力者，其智商水平可高可低；④高创造力者必有高智商。新近研究发现，创造性较强的人总是表现出具有一系列高水平的认知能力，如发现问题与表征问题的能力、策略选择能力、有效评估能力、发散思维能力、灵感顿悟能力等。由此，我们可以知道，创造性与智力的发展并不同步，创造性包含了智力所未涉及的高级心理品质，如发散性思维、批判性思维、直觉思维等。因此，在学校教育教学活动中，我们不应该把智力与创造性混为一谈，否则会忽视对学生创造性心理素质的培养，或者埋没一些高创造者，使他们得不到应有的发展。

个体的创造性心理素质主要表现在创造性认知、创造性人格和创造性技能三个方面。创造性认知主要是指个体的创造性想像和创造性思维。创造性想像就是通过对已有的各种表象材料进行选择、加工和改组而产生出新颖独特形象的心理过程。其中,新颖性和独特性是创造性想像的本质特征。创造性想像是创造的翅膀,创造在很大程度上得益于联想和想像,正是创造性想像才推动了创造,正如爱因斯坦所说"想像比知识更重要。因为知识是有限的,而想像力概括着世界上的一切,并且是一切知识的源泉。"他正是借助于超越时空的创造性想像才创立了著名的相对论。因此,创造性想像是创造性活动的重要心理成分。创造性思维指有创见的思维,即思维的结果具有新颖性、独特性和有价值。它是创造性的核心成分。其主要特点是:(1)独创性,表现为观点新颖、独特,能打破常规、冲破常模,不受习惯性思维和习惯势力的约束。(2)发散性,表现为能从多种途径思考问题,使思维向各种可能的方向辐射,多方面寻求答案。(3)灵活性,表现为不易受思维定势的影响,思路受阻能迅速转换。(4)敏锐性,表现为能迅速捕捉闪光的思想和想法。创造性思维是由多种思维有机组成、协同作用的一个整体,即它是抽象思维与形象思维、发散思维和聚合思维、逻辑思维和非逻辑思维相互作用而出现的整体思维。研究发现,有利于创造性的思维形式主要有:(1)联想思维。研究表明,高创造性者能把毫不相关的东西联系在一起,看到别人看不到的关系,他们比一般人更能形成更多新奇的组合,具有"遥远联想"的能力。(2)逆向思维,即反过来想一想。(3)直觉思维,即在已有知识经验的基础上,对事物进行快速识别、直接理解和整体判断的过程。直觉是创造性思维的重要形式,并得到不少科学家的高度认可。(4)灵感思维,即在长期而艰苦的思考之后,突然获得问题的解决思路的心理过程。(5)发散思维,即对一个问题产生多种不同答案的心理过程。吉尔福特认为,发散思维是创造性思维的核心,它具有四个主要特征,即流畅性(fluency),在短时间内能连续地表达出的观念和设想的数量;灵活性(flexibility),能从不同角度、不同方向灵活地思考问题;独创性(originality),具有与众不同的想法和独出心裁的解决问题思路;精致性(elaboration),能想像与描述事物或事件的具体细节。

创造性人格是个体创造性心理素质的主要内容之一。在传统心理学研究中,研究者们的注意力较多地集中在创造性思维、创造性想像等创造性认知因素上,而对其人格因素探讨较少。但自20世纪50年代以来,越来越多的研究者认识到,个体的创造力不仅仅局限于一般的认知因素上,它的发展在一定程度上受到个体人格因素的制约。这些人格因素是促进个体创造力发展的重要而特殊的条件。因此,创造性人格是个体创造性心理素质的有机组成部分。综合国内外迄今为止的大量研究和论述,高创造者的人

格特征可概括为以下几个方面:(1)浓厚的认知兴趣。研究发现,强烈的求知欲是创造型儿童的典型人格特征,他们从小就好奇好问,爱追根究底,表现出浓厚的探求和学习知识的兴趣。(2)情感体验丰富、富有幽默感。高创造者对创造充满热情,具有高度的责任感和较强的幽默感。(3)敢于挑战和冒险。高创造者总是敢于标新立异,敢于逾越常规,敢于想像猜测,敢于言别人所未言、做别人所未做的事,宁肯冒犯错误的风险,也不把自己束缚在一个狭小的框框内。(4)坚持不懈、百折不挠。这种人格特征使高创造者能够持之以恒地把注意力集中在某个问题上,面对困难能逆流而上、锲而不舍。(5)独立性强。创造型个体善于独立行事,不盲从,对独立与自治有强烈的需要。他们深知自己是在复杂的捉摸不定的环境中进行创造性活动,因此,对已有的观点做出最后的判断和对自己的设想做出结论时都是十分审慎的。对儿童而言,这种独立性有时常常表现为对家长和教师的不顺从,行为不合群,甚至破坏纪律。(6)自信、勤奋、进取心强。高创造性学生一般都很自信,他们坚信其创造活动的价值,在遭阻挠和贬斥时,也不改变其信念,而是努力克服一切障碍,去达到自己的理想和预期目的。他们勤奋刻苦,不仅勤于动脑,而且勤于动手,有较强的自控能力。(7)自我意识发展迅速。创造型学生的自我认识、自我批评、自我体验和自我控制的发展水平较高,表现为他们能够正确认识自己,有较强的自控能力。

创造性人格培养除了要积极发展和培养学生良好的有利于创造的人格品质,也包括矫正阻碍学生创造力发展的人格因素。心理学的大量研究表明,在学生人格发展中存在着许多不利于个体创造力发展的因素,主要表现为:(1)胆怯。胆怯常常导致学生害怕困难、害怕失败、放弃努力,使其失去许多创造的机会,并在许多有可能获得成功的创造活动中失败。(2)过分自责,即自我批评。创造型学生必须善于正确估价自己,过分地自我批评、自卑、消极的自我概念和较低的自我效能感都会使其思想过于呆板,缺乏想像,并最终导致创造力的自我封闭。(3)懒惰。聪明来自勤奋,懒惰不仅使学生无所作为,而且会严重阻碍其创造力的发挥。(4)从众。从众的学生由于心理承受力差,害怕发生问题与矛盾,害怕与众不同,易受外界影响,因而,倾向于不独立思考,不相信自己的创造能力,不相信自己的探索结果和结论。久而久之,就会变得唯命是从,人云亦云。(5)狭隘。性格狭隘,容易使学生眼界狭窄,斤斤计较,致使思维发散性降低,从而影响创造才能的发挥。(6)刻板。刻板、固执和偏见容易使学生目光短浅、思维僵化,往往不易接受新事物、新观点。(7)骄傲。骄傲会使学生观察力的敏感度

和思维的紧张度降低，好奇心、上进心减弱，最终导致缺乏创造需要和创造动机，抑制创造思维与创造想像。

创造的技巧与方法是个体进行创造性活动的外在操作技术。有利于个体创造活动的技巧与方法多种多样，归纳起来主要有：(1)头脑风暴法，即通过多人集体讨论，相互启迪，激发灵感，从而引起创造性思维的连锁反应，形成综合创新思路。(2)系统探求法，即为打破传统思维束缚，对问题的解决进行系统设问、特性列举等来培养和提高学生的创造性思维。如"5W2H"系统设问：Why（为什么），What（做什么），Who（何人），When（何时），Where（何地），How to do（如何做），How much（多少）等。(3)联想类比法，即由一个事物想到另一个事物，如接近联想、类似联想、对比联想、因果联想、从属联想、遥远联想等。(4)组合创新法，即按照一定的技术需要，将两个或两个以上的技术因素（如性能、原理、功能、结构或模块等）通过巧妙的组合，去获得具有统一整体功能的新技术产物的过程。

2."培养创造性"的目标系统

创新是人人皆有的一种潜在心理能力，但它需要依靠良好的教育培养和实践来挖掘和开发。结合学校心理素质教育和当前实施创新教育的实际，根据学生创造心理素质发展的具体内容和要求，我们构建了学校心理素质教育的创造性发展的目标系统。见表3。

表3　心理素质的创造性发展目标系统

"创造"目标	二级子目标	三级子目标
培养创新精神，提高创新能力，促进创造性发展	促进创造性认知发展	1. 创造想像丰富（创造想像） 2. 反应迅速、灵活，发散思维能力强（发散思维） 3. 善于猜测，直觉能力强（直觉思维） 4. 敢于质疑，善于批判（批判性思维）
培养创新精神，提高创新能力，促进创造性发展	培养创造性人格品质	1. 好奇好问，乐于创新（好奇心和兴趣） 2. 敢想敢疑，不怕失败（挑战性与冒险性） 3. 坚持不懈，百折不挠（坚韧性） 4. 求新求异，不盲从（独特性与独立性） 5. 矫正消极人格特征
	教给创造的方法和技巧	掌握基本的创造方法，如头脑风暴法、系统探求法、联想类比法、组合创新法、延迟评价法等

学校心理素质教育的分类目标

心理素质教育的总体目标是促进个体积极适应、主动发展，即通过各种有效的教育教学活动和学生自我发展的交互作用，使学生各种心理素质都得到健全健康的发展，使其形成正常的智能、完善的人格和良好的适应能力，为提高学生的整体素质奠定良好的心理基础。这反映出了心理素质教育目标的层次性。但根据个体心理素质的基本结构，可以将心理素质教育的目标建构为认知品质的发展、良好个性品质的培育和适应能力的提高三个方面，这反映了心理素质教育目标的全面性。

促进认知品质发展

认知因素是个体对客观事物的反应活动，直接参与对客观事物认知的操作和加工，是心理素质结构的最基本成分。它主要包括一般认知能力和元认知能力两个亚维度。认知发展的基本目标就是训练认知能力，开发认知潜能，提高个体心理能力，即旨在通过一系列培育、训练途径，促使个体遗传的智慧潜能得到最大限度的开发，提高各种认知的机能水平。具体包括以下几个方面：

(1)建立认知信心，即通过教育教学活动激发学生的认知动机和兴趣，帮助其发现自身智慧潜能，树立认知的自信心；

(2)懂得科学用脑，使学生认识大脑的机能和工作原理，科学使用大脑；

(3)训练认知能力，即通过教育训练以提高学生的观察力、记忆力、想像力、思维力、注意力、创造力等各种认知能力；

(4)改善学习方法与习惯，排除阻碍认知发展的心理和行为障碍；

(5)增强自我调控能力，即加强元认知训练，提高元认知能力。

心理素质教育在认知维度上的发展目标除了认知因素的发展外，还要表现在认知品质和特性的发展，即认知的反映性、创造性、实践性和元认知监控四个品质。

由此，我们可以把认知发展的具体目标构建为如下系统。

表4　心理素质教育的认知发展目标系统

<table>
<tr><th>认知发展目标</th><th>特性</th><th>具体子目标</th></tr>
<tr><td rowspan="4">开发认知潜能，促进认知机能发展</td><td>反映性</td><td>1. 精制加工信息，准确储存信息（精致性）
2. 认知完整、全面，不遗漏（全面性）
3. 能抓住关键与本质（深刻性）
4. 知觉敏锐、反应迅速（敏捷性）</td></tr>
<tr><td>创造性</td><td>1. 心态开放，乐于接受新鲜事物（开放性）
2. 具有强烈的好奇心和探究欲（好奇性）
3. 多角度、多方向思考，发散思维能力强（发散性）
4. 敢于智力冒险，喜欢突破常规（冒险性）</td></tr>
<tr><td>实践性</td><td>1. 行动具有明确的目的（目的性）
2. 面对情境变化，能有条理地应对（应对力）
3. 具有较强的实践操作能力（表现力）
4. 能举一反三、触类旁通（迁移力）</td></tr>
<tr><td>元认知</td><td>1. 能清晰意识到自己认知加工过程中的各种因素（意识性）
2. 能对自己的认知过程进行计划、监控和评价（监控性）</td></tr>
<tr><td colspan="2">训练认知能力</td><td>1. 注意力（稳定而集中）
2. 观察力（敏锐细致、精确深刻）
3. 记忆力（记得快而牢）
4. 想像力（丰富、新颖）
5. 思维力（深刻、灵活）
6. 元认知能力</td></tr>
</table>

培育良好个性品质

个性因素是指一个人在其生活、实践活动中经常表现出来的、比较稳定的、带有一定倾向性的个体心理特征的总和，指一个人区别于其他人的独特精神面貌和心理特征。个性对于一个人的活动、生活具有直接的影响；对于一个人的未来发展和前途具有直接的影响作用。个性心理品质在人格完善、心理障碍的预防、能力与行为养成方面都有重要作用，它虽不直接参与对客观事物认知的具体操作，但具有动力和调节机能，是心理素质结构中的动力成分。

个性是一个系统结构，主要包括个性倾向性和个性心理特征以及自我意识三个方面。个性倾向性主要是指人对社会环境的态度和行为的积极特征，包括需要、动机、理想、信念和世界观等，它决定着人对现实的态度，决定着人对认识活动的对象的趋向和选择，是个性结构中最活跃的因素，是个人活动的基本动力系统。个性心理特征是指人的多种心理特点的一种独特结合。其中包括完成某种活动的潜在可能性特征，即能力；心理活动的动力特征，即气质；对现实环境和完成活动的态度特征，即性格。在个性特征中，气质类型无好坏之分，其教育的重点在于强化其气质特点中积极的一面，弱化其消极面。能力的形成又是多种教育活动的结果，不是个性教育所能达到的。自我意识主要包括自我认知、自我体验和自我监控三个方面。因此，个性培育的目标，其重点是塑造良好的性格品质、积极的个性倾向性和完善的自我意识。一方面，要通过心理素质教育培养、强化学生的优良品质，并注意对其存在的不良性格品质进行矫正，以维护心理健康。如培养热情、正直、诚实、责任心、宽容、善良、礼貌、勤劳、认真、进取、谦虚、自尊、自信、自强、自立、自制、果断、勇敢、顽强、稳重、有恒、严谨、开朗等性格品质。另一方面，要注意完善个体的自我意识，正确客观地看待自己、评价自己，不断发展自己。

个性培育目标的实现主要从个性的动力特征、情绪特征、意志特征和自我特征四个因素来衡量。具体包括进取心、成就动机、乐观倾向、情绪调控、自制、坚韧性、独立性、自我统合、自信心、责任感共计10个因素。具体目标系统见表5。

表5　心理素质教育的个性发展目标系统

个性发展总目标	特性	具体子目标
发展优良的个性特征	动力特征	1. 能积极追求成功（成就动机） 2. 能主动渴求知识（求知欲）
	意志特征	1. 能独立行动，遇事有主见（独立性） 2. 有坚强的毅力，能克服困难，坚持到底（坚持性） 3. 能监控和调节自己的行为（自制力）
	情绪特征	1. 情绪体验积极、健康（情绪效价） 2. 情绪稳定，善于调控（情绪调控）
	自我特征	1. 能客观正确认识自己（自我统合） 2. 能正确评价自己，自信、自强（自尊心） 3. 能对自己的行为负责，敢于承担责任（责任感）

个性发展总目标	特性	具体子目标
培育良好的性格品质	1. 活泼开朗 2. 认真勤奋 3. 诚实负责 4. 自尊自信 5. 顽强有恒	

提高适应能力

心理适应能力就是个体在与周围环境相互作用的过程中，以一定的行为积极地反作用于周围环境而获得平衡的心理能力。近年来，人们开始从心理健康教育角度来强调适应能力的重要性。国际上已经把良好的社会适应能力作为心理健康的一条重要标准。随着我国中小学心理素质教育理论与实践研究的逐步深入，国内学者也开始把适应能力作为心理健康的一条重要标准，并将其视为心理素质结构的重要组成部分。我们认为，适应能力是个体在认知和个性两种基本心理素质成分的基础上，在一定的社会生活背景中，通过与社会生活环境的交互作用，对外在社会环境进行学习、应对和防御，对内在心理过程进行控制、理解和调适所表现出来的习惯性行为倾向和品质。它反映的是个体在社会化过程中，改变自身或环境，使自身与环境协调的能力。它是心理素质结构中具有衍生性的目标因素，也是认知目标、个性目标在个体的适应—发展—创造行为中的综合反映。事实上，个体在现实生活中，会遇到各种各样的压力、矛盾和挫折，它们会导致各种消极的情绪，如愤怒、悲伤、反感、嫉妒、恐惧、不安等。这些消极情绪产生于意识之中，但又常常在潜意识领域中沉淀下来。为了使各种心理冲突、情绪风暴趋于平静，使自我的精神安定、愉悦，就需要自我在内心世界进行一番“处理”，这种处理过程就是“适应”过程。一般认为，适应具有自我适应（内在适应）和社会性适应（外在适应）两个方面。

内在自我适应，即自我内在的价值标准和生活目标的一致性，使自我实现、自我创造的欲望和自尊心、幸福感等得到满足。自我适应主要包括能适应自我的身心变化，悦纳自我；适应自我角色、地位的变化，积极调整自我，保持积极心态。同时，客观现实往往不以个人的主观意志为转移，个体所处的环境，包括自然、家庭、人际等都随时可能面临各种意想不到的变化，如意外事故、生活环境改变、自然灾害等，这些都可能成为外来的心理应激源，因而需要有相应的应变能力，从而避免在应激状态下心理失常与行为失态，保持镇定、冷静、理智。具体包括学习适应、生活适应、生理适应、职业适应四个方面。外在社会性适应，即人与人之间协调、合作，能妥善处理社会人际关系，具体包括社会环境适应、人际环境适应、应激情境适应三个方面。个体要能够良好地适应客观社会环境，需要有自立自理能力，能独立生活；有人际交往及协调合作能力，从而善交往、会协调、愿合作；有适应复杂社会现象的能力，从而能科学分析、鉴别是非善恶，正确进行价值判断与行为选择，抗拒各种不良诱惑；具有适应各类竞争的能力，从而敢于竞争、善于竞争、合理竞争，能在竞争中争取胜利；具有承受挫折失败的能力，从而能正确对待、顽强拼搏、理智应付，减少并战胜挫折。

适应性目标系统如表6所示。

表6　心理素质教育的适应性目标系统

适应性发展目标	特性	具体子目标
提高适应能力	自我适应	1. 能对学习活动充满热情，能不断调整自己的学习计划和方式（学习适应） 2. 具有生活自理能力，能适应学校生活（生活适应） 3. 能适应身心变化，具有合理的性别观念（生理适应） 4. 具有积极的择业价值取向，并在职业活动中获得满足（职业适应）
	社会适应	1. 能正确认识社会，具有社会认同感、社会参与性和社会接纳性（社会环境适应） 2. 能建立和谐的人际关系（人际环境适应） 3. 面对挫折与失败能采取积极的行为反应（应激情境适应）

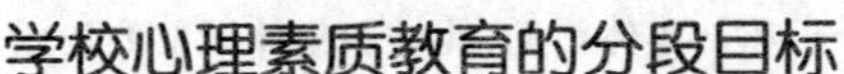

学校心理素质教育的分段目标

由于个体心理素质的发展具有年龄阶段性，即不同年龄段的个体，其心理素质的发展水平不同，发展的主要任务也不一样，因此，构建心理素质教育的目标应考虑不同年龄段学生的差异，针对不同年龄段个体心理素质发展的需要制定有助于促进个体心理素质健全发展的目标系统。我们在构建心理素质教育的目标时，分别考虑了幼儿、小学、中学、大学等几个不同年龄阶段个体心理素质发展的需要，制定出了心理素质教育的分段目标体系。

幼儿段心理教育的目标

幼儿阶段是个体心理素质萌发时期，人生的许多心理品质都是在此阶段萌芽和奠基的。幼儿心理素质的发展主要是与其生存、求知、交往等心理需要和活动密切联系。因此，我们从这三个方面来构建幼儿心理素质教育的目标系统(见表7)。

表7　幼儿心理素质教育目标系统

总目标		幼儿段
培养健全的心理素质，促进心理健康	认知品质培养	1. 培养积极的观察兴趣；观察时，能集中注意力；能初步掌握有序观察和表达的简单方法；初步具有抵抗外界干扰的意识(观察力) 2. 能积极参加记忆活动，能复述故事，初步运用形象记忆、联想记忆和按规律记忆的能力(记忆力) 3. 能积极参加想像活动，能运用再造想像，初步进行求新求异想像(想像力) 4. 有积极思维的习惯和参与思考活动的愿望；能发现事物的相识特征，进行分类比较，具有初步的推理能力(思维力) 5. 有乐于交流，积极主动表达想法的愿望和行为；能完整、清晰、连贯地讲述故事(言语表达能力) 6. 有动手操作的愿望和兴趣；能掌握简单的动手操作方法进行制作活动(动手操作能力)
	个性品质培养	1. 能关注身边事物，具有主动提问的意识和行为；喜欢摆弄小玩具(好奇心) 2. 具有独自活动和做事的意识；初步具有自我解决生活困难的习惯；能体验独自解决问题的快乐(独立性) 3. 有在集体面前表现自己的愿望、信心和勇气；能大胆参加各种活动，表达自己的意见；能体验到自我表现带来的快乐(自信心) 4. 能在活动中遵守纪律，具有初步的自律意识；能初步控制自己的行为和情绪(自制力) 5. 初步具有做事认真、细致的习惯；参加活动能一心一意，不急躁；初步具有面对困难不气馁、努力完成任务的勇气(坚持性)
	适应性培养	1. 乐于参加集体活动，能体验集体玩耍的快乐；具有爱护环境的行为习惯；能积极参与简单的环境观察与保护活动(适应环境) 2. 能正确认识自己的性别、体形容貌，体验成长的喜悦；能用语言向别人描述自己；能初步认识自己的优缺点；具有初步的角色意识(角色适应) 3. 能初步学会自己穿衣、洗脸，具有初步的自理能力；有积极参加集体活动的意识和行为(生活适应) 4. 喜欢与同伴友好交往，具有主动交往的愿望，能初步学会合作、谦让，与人友好相处；能使用礼貌用语，感受和体验礼貌待人的愉悦；具有基本的礼貌行为和初步的交往方法(交往适应) 5. 能知道生活中有危险的事情，不做危险行为，具有初步的自我保护的意识；初步掌握解决伤痛的简单方法(自我保护能力) 6. 具有关心和帮助别人的意识和情感；初步掌握关心别人(安慰)的简单方法(具有同情心)

小学心理素质教育的目标

小学阶段是儿童心理素质形成和发展的关键时期。其良好心理素质的发展对于其适应社会生活，掌握学科知识、促进学业进步具有重要作用。研究发现，学业不良儿童在心理素质发展上，其水平相对较低，而学业优秀者之所以取得较高的学业成就，其心理素质的健康发展是关键因素。根据心理素质教育在认知发展、个性培育和适应性发展三个方面的分类目标要求，结合小学儿童生理和心理发展的需要，我们建构了小学段心理素质教育的目标系统（见表8）。

表8　小学心理素质教育目标系统

总目标	分类目标	小学段
培养健全的心理素质，促进心理健康	开发智力潜能，促进认知发展	1. 学会观察（掌握基本的观察方法），观察具有深刻性和精确性 2. 养成集中注意的习惯，提高注意力（稳定性和抗干扰能力） 3. 言语表达与思维能力和谐一致 4. 学会有效记忆的基本方法，懂得使用意义记忆 5. 想像力丰富，能运用多种方法进行联想和想像，具有目的性和一定的创造性 6. 形象思维能力较高，抽象概括能力得到发展 7. 具有初步的监控思维活动的能力，初步养成计划、反思的习惯
	培育优良个性品质，促进人格健全发展	1. 懂得合作，与同伴友好相处 2. 做事有信心 3. 热爱生活，乐观向上 4. 学会关心（父母、老师和同学） 5. 富有同情心 6. 好奇心强。具有学习兴趣，喜欢探讨事物间的联系，好发问 7. 从事日常学习活动，具有一定的坚持性 8. 能够初步认识自己的身体变化；能初步自我认识和自我评价，具有积极的自我体验

总目标	分类目标	小学段
培养健全的心理素质,促进心理健康	提高适应能力,促进良好适应	1. 具有日常生活的基本概念,初步掌握社会规范 2. 会做一些力所能及的家务,具有初步的社会生活技能 3. 能明辨是非,具有一定的善恶观念和亲社会行为 4. 具有良好学习习惯,掌握科学的学习方法(预习、听课、作业、复习、小结) 5. 乐于交往、主动交往;懂得和陌生人交往 6. 有集体归属感,言行符合群体规范 7. 活动前有相对明确的目的,具有初步的计划性 8. 能够独自或在别人的帮助下战胜挫折和困难

中学心理素质教育的目标

中学阶段是个体由幼稚走向成熟的过渡时期。这一时期由于个体学习活动的广度和深度不断增加,社会经验不断丰富,社会化程度不断增长,个体的身心发展处于加速成长期,各种心理素质逐渐发展成熟。同时,由于中学时期个体生理的迅速发展和心理的发展出现不平衡现象,使个体面临的心理冲突、心理困扰最多,因此,他们尤其需要教育提供良好而及时的帮助和引导,以开发心理潜能,提高心理素质,消除种种心理困扰和冲突,保持身心素质的平衡和谐发展。根据学校心理素质教育的总目标和中学生心理素质发展的需要,我们构建了中学生心理素质教育的目标系统(见表9)。

大学心理素质教育的目标

处于青年期的大学生,其心理发展正处于从青少年的迅速发展和急剧变化时期向成人心理的逐渐稳定和成熟过渡的关键时期。由于社会竞争加剧、价值多元变化,当代大学生心理素质的发展状况不容乐观,一些因心理问题引起的休学、退学的大学生不断增多,自杀、凶杀等一些反常或恶性事件不时见诸报端,人际关系适应不良、学习适应困难、社会就业压力增加……已严重威胁着大学生心理素质的健康发展。为此,加强大学生心理素质教育是新形势下全面实施素质教育的重要举措。大学心理素质教育的主要任务是依据大学生的心理特点,有针对性地讲授心理健康知识,开展辅导、咨询和训练活动,帮助大学生树立心理健康意识,优化心理品质,增强心理调适能力和社会生活适应能力,预防和缓解心理问

题;同时,帮助他们处理好环境适应、自我管理、学习成才、人际交往、交友恋爱、求职择业、人格发展和情绪调节等方面的困惑,提高心理健康水平,促进心理素质的全面和谐发展。为此,我们构建了大学生心理素质教育的目标系统(见表*10*)。

表*9* 中学生心理素质教育目标系统

总目标	分类目标	中学段
培养健全的心理素质,促进心理健康	开发智力潜能,促进认知发展	*1.* 良好的观察力。有浓厚的观察兴趣、积极的观察态度和良好的观察习惯;能掌握运用多种观察方法;观察有条理性、系统性和深刻性(观察力) *2.* 具有记忆的信心;能掌握多种记忆方法,提高记忆效果;记忆能力强(记忆力) *3.* 能灵活运用多种想像的方法和技巧;想像丰富、新颖(想像力) *4.* 具有动手操作和探索的习惯;能充分利用和创设实践操作的机会,增强动手操作能力(实践操作能力) *5.* 具有勇于提问、大胆置疑的思维习惯和灵活思维的品质(思维能力) *6.* 能监控思维活动,具有较好的认知监控能力(元认知能力) *7.* 有较强的创新意识和动机;能自觉运用基本的创造技法进行创造活动(创新能力)
	培育优良个性品质,促进人格健全发展	*1.* 能正确客观认识自我,具有积极的自我体验和初步的自立意识(自我意识) *2.* 喜欢探究新鲜事物,具有强烈的好奇心和求知欲(好奇心) *3.* 具有努力探索、不断进取,具有较强的成就动机(成就动机) *4.* 能自觉行动,克服困难,具有较强的坚持性(坚持性) *5.* 能有意识地调节和支配自己思想和行为(自制力) *6.* 具有较强的自信心
	提高适应能力,促进良好适应	*1.* 能适应学校生活,积极参加集体活动,有集体归属感;能自己管理自己,具有较强的生活自理能力和自我保护意识与能力 *2.* 能主动关心和帮助他人,具有同情心和初步的社会责任感;掌握基本的人际交往技能,正确处理人际冲突,与人和谐相处,具有正确的友谊观 *3.* 能尊重、孝敬父母,主动为父母分忧;具有良好的亲子关系;能尊敬、信任老师,主动接受老师教诲;具有良好的师生关系 *4.* 能够自我接纳和欣赏,具有积极乐观的生活态度和较强的挫折承受能力 *5.* 能正确对待成长和青春期烦恼,掌握合理宣泄心理困扰的方法和技巧 *6.* 能明辨是非善恶,具有正确的善恶观念和亲社会行为 *7.* 保持愉悦的学习心态,合理安排学习时间;具有正确的学习习惯和科学的学习方法;能有效调节考试焦虑

表10 大学生心理素质教育目标系统

总目标	分类目标	大学段
培养健全的心理素质，促进心理健康	开发认知潜能，促进认知发展	1. 能保持思维的流畅性和灵活性，并善于抽象思维，想像新颖、独特 2. 能掌握发现问题、解决问题的思维策略；注重灵感和直觉思维 3. 注重认知监控与反馈，具有较好的元认知能力 4. 具有警惕思维误区、克服思维定势的心理倾向和大胆置疑的思维习惯 5. 有较强的创新意识和积极的创造态度；能自觉运用一定的创造技法进行创造实践
	培育优良个性品质，促进人格健全发展	1. 能客观认识自我，具有完善的自我概念和积极的自我体验，自信心强 2. 善于自我控制，具有完善的自我调控能力和积极的自我价值感 3. 能勇于探索、不断进取，具有较强的成就动机和自我效能感 4. 善于调节和支配自己思想和行为，能自觉克服困难，具有较强的自制力和坚持性 5. 具有宽容、合作的精神和诚信的品质 6. 具有积极的社会归属感和人生理想
培养健全的心理素质，促进心理健康	提高适应能力，促进良好适应	1. 善于调整学习目标，不断扩展学习视野，树立终身学习的观念 2. 乐于交流，善于沟通，具有较高的人际交往和协调能力 3. 热心公益事务，生活态度积极乐观；能正确对待生活的压力，掌握调节心理困扰的方法和技巧 4. 具有积极的职业态度和健康的生活观念 5. 具有较高的社会责任感和正义感

第七章

学校心理素质教育过程与模式

学校心理素质教育过程,就其实质而言,是主动培养学生健全健康心理素质的育人活动过程。学校心理素质教育模式是学校心理素质教育过程中操作方式和程序的模型,是在学校心理素质教育原则指导下的操作序列的程序化。教育过程的研究是从促进教育和发展,揭示其变化规律;教育模式的研究是从教育规范和操作规定其运行范式。两者既有区别有又有联系。“从辩证法研究看,模式中有过程,过程中有模式。一种教育模式,总有相应的教育过程;反之亦然。教育过程的变化常常导致教育模式发生变换。”分析心理素质教育过程,探讨具有普遍意义的心理素质教育操作模式,对于揭示学校心理素质教育规律,指导心理素质教育实践,具有重要的价值。

学校心理素质教育过程

学校心理素质教育过程概述

1. 学校心理素质教育过程的实质

学校心理素质教育过程是根据学生心理素质形成规律和发展的特征，有目的、有意识地对学生施加直接或间接的影响，进而促进学生心理素质健全健康发展的教育活动。其实质是促进学生主动发展的过程，即促进学生心理素质主动发展的过程，有意识的培养学生健全心理素质的过程。具体分析，学校心理素质教育过程有如下主要特征：

(1)能动自觉。

学生心理素质的发展是一个渐进的过程，在这一过程中学生心理素质的发展既可以是自发也可能是自觉的。过去没有开展学校心理素质教育，学生心理素质也有发展，但一般都是处于自发状态下的自然发展。然而，自发状态下学生心理素质的发展很难以人的健全发展和素质教育目的为目标，因而具有很大的随意性和盲目性。学校心理素质教育是在有明确教育目标条件下，学生能动自觉发展心理素质的过程。因此，学校心理素质教育是以促进学生心理素质发展为目的的教育活动过程，其根本目的是促进学生心理素质整体结构及其构成要素的健全健康发展。

(2)多道整合。

学校心理素质教育特别强调以学生为主体的各方教育资源整合的重要性。学校心理素质教育活动过程，是由家庭、学校、社区等多方教育资源与学生自我教育力量共同构成。其中，学生是自己心理素质形成发展的主体，各种外部教育力量和影响源，都必须通过发挥学生主体自身的积极性、主动性和创造性，通过学生的自我加工内化才可能形成心理素质。学校心理素质教育在学生心理素质的形成发展中起主导作用，是心理素质教育的主阵地。家庭心理素质教育是学生良好心理素质形成的助推剂，是心理素质教育网络中一支重要力量。社区教育，尤其是社区文化环境、社区交往环境、社区人际关系等因素对学生心理素质的形成具有强化作用。学生心理素质的形成和发展不是自发和孤立的，它是家庭、学校、社区教育、一定的社会生活环境和学生个体生理基础、经验相互作用的产物，它是内外教育主体、教育力量之间观念互动、情感互动和行为互动的结果。随着学生心理的发展，这种相互作用的方式和社会内容也不断发生变化，因而学校心理素质教育一方面以教育、教学的内容、社区及学校文化、学生群体心理环境为主导和中介，为学生心理素质发展提供价值导向、社会内容和适合学生心理素质健全发展的良好环境。另一方面，学校心理素质教育又以培养学生健全健康的心理素质为根本目标，使学生能够学会学习、学会生活、学会交往、学会做人，促进其智能、个性、社会性和创造性的发展。价值导向是处理心理素质教育过程中家庭、学校等外部教育力量与学生自我教育力量关系的准则。所谓“价值导向”，即教育者在心理素质教育活动过程中，表现、展示自己所信奉的价值取向，澄清自己和学生的价值，进而向学生的价值挑战，使学生明白自己行为的代价与后果。教师、家长既不能通过灌输、操纵等方式把自己的价值取向强加给学生，做价值的裁判，代替学生作决定，动辄喜欢对学生的心理素质及其发展作出价值判断。同时也不应对学生的心理素质发展采取冷漠中立，甚至放任自流的态度，被动地接受学生的心理行为表现，信守所谓“价值中立”。

同时，学校心理素质教育过程中，学生的自我塑造、自我发展是核心，使每一个学生成为心理素质教育活动的主体，让他们在各自不同的、不断拓展和变化的现实社会生活环境中学会面对现实，客观地认识自我和环境的关系，在正确的价值导向下积极主动地调节自己的心态，成为主动参与心理素质教育活动，努力发展自身素质，提高自我社会价值的主体。

总之，学校心理素质教育的上述多方面的途径和内容，都不是一个一个单独起作用的，它是各种教育资源、教育途径整合的结果。

(3)自主建构。

根据反映论的观点，包括人的心理素质的形成在内的任何主观世界的发展，包括两个方面的内容：一是与客观世界关系的发展，即作为发展者的主体与客体关系的发展，二是主观世界内在关系的发展，它是主体通过自我意识将自己既作为主体又作为客体，并不断发展这种存在于自我之中的主客体相互关系，在内在相互作用的改造活动中，建构新的主观世界，这就是人的自主建构的过程。在此过程中，主体还不断地把已经形成的自我心理素质结构作为内在实践的客体，当这一客体不能满足主体自身发展的需要时，他又会以一种主动的态势，把自己的潜在能量激发整合起来，积极推进已有心理素质结构按需要的方向发生，实现预期目的的对象化、现实化，原有的心理素质结构也在这种新的互动关系中失去现实性

而得到重新改造和建构。二者之中,真正体现、实现、完成人的发展的是后一种关系,存在于自身的主客体关系的发展,即只有使主客体关系充分展开,使主体的我与客体的我按照预期的需要与目的发生相互作用,在这种实践活动中,使主体的心理素质不断得到完善、改组和提高,才能实现主体的发展。

具体说来,自主建构过程是指主体自定目标、自我评价、自我激励、自我调控,主动实现目标的过程。自主建构能力是在建构过程中形成、发展、表现的。自主建构既是过程,也是一种能力。自主建构是心理素质结构的动力系统和自我监控系统。培养自主建构能力主要包括:发展主动性(目的性、计划性、自觉性、进取心);发展自我意识(自我认识、自我评价、自我调控);增强自我教育能力;学会生活、学会学习、学会思考、学会关心、学会创造等。

有研究者(温斯坦,*1983*)从发展自我独特性的角度提出了一套“自我——科学的教育”计划。该计划中,个人的发展是最重要的教育目标,提出如果我们能训练学习者更清楚地了解自己、自己与别人、自己与世界之间的关系;能更正确地预测自己所体验到的现实世界,则可以增强他们独立自主的能力与愿望。温斯坦用一螺旋状的图表来描述个人自我探索的历程。图 *1* 说明个人的自我探索是如何发生和强化的。

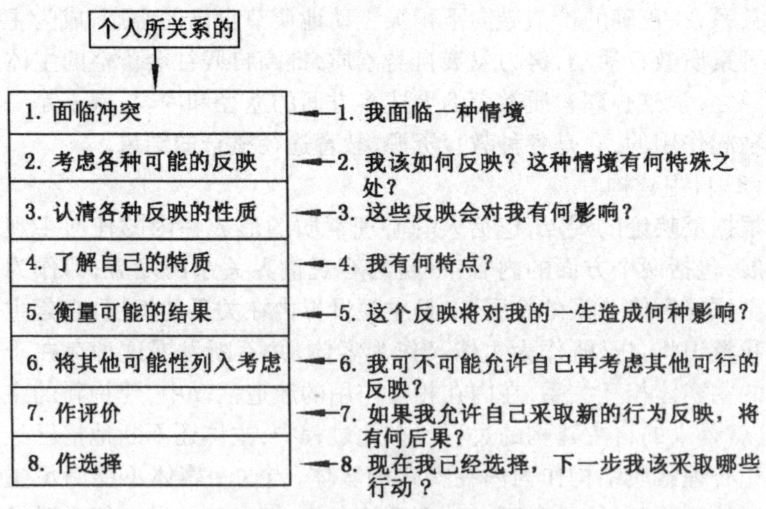

图 *1* 个人自我探索的历程

(4)情境参与。

社会建构主义认为,个体、主体与社会是相互联系、密不可分的,个体的成长历程一致是通过彼此之间的互动而形成的,主体是“对话中的人——即在有意义的语言和超语言的互动和对话中人”。人的心理素质的形成被看成是社会情境的一个部分,即在社会情境中的“意义社会建构”。与认知建构主义一样,社会建构主义也把学习或意义的获得看成个体自己建构的过程,但它更关注社会性的客观知识对个体主观知识建构过程的中介,更注重社会的微观和宏观背景与自我的内部建构、观念和认知之间的相互作用,并把这一相互作用的过程看作是不可分离的、循环发生的、彼此促进的、统一的社会过程。

社会建构主义将人的心理定位于个体与社会活动的产物,将学习看成是在实践共同体中基本的文化适应过程,看成是一种“合理的边缘性参与”。学习者必须是共同体中“合理的”参与者,而不是被动的观察者,同时他们的活动也应该在共同体工作的情境中进行。因此,文化与社会情境在儿童的发展中起着关键作用。文化给了儿童认知工具以满足他们发展的需要,这些工具的类型与性质决定了儿童发展的方式和速度。社会情境是人的发展的极为重要的资源。社会情境是“某个文化或次文化的成员所熟悉的社会互动类型”,因此,情境学习与情境认知的研究者都十分强调按照真实的社会情境、生活情境、科学研究活动实施学校教育,使学生有可能在真实的、逼真的活动中,通过观察、概念工具的应用以及问题的解决,形成科学家、数学家或历史学家等看待世界的方式和解决问题的能力,从而使学习真正有利于学生对某一特定共同体文化的适应。社会心理学家阿盖尔进一步分析了社会情境的九种主要特性:目标和目标结构、规则、角色、要素戏码、行为序列、概念、环境背景、语言与说话、困难与技能等,并且逐一通过实验研究揭示这九种特性是如何影响社会行为的。当然,“边缘性参与”是指这样一个事实,即由于学习者是新手,他们不可能完全地参与所有的共同体活动,而只是作为共同体某些活动的参与者。他们应该在参与部分共同体活动的同时,通过对专家工作的观察,与同伴及专家在讨论中学习。

学习与发展的过程是有意义的社会协商、社会对话的过程。只有当个人建构的、独有的主观意义和理论与社会和物理世界相适应时,才能得到发展,因为发展的主要媒介是通过交互作用导致的有意义的社会协商。在教育过程中,每个人都在以自己的经验为背景建构对事物的理解,往往只能理解到事物的不同侧面。教师与学生之间、学生与学生之间存在社会性相互作用，彼此的相互讨论、相互启发、相互模仿、相互暗示、相互示范、相互制约，可以丰富自己的理解，增强自己的体验，强化自己的行为。

2. 学校心理素质教育过程的构成

学校心理素质教育过程由教育者、学习者和心理素质教育内容三者共同构成。

(*1*)教师角色及其活动。

教师在学校心理素质教育中扮演角色的恰当与否，直接关系到整个教育实施的进程和效率。那么教师应扮演哪些角色呢？

①设计者：根据素质教育的基本要求和学生心理素质发展的规律，确立学校心理素质教育目标体系，选择学校心理素质教育的基本内容结构，设计学校心理素质教育的活动要求和具体教育活动情境。

②组织者：组织学校心理素质教育活动的实施，调节、控制学校心理素质教育活动过程。创设、利用活动情境，选择有效的教育活动策略，启发、引导学生参与心理素质教育活动，评价学校心理素质教育活动效能，调节活动的进程。

③活动支架：包括"搭建支架"和"撤除支架"两个方面的活动。前者是引导心理素质教育活动的进行，促使学生掌握、建构和内化形成心理素质所必需的方法和策略，从而使他们进行更高水平的认知操作和行为实践，更复杂的情感体验和个性发展。在搭建支架的过程中，教师作为社会文化的代表，将学生引入一定的问题情境、活动情境，创设融洽、和谐的心理情境，给予学生必要的启发引导、演示，或者提供解决问题的原型，也可以给学生反馈。在此过程中逐渐增加问题的探索性成分，逐渐撤除支架，让学生自己探索，自己分析问题，自己探索答案，自己寻找方法，自我评价和自我反馈强化。撤除支架是当进入发展的情境后，掌握了自我教育的方法，形成了自我教育的能力的时候，教师应由支架作用转化为帮衬作用。

④辅导者：教师既是学生学习活动的辅导者，也是学生生活的辅导者，还是学生人际交往的良师益友。在教育活动中，应善于洞察学生这些方面心理素质发展的现状、水平与特点，了解学生成长中的问题，及时提供教育性辅导。这种辅导包括信息支持、情感支持、方法支持和行动方式的示范。

⑤参与者：在情境活动中，教师应该作为活动的共同参与者置身于情

境之中，与学生共同在情境中展露自己真实的观点、体验和行为，共同探索和发现思考问题和行动的方法、步骤与策略。

⑥理解者：教师应该确立移情性学生观，善于从学生的角度观察世界，敏于理解学生的内心世界，设身处地为学生着想，从学生的不同年龄阶段，不同家庭环境、不同个性特征去体会学生的内心世界。教师对学生体验的最好强化就是尊重与维护学生的自身感受，达到真正的移情性理解与移情性共鸣，不把自己的主观参照标准和价值取向强加给学生，透过学生的眼光看世界。

⑦促进者：人本主义心理学家罗杰斯提出促进者在建立良好的"心理气氛"中必须具备三个要素：真诚、接受和理解。

(2)学生角色及其活动。

学生是学校心理活动中的主体，其角扮演如何，是教育成效的决定性因素。学生的角色扮演体现为：

①建构者：不论是认知品质、个性品质、适应能力还是创造性特质的培养与发展，都是建立在外在社会文化刺激的内化的基础上的，而内化并非简单由外向内的转化，其间学生的选择性的、主动建构的水平是内化的关键。

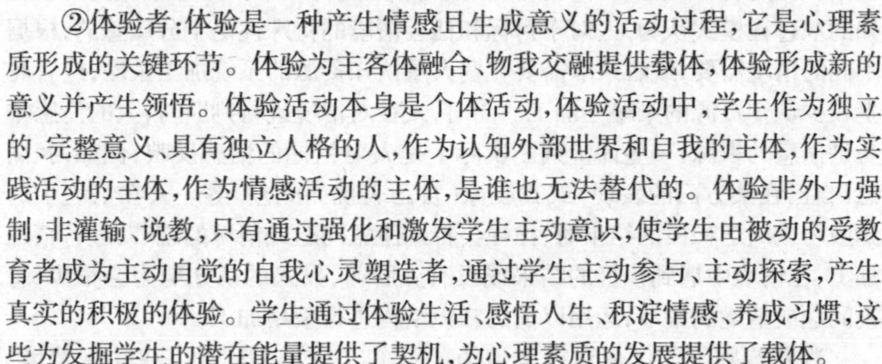

②体验者：体验是一种产生情感且生成意义的活动过程，它是心理素质形成的关键环节。体验为主客体融合、物我交融提供载体，体验形成新的意义并产生领悟。体验活动本身是个体活动，体验活动中，学生作为独立的、完整意义、具有独立人格的人，作为认知外部世界和自我的主体，作为实践活动的主体，作为情感活动的主体，是谁也无法替代的。体验非外力强制，非灌输、说教，只有通过强化和激发学生主动意识，使学生由被动的受教育者成为主动自觉的自我心灵塑造者，通过学生主动参与、主动探索，产生真实的积极的体验。学生通过体验生活、感悟人生、积淀情感、养成习惯，这些为发掘学生的潜在能量提供了契机，为心理素质的发展提供了载体。

③参与者：学生主动参与活动是心理素质发展与培养的前提。学生是活动的主体(社会建构主义心理学家把它称作"合法的边缘参与者")。在心理素质教育过程中，学生参与活动的动机强度，情感卷入程度，真实想法、情感和行为的表露状况，行为的主动性、能动性和创造性水平，是决定教育活动的质量和效益的内在因素。

④合作者：学生是心理素质教育活动情境中的重要构成要素，也是教育资源。没有他们的参与，也就无所谓教育情境。同时，他们已有的观念、习惯、知识经验、情感体验、人格特征，甚至在教育过程中建构的一切，

都是心理素质教育资源。

学校心理素质教育过程的基本环节(即运行程序)

从实施过程考察,学校心理素质教育是一项形式多样的教育活动。若从教育途径看,主要有心理素质专题训练、进行心理咨询与辅导、结合学科教学渗透心理素质教育等;若从教育要素看,可开展学校、家庭、社区三结合的心理素质教育等;若从教育活动的承担主体看,主要有指导性心理素质教育和非指导性心理素质教育等。如何将多种活动形式有机地整合于心理素质教育过程,是提高心理素质教育实效性的重要保障。为此,我们在指导中小学开展心理素质教育实验中,力图将学校心理素质教育的有效途径、方式、要素整合于心理素质教育过程的三个基本环节中:

1. 判断鉴别

判断鉴别既是一个对活动情境的社会认知过程,也是一个在活动情境中的自我认知过程。通过自然情境、人文情境、心理情境的创设、利用、呈现,学生认知情境的目标、意义、内容、规则、角色、时空、阻碍因素等,在此过程中,个体会根据情境的需要,在不同的情境采取不同的认知策略,社会认知的双过程模式认为,人对于目标和社会情境的特殊性是十分敏感的,根据不同的情境需要,或者采取需要花费大量认知资源的系统加工策略,或者花费较少认知资源的策略性加工。同时,人在对情境进行判断时,人的情感本身是信息的来源,一些评价判断实际上是人对目标的情感反映,例如,我满意(自已在某方面的表现)或我震惊(自己表现如此差)等。人在情境中遇到威胁或缺乏积极的结果时,往往会特别注意问题或情境的细节,进行精细加工;在情境中遇到积极的结果或没有威胁时,投入的认知努力会很少,忽视问题或情境的细节,运用以前的知识结构进行策略加工。

判断鉴别不仅仅是对社会情境的认知,其核心是"我"在问题情境、活动情境或实物情境中的反映结果的认知。关键是对自己的心理品质的自我认知,并通过自我认知建构自我心理形象。根据社会认知的相关网络模型理论,自我知识是以一系列的命题表征在头脑中,这些命题以自我节点为中心,联系着特定的与自我相关的情节或品质。图 2 是简单的自我知识的相关网络模型。以自我学习适应能力为例,自我节点有机地联系着适应性品质概念(如学习是灵活的、主动的、能控制的)、适应性行为概念(如在喧闹环境中专心复习、不怕换老师)以及由他自己定义的信息(如喜欢不同的学习环境)。这些自我知识可以按照某一角色或概念来进行组织,如课堂学习中的自我与课外学习中的自我。同时,网络表征也允许在不同的自我知识之间发生联系,例如品质与行为联系:“学习灵活性”与“用多种策略解决学习问题”;心理品质又与某一领域或角色发生联系,如“学习主动”与“家庭学习中的自我”的联系;以及心理品质与其他品质的联系,行为与其他行为的联系。

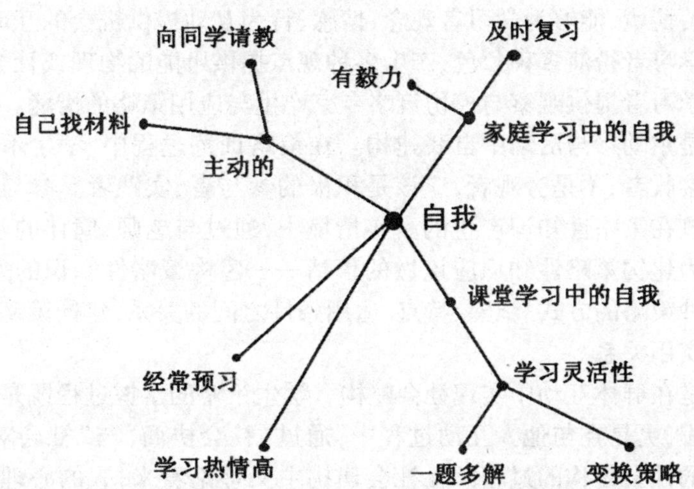

图 2　学习适应性的网络结构模型示意图

判断鉴别环节旨在通过检测,让学生了解自己某方面心理素质发展的现状,自己是否具备健康的心理素质,以此引起学生的认同感或缺失感,唤起情感共鸣或震撼,激活心理活动,激发思考和提出问题;让学生明白道理,了解某种心理现象产生的原因及这种心理素质对他们的学习、生活、交往及成长的意义。判断鉴别的主要内容包括测验及对自己现状的判断,判断的标准,心理表现案例等。活动形式包括:呈现自测题,或将测验题物化、情境化或动态化。呈现情境:结合情境内容力求让学生置身于生活化情境中做出判断。呈现案例:让学生归纳、总结。小实验:创设相应活动情境,让学生参与活动。

2. 策略训练

策略训练是一个在训练情境中进行策略学习的过程,是学生在训练中进行思维和行动策略的自我建构与社会建构的过程。策略的基本构成要素是:策略是什么,即知道“应该”做什么;如何操作策略,即思维和行动的“程序”、“步骤”;知道“何时”、“为何”使用某种策略。这些策略性知识内化成学生自己的观念、能力、品质的过程,至少需要具备如下条件:

一是在有意义的情境中学习。情境学习理论认为，有用知识的获得必须镶嵌在相关或“真实”的情境中，在特定情境中获得的知识比所谓的一般知识更有力和更有用，策略性知识的学习必须在策略产生的物理或社会情境中进行，情境是策略形成发展的重要资源。当然，有意义的训练情境有其特殊含义：能够展现策略性知识在真实生活中应用过程与方式的真实或相关情境，能够为学习者观念、情感、行为互动提供机会的互动情境，能够为学习者扮演多种角色、产生多种观点提供可能的物理或社会情境，能够为学习者提供观察与模仿策略专家产生与应用策略的情境。

二是主动参与活动中自我建构。在策略训练过程中，学生不是简单的策略接收者，不是旁观者，应该是积极的参与者、实践者。参与意味着学生应该在策略性知识产生的真实情境中，通过与老师、同伴的互动，学习他们为建构策略性知识应该做的事情——建构策略性知识的意义，即建构各种策略的方式、步骤、特点、适用条件之间的关系，建构策略的语义关系与实用关系。

三是在群体互动中实现社会建构。学生策略的掌握过程既是个人建构的过程，更是在与他人互动过程中，通过“社会协商”与“社会对话”形式进行的社会建构的过程。在社会建构主义理论看来，人的心理的形成是社会情境的一个部分：即在社会情境中的“意义社会建构”。

策略训练是面向全体学生进行心理素质训练的核心环节，目的在于：引思，引导学生思考所涉及的心理问题，提高认识，转变思维方式、角度，确立新观念；导行，设置思维步骤和行动步骤；激情，在思考、行动中唤醒其情感体验；练习，按照思考的、操作的方式、方法练习，掌握基本的思维过程、思维方法及行为方法。该环节的训练目标是让学生掌握相应的行为策略，可以采用如下活动形式：学生自己讲解，角色扮演、角色换位，讨论，辩论，生生之间、师生之间、亲子之间互动交流，动手操作，参观访问，教师适度引导或咨询。

3. 反思体验

反思体验过程既可能伴随整个训练过程中，也可以作为一个独立的心理素质教育环节，在策略训练之后进行。反思过程首先是一个对策略建构过程和建构的意义评价的过程，正如威特罗克所说，“是对认识过程的意识和控制，”意味着“当我们教学生去意识他们的思维过程，并且计划用它们去管理、理解信息。”这个过程促进策略的理解、概括和迁移，有利于经验的积累和情感的积淀。同时，反思过程也是一个策略的再建构的过程,在心理素质教育训练情境中,当学生必须处理不同情境的问题时,他必须通过反总建构计划解决问题的新方法,以便使情境行动得以继续进行。最关键的是,反思与体验结合,在反思中体验,或者在体验中反思,这给建构的主客体融合提供了载体,同时也为建构过程和结果赋予了强烈的情感色彩,并强化了建构过程和结果,促进了内化过程。

学生对训练中的心理感受、情感体验、行为变化、活动过程及效果等进行反思,目的在于对训练过程、方式进行反思;将训练中掌握的方法、步骤延伸到类似的其它情境;对训练结果进行总结。反思体验内容以训练目标、内容为依据,考察训练目标的达成度。该环节可采用如下活动形式:呈现问题,训练前后对比;设计情境,实际操作;对案例进行归纳总结;自我暗示或提醒;明确后续的思考、体验和行动方向等。

学校心理素质教育过程基本环节提出的依据

学校心理素质教育过程的上述三个环节的提出和实践体现了如下思想:

1. 学生主动参与是心理素质教育成功实施的前提

学生认知品质的发展,健全个性人格的培养,适应能力的提高,不能像学科知识的掌握一样主要依靠知识传授的手段和方法,心理素质教育过程应当是学生的主动参与的过程,让学生在主动参与的活动中发现问题,分析自我,探究原因,寻求方法,反思体验,形成思想、观念、能力等。学生参与内容丰富、形式多样的活动,是心理素质培养发展的前提。首先,参与活动为心理素质发展提供动力源泉,能满足中小学生参与活动的需要。学生独立意识和独立能力要发展,一个基本条件就是他自己要有独立的愿望,有独立思考、独立判断、独立选择、独立决定、独立活动的需要,而这种愿望和需要是在活动中产生并得到满足。学生的同情心的培养,首先也是基于他有同情别人的需要,这种需要是在活动中得到激发的。其次,活动为学生心理素质的表现和发展提供阵地和契机。再次,活动为中小学生心理素质的发展提供内容基础。在活动中,他们了解、选择、判断和整合客观的社会刺激和自我信息,把内外刺激源选择性地内化为自身素质。因此,必须强调在活动中培养学生健全的心理素质,根据不同的内容要求和学生实际,开展内容丰富、形式多样、趣味性强、学生参与操作程度高的活动。

2. 学生心理素质的形成过程是学校心理素质教育过程的基本依据

我们根据对学生的调查发现,学生的心理素质形成一般要经历如下过程:自我认识—动情晓理—策略导行—反思内化—形成品质。因此,心理素质教育过程也应以此为基础,围绕这个历程展开。为了简明勾画出心理素质的形成过程(内部的)与心理素质教育过程(外部的)的整合关系,我们拟以"流程图"示意并略作解释(见图3)。判断鉴别以物化、动化、情境化手段呈现客观刺激(测量),提供判断标准、分析原因、探讨意义,让学生在对照、选择中认识自己,在讨论、归纳、表演和实际操作中明白道理。策略训练中通过学生讲解、讨论、操作、辩论等活动,掌握思维和行动的方法和步骤,反思体验自己的感受、行为变化及活动过程及结果,在活动中形成观念、内化体验、形成素质。

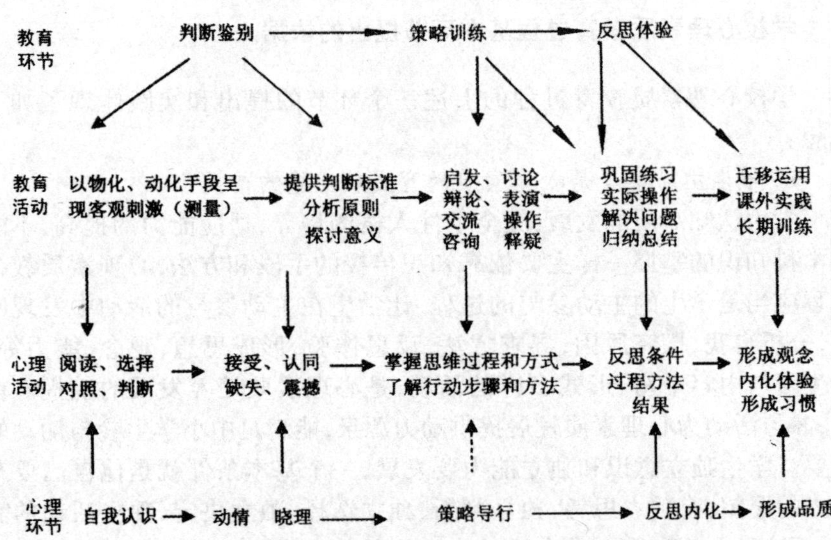

图3 心理素质教育过程与心理素质形成过程的流程图

3. 互动式情境的创设是心理素质教育的基本特色

学校心理素质的教育过程,也是创设互动式情境,尤其是激活或唤醒学生心理活动的过程。它通常能引发学生的认同感、缺失感,激发情感共鸣或者震撼,诱发行动愿望,学生的心理素质是在学生与教师之间、学生与学生之间、学生与家长之间相互作用而构成的心理环境中得到培养和锻炼的。因此,和谐的互动式心理环境的创设就成为心理素质教育的重要特色。心理环境的创设既可以采用物理手段,如背景音乐、动画的呈现、空间位置的设置、语言暗示或激励等等；更应该重视心理手段，如尊重、理解、信任学生，真正做到师生、亲子之间人格平等，以宽容、开放的心态对待学生，以发展的眼光看待学生，用心体验学生的内心感受和情绪反应。总之，心理素质教育是师生之间、生生之间、亲子之间心与心的交流、沟通，营造民主、宽松、开放的互动气氛，是提高心理素质教育有效性的心理基础。

学校心理素质教育模式

国内外采用的心理健康教育、心理素质教育模式大致可以分为四类：以消除心理疾患为目标、采用心理治疗方法的医学模式；以改善心理障碍和行为障碍患者的社会适应性为目标、采用活动法或脱敏法等行为矫正技术的社会学模式；以学生的自我发展为目标、采用心理辅导法的教育学模式；以解决或消除某一方面、某个层面的心理问题为目标，采用专门的心理咨询或辅导的心理学模式。心理学模式又分为行为模式、认知模式和人本模式。

心理素质教育模式概述

1. 发展性心理辅导模式

发展性心理辅导是一种以全体学生为对象，采取多元化的辅导措施，为学生成长提供一些必要的经验，以达到发挥学生的自我潜能，完善个人人格为主要目标的辅导活动。辅导内容包括学习辅导、人格辅导（含自我意识、情感发展、人际交往、价值澄清、作决定与解决问题等五个维度）。辅导方式以课程方式进行。同时，辅导活动的设计与实施是以任务目标形式提出，而不是以矫正问题的形式提出的，在辅导实施时以前摄性干预为主，反应性干预为辅。

2. 心理辅导模式

吴增强提出现代学校心理辅导模式可以用一个基本精神、两条基本途径、多种形式、多方面支持来概括：即以提高全体学生心理的素质，促进其健全发展的自我教育为基本精神；心理教育与心理咨询两条基本途径相结合；心理辅导课程、教育教学中渗透心理辅导、个别咨询、团体辅导等多种形式相结合；学校、家庭、社会多方面支持为保障。心理辅导的自我教育活动有如下特点：以促进人的发展为目标，以学生的成长发展为中心，以他助、互助、自助为机制。

3. 心理素质培养模式

该类模式有以下几种亚类：

(1)优化学生心理素质结构的CIP模型。张履祥等人提出的从完善认知结构、强化智能训练和加强人格品质培养相结合的中小学生学习心理教育模式。课题组研究表明，学生心理素质系统是一个由心理能力素质(智力素质)、心理动力素质(人格因素)和身心潜能素质三个子系统交互作用、动态同构的自组织系统。完善认知结构，是指树立广义的知识观，帮助学生实现认知结构的完备化、概括化、结构化、条件化、自动化和策略化。强化智能训练，就是加强对学生智能和创造力的培养。加强人格品质培养，是指培养健全人格和优良的人格品质。该模式把心理素质教育课的基本目标分解为三类目标：优化品德心理素质目标、优化学科智能结构和优化创造心理素质结构，同时制定小学各年段目标。通过开设以培养学生学习策略和学习品质为主线的心理素质教育课，以心理素质教育课作为各类课程的结合点，是学科课程、活动课程和环境课程贯通起来，形成一个以学生素质整体发展为主线的三维课程体系，对学生进行学习策略、学科智能、学习品质和创造心理品质的综合训练，发挥各子课程在训练目标、内容和方法等方面的协同效应，是优化学生心理素质结构、促进学生整体素质发展的有效途径。

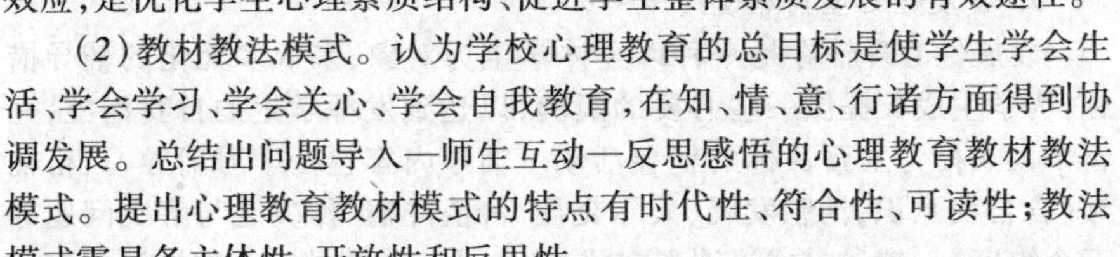

(2)教材教法模式。认为学校心理教育的总目标是使学生学会生活、学会学习、学会关心、学会自我教育，在知、情、意、行诸方面得到协调发展。总结出问题导入—师生互动—反思感悟的心理教育教材教法模式。提出心理教育教材模式的特点有时代性、符合性、可读性；教法模式需具备主体性、开放性和反思性。

(3)学科心育模式。该模式以学会生活、学会学习、学会思考、学会创造、学会关心、学会自我教育为心育总目标，认为学科心育就是依据心育目标在学科教学中有目的有计划地培养学生良好的心理素质，开发学生的创造潜能，增进学生的心理健康的教育活动。提出学科教学是学科心育的主阵地，学科心育是心理素质教育的主要途径，而构建三维教学目标体系是实施学科心育的前提，三维教学目标体系是构建内容、构建结果和构建过程。构建内容是外在目标，包括德育、智育、体育、美育、心育、劳动教育和体育“六育”协同发展；构建结果是知、情、意、行、个性协同发展；构建过程是自主构建过程或者内化过程，自主构建过程是指主体自定目标、自我评价、自我激励、自我调控，主动实现目标的过程。

(4)“四结合”模式。该模式的总目标是提高学生的心理素质:学会主动学习,学会交往,发挥心智潜能;掌握心理调整的知识、方法,提高心理承受力,克服发展中的问题,促进心理健康地发展。实验中形成“学校全员投入与实验教师专门教育相结合,专门心理教育与学校现有课程、环境潜在教育结合,集体心理教育、分组心理辅导与个别心理教育相结合,学校教育、家庭教育与社会教育相结合”的心理素质教育“四结合”模式。

(5)创造心理素质教育模式。创造心理素质教育模式强调创造能力素质发展和创造个性特征优化两方面培养目标。采用增设《科技创造训练》、《创造学习策略训练》、《创造学习品质训练》等心理素质训练课程,形成了专门训练与日常渗透相结合,学科课程、活动课程、环境课程三位一体,思索、模仿、操作、创造四种形式交替进行的创造心理素质训练模式。

学校心理素质教育模式建构的依据

心理素质教育模式实质上就是心理素质的培养模式。模式一词,愿意为“模型”、“范型”、“典型”、“范例”等,有的学者将模式定义为再现现实的一种理论的、简化的形式。它有三个特点:第一,模式是现实的再现,是对现实的抽象和概括,来源于现实,不是凭空捏造出来的;第二,模式是理论化的形式,它是一种理论的表述,代表着一种理论内容,不是简单的某种方法,如果把模式等同于方法,则降低了它的理论层次和价值;第三,模式是简化的形式,是对理论的精心简化,是对理论最经济明了的表达形式。心理素质教育模式是指实现心理素质教育理念的简化形式或者程序,其内容包括对心理素质教育的对象、目标、内容、原则、途径和方法的指导性规范。

有研究者提出了学校心理健康教育模式的三条原则:坚持教育模式为主、医学模式为辅的服务原则,坚持素质模式为主、专业模式为辅的培训原则,坚持建构性的文本模式(活动模式)为主、教学模式为辅的教学原则。我们认为构建或选择学校心理素质教育的模式应遵循以下观点:

1. 正确的人性观

根据辩证唯物论,人是具有自然属性、社会属性和心理属性的有机体。人的心理素质是以生理素质为基础,生理结构及其机能的发展,是心理素质形成与发展的物质基础,同时心理素质对生理活动及其机能具有调节和整合作用。身心的交互作用的客观事实,要求我们在构建心理素质教育模式时,应该遵循人的生理活动规律,了解身心的交互作用关系。同时,心理素质是在人与社会环境的交互作用中形成的,教育既可以促进人的心理素质,又受制于心理素质的发展,因此,心理素质教育的实施,必须遵循人的心理活动及形成发展规律。

2. 科学的教育观

心理素质教育的根本目的在于促进学生心理素质的健全健康发展。学生的心理素质是对外在获得的东西内化的结果。这个内化的过程,实质上是一个双重建构的过程,学生的自我建构和在与他人互动过程中的社会建构。科学的心理素质教育模式,必须建立在这个双重建构过程的分析和探讨基础上。

3. 动态发展观

学生的心理素质是在个人、环境和行为的交互作用过程中不断内化的自组织系统。它的发展是一个动态的过程,既有连续性又有阶段性。不同年龄阶段学生心理素质形成与培养既有共同的特征,又有特殊的心理需要和规律。因此,单一模式无法适应学生心理的发展,必须分层建构符合大学、中学、小学学生和幼儿发展规律和特点的多级培养模式。

4. 系统功能观

学生的心理素质是在家庭、学校、社会的相互影响下形成的。在心理素质教育过程中,从不同的角度看,学生是主体,教师是主体,家长是主体,社区教育力量也是主体。但这些主体在不同时空、不同情境的主体作用是各异的,即不同的主体教育力量、作用范围和程度、作用方式和特点各有侧重,因此,必须分类建构家庭、学校、社区心理素质教育与训练模式,形成教育模式系统,将系统模式的教育功能整合起来,体现系统的整体功能。

心理素质教育整合模式

整合是系统内各要素的整体协调、相互结合,任何一个系统只有通过整合,形成整体结构,才能发挥整体功能。心理素质教育系统也是一样,因此我们在学校心理素质教育研究中提出并实施了生理—心理—

社会—教育协调作用的整合模式。这是一个整合多学科、多系统的模式。即从生理学、心理学、社会学、教育学等多学科的研究视角出发,立足于人的生理、心理、社会、教育等多系统的综合活动,以塑造符合人的成长规律和社会需要的心理素质结构。首先,人的心理素质以先天生理素质为基础,它的形成与发展都存在自身的生物学基础,该模式以促进学生积极适应和主动发展为目标;根据教育对象已有心理素质水平和发展需要,以指导学生学会学习、生活、交往、做人,促进智能、个性、社会性和创造性发展为基本教育内容,运用专题训练、学科渗透、咨询辅导等基本方式,从自我认识—动情晓理—策略导行—反思内化—形成品质等主体心理素质形成过程的五个基本环节,创设适宜的教育干预情境,设计有效的教育策略,最终达到培养健全心理素质,保持心理健康发展的根本目的。该模式的关键是“整合”。整合既是一种理念又是一种策略。整合作为理念它是模式的灵魂,作为策略必须体现学校心理素质教育的实践活动中,表现为多方面多整合。

1. 学校心理素质教育目标的整合

学校心理素质教育的基本目的在于培养学生健全的心理素质。健全心理素质的培养包括两个相互衔接的基本目标:一是促进学生积极适应,维护心理健康。积极适应,即学生能够合理应对学习、生活、交往和身体发育中各种变化,能够表现出与学习、生活、交往活动的变化与身体发育相一致的心理和行为。面对学习情境、任务要求、目标内容的变化,生活历程、内容、环境、要求的变化,交往环境、交往对象、交往规范的变化,身体生长发育的变化,学生能否表现出与这些变化相适应的心理和行为,既是衡量其心理是否健康的重要标志,也是其心理素质发展的重要基础。因此,心理素质教育活动的基本出发点之一就是让学生能够积极适应学习、适应生活、适应人际交往、适应身体变化(身心协调),达到会学习、会交往、会生活、会做人,成为适应良好,心理健康的人,这是心理素质教育的初级目标。二是促进学生心理素质的主动发展,形成健全的心理素质,这是心理素质教育的高级目标。达成这一目标的基本要求是,促进学生心理素质各成分及其整体结构的健全、健康发展。因此,学校的各种心理素质教育措施,既应符合社会发展和教育对人才的要求,又应有利于学生的成长发展,符合学生的年龄特征。有意识、有目的、有计划地培养和发展全体学生健全的心理素质,这既是心理素质教育的出发点,也是心理素质教育的终极目的。

积极适应和主动发展是体现现代心理素质教育根本目的的两级基本目标,这两级目标的提出与整合主要基于如下考虑:

(1)教育要适应现代社会发展的要求。在知识经济时代,社会飞速发展和变革,社会生产方式、生活方式巨变,社会规范重构,社会利益格局重新调整,社会竞争加剧,生存压力加大,思想价值观念颤变,家庭结构和功能显著变化,知识信息的更新速率加快,文化的开放度提高……快节奏、高竞争、高压力、多变换的社会对每一个社会成员的社会适应力、个性、认知等心理素质的发展提出了更高的要求,赋予了人的素质发展新的内涵。因此,学校必须适应现代社会发展要求,才能完成培养高素质人才的使命。

(2)从中小学生的心理健康现状看,客观上需要促进学生积极适应、主动发展。成长中的儿童青少年,生理、心理迅猛发展但尚未成熟,心理矛盾交织,知识经验、生活阅历相当有限,适应能力差,心理发展中易于出现障碍。据国内大量的调查研究表明,大约有10%～20%的中小学生中存在程度不同、类型各异的心理障碍,常见的有:厌学、逃学、角色紧张和冲突、以自我为中心、挫折耐受力差、过度依赖、过度焦虑、情绪脆弱、攻击性行为、人际交往障碍、孤独与冷漠等等,上述障碍表现形式多样、成因复杂,要求教育者根据不同的障碍类型和原因,分别采取不同的咨询、辅导和教育对策。我们的研究表明,通过适应性教育,学生能够表现出与学习、生活、交往和生理发育的变化相一致的心理和行为。同时,我们应该从学生的认知、个性和适应性等多维度去培养其健全的心理素质,增强他们对学习、生活、交往和环境的适应能力,缓解他们成长中的心理矛盾和心理压力,促进他们健康成长。

(3)从心理素质教育的现状看,有必要强调积极适应与主动发展的协同进行。目前我国心理素质教育虽方兴未艾,但实践中存在若干误区:心理素质教育医学化,把心理健康教育的对象局限于存在心理障碍的少数学生,途径和方法局限在医学模式中的心理治疗,甚至把心理障碍等同于心理疾病,甚至对存在心理障碍的学生采取歧视、漠视或忽视的态度;心理素质教育简单化,把因为心理素质发展不成熟、心理适应力差而引起的心理障碍等同于道德品质问题,单纯采用简单说教或严格管束的方式;心理健康教育学科化,把心理素质教育等同于学科教学,局限于心理学知识的传授,认为只要给学生讲解一些心理学知识,就可以解决心理问题。所有这些都忽视了心理素质教育的终极目的是培养学生健全的心理素质,忽视了学生心理素质在其心理健康中的基础作用,曲解了心理素质教育的任务要求。我们认为,通过心理素质教育活动,主动地、有意识地、有目的地促进学生心理素质的健全和健康发展,开发学生的心理潜能,使其形成正常的智能,养成健全人格,培养学生对社会环境、人际环境、生活环境和学习环境的适应能力,预防和矫正各种异常的心理和行为,消除心理和行为障碍,是心理素质教育目标整合作用发挥的重要标志。

2. 学校心理素质教育内容的整合

在构建和选择学校心理素质教育的内容时,应围绕适应与发展两个基本目标为主线进行综合安排。所谓"综合安排",主要考虑两个方面:一是根据个体心理素质发展的阶段性和连续性,从总体和局部综合建构心理素质教育的内容体系;二是以各年级学生的生理、心理、社会性发展的水平、特点及具体的教育培养目标要求为出发点,针对学生学习、生活、交往和成长中普遍存在或可能出现的心理问题,进行各有侧重的培养和训练,安排各年级的教育要求和内容。基于上述考虑,我们在调研的基础上,概括提出心理素质教育的内容由八个基本部分有机构成:(1)适应学习,如学习环境的熟悉、学习任务要求的了解、学习时间的合理安排、学习方法的掌握、学习习惯的养成、学习兴趣的发展、学习动机的激发、应考技能的掌握、应考心态的调整、学习疲劳和两极分化的预防等;(2)适应生活,如生活环境的熟悉、生活内容的调整、生活方式的改变、生活技能的掌握、生活习惯的养成以及合理应对生理发育而诱发的心理压力、矛盾和烦恼等;(3)适应人际交往,学会处理与各种交往对象的关系,如师生关系、亲子关系、同学关系、同伴关系、异性同学关系,掌握与不同对象交往的规范,掌握交往媒体,发展交往技能,消除人际交往的矛盾和障碍,缓解交往压力等;(4)学会做人,如处理个人与集体规范、他人要求、社会公德的关系,处理自己的各种社会角色之间的关系等;(5)发展智能,以思维能力的培养为核心,掌握基本的思维方法、思维策略,同时着力培养观察能力、记忆能力、想像能力、注意能力、动手操作能力等;(6)发展个性,培养学生的自我认识和评价能力、自信心、自尊心、自控力、独立性、成就动机,能够接纳自我、发展自我、超越自我等;(7)发展社会性,发展学生的责任感、义务感、荣誉感、友谊感、奉献感、竞争和合作意识等;(8)发展创造性,培养学生创造的动机、创造的兴趣、创造的愿望,认识自己创造的潜能,掌握创造的思维方

法与策略，发展创造性想像，进而培养创造意识和创造能力。上述八个方面的内容既体现总目的的要求，又分别反映两个目标的要求，同时力求目标内（如适应）彼此衔接，目标间（适应和发展）上下连续，形成一个有机的内容体系，促成内容之间的协调整合。

3. 学校心理素质教育过程的整合

学校心理素质教育过程的整合首先是学生心理素质的形成过程与心理素质教育过程的整合，心理素质教育过程的设计、实施与管理评价，都应该围绕学生心理素质形成的基本环节的展开。教育活动、教育环节以心理活动、心理环节为依据，教育过程服从于心理素质的形成过程。其次，心理素质教育过程内部三个基本环节——判断鉴别、策略训练、反思体验的整合。张大均教授领导的心理健康教育、心理素质教育研究课题组在课题研究和指导中小学心理素质教育实践中，以学生心理素质形成过程为依据，总结出心理素质教育过程的三个基本环节。其中，判断鉴别是教育过程的发端；策略训练环节让学生掌握各种心理、行为策略，是心理素质教育过程的基础；反思体验旨在促进外在的东西的内化，这是心理素质形成的关键环节，也是心理素质教育的核心环节。三者缺一不可。第三，他人教育过程与自我教育过程、他人训练与自我塑造过程的整合。学生心理素质是家庭、学校、社区、大众传媒等他人教育力量与学生自我教育力量共同作用的结果，随着学生年级的升高，或者心理素质教育活动过程的逐渐深入，他人力量的作用逐渐减弱，自我教育过程的作用逐渐凸显。第四，群体情境中的社会建构与学生个人的自我建构过程的整合。

4. 学校心理素质教育策略的整合

学校心理素质教育策略是多种多样的。从形式上看，主要有心理咨询（团体和个别咨询）策略、心理辅导和教育策略、心理治疗策略、心理训练活动策略、心理健康维护支持策略。从内容上看，主要有学习心理辅导与训练策略、生活辅导与训练策略、个性辅导与训练策略、交往心理辅导与训练策略等。从方法上看，主要有认知类策略，如启发思考、专题讨论、小组讨论、认知矫正、辩论、评价法等；情感类策略，如反思体验、移情体验、换位体验、情境感受等；行为类策略，如行为训练、行为改变、角色扮演、行为示范、行为强化等。各种策略在心理健康教育中也许都有一定教育效果。但如何将各种心理素质教育策略整合，充分发挥各种策略整合后的综合效益，是增强心理健康教育针对性和实效性的必要条件。我们认为,心理素质教育策略的整合,主要包括三个层面的整合:一是从纵向关系上协调整合,即宏观的、一般的心理素质教育策略与微观的、具体的心理素质教育策略的整合,如心理咨询与辅导策略、心理素质训练活动策略、学科渗透心理素质教育策略与讨论策略、角色扮演策略、辩论策略等之间的整合,心理咨询策略与晤谈策略、电话咨询策略、书信咨询策略的整合。二是从横向结构上整合策略与策略,如专题训练活动策略与学科渗透策略的整合,启发思考策略、交流讨论策略、群体互动策略与自我剖析、自我反思、自我锻炼策略的整合。三是外部行为塑造策略与内部认知、情感等心理活动影响策略的整合,如认知矫正训练策略、移情体验策略、角色行为强化训练策略之间的整合。整合心理素质教育策略,在理论上首先应该以学生心理素质的健全发展这一最终目的为基本依据,围绕学生健全心理素质的培养、训练和养成,针对积极适应和主动发展这两级基本目标,体现学生健康观念的形成、积极体验的积淀、能力的发展、良好习惯的养成。其次,策略的整合必须从学生生理、心理和社会性发展的年龄特征出发,以学生现有心理素质发展水平为起点,以学生学习、生活、交往和成长中普遍存在或可能出现的心理问题为切入点。再次,整合心理素质教育策略应该体现主体性原则,充分尊重学生的主体地位,尊重学生的人格,发掘、发挥和开发学生的主体潜能,重视学生主体作用,调动学生主动参与的积极性、能动性和创造性。

在心理素质教育实践中,教育策略的整合主要应该把握三个方面:一是不同年龄段学生心理健康教育策略的区别与衔接。小学段的心理素质教育策略力求简单明了,生动有趣,重在习惯养成;初中段教育策略力求简明扼要,生动活泼,重在方法掌握;高中段教育策略力求言简意赅,富有启发,重在内化体验和品质形成。但贯穿各年段的主线都应该体现积极适应与主动发展的要求,既要体现阶段特点,又要考虑与整体目标一致。二是不同内容和不同类型的心理健康教育策略的交叉与融合。指导学生学会学习、生活、交往、做人,培养学生的智能、个性、社会性和创造性,既需要一般策略,也需要与具体内容相适应的特殊策略;学科渗透策略与专题训练策略中的具体策略可以交叉;认知类策略、情感类策略、行为类策略中的具体策略也可交叉使用。并且,具体策略的操作方法也应该整合,如采用情境创设策略,分别可以创设有思考价值或能引起学生思考的问题情境、与目标内容相适应的物理情境、能诱导学生行动的表演情境、能使学生获得心理自由、心理安全并触发心理共鸣的心理情境等。三是不同年龄段目标、不同内容、不同类型的心理素质教育策略的序列化。完整的心理素质教育策略应该同时包括如下序列:与培养目标相一致的策略序列(目标序)、与年龄特征相一致的策略序列(年龄序)、与教育内容相一致的策略序列(内容序)、与心理素质形成过程或环节相一致的策略序列(过程序)。

总之,心理素质教育需要整合各种教育策略,发挥各种策略的优势,充分运用各种策略的综合教育效应为培养学生的健全心理素质服务。

第八章

心理素质教育的原则、途径与方法

心理素质教育的原则是心理素质教育工作的基本指导思想,是处理心理素质教育过程的基本矛盾和各种教育要素的基本准则。它从心理素质教育的根本目的出发,反映心理素质教育的基本要求,指导心理素质教育研究和实践工作,保证教育目标的实现。心理素质教育作为学校素质教育的独特形式,有自身应遵循的原则、特殊的途径和方法。

学校心理素质教育的原则

学校心理素质教育工作除了应遵循素质教育的一般原则外，也有自身的特殊原则。适应性原则、发展性原则、活动性原则、体验性原则是学校心理素质教育应该遵循的教育原则。

适应性原则

学校心理素质教育的基本出发点在于促进学生积极适应，维护学生心理健康，使他们适应学习、适应生活、适应人际交往、适应生长发育，达到会学习、会交往、会生活、会做人，成为适应良好、心理健康的人。因此，适应性原则是学校心理素质教育的基本原则。

1. 适应与适应性

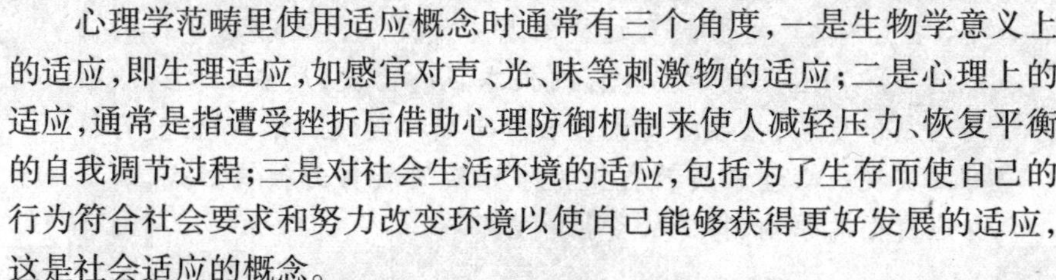

心理学范畴里使用适应概念时通常有三个角度，一是生物学意义上的适应，即生理适应，如感官对声、光、味等刺激物的适应；二是心理上的适应，通常是指遭受挫折后借助心理防御机制来使人减轻压力、恢复平衡的自我调节过程；三是对社会生活环境的适应，包括为了生存而使自己的行为符合社会要求和努力改变环境以使自己能够获得更好发展的适应，这是社会适应的概念。

心理适应是心理过程与心理状态的统一。它是指个体作出生理、心理和行为调整，以应对内外环境的发展变化，维持主体与内外环境的动态平衡的过程。心理适应产生的原因在于内外环境的变化，学习、生活、人际交往、日常活动、生长发育等内外因素发生了变化，个体自己心理活动出现了变化，这些变化是心理适应产生的前提条件。由于内外环境本身总是处于不断发展变化中，因此适应也应该是主体随时面临的任务，适应性素质是人的基本素质。心理适应的根本目的在于维持或促进主体与内外环境的动态平衡，主体通过平衡—不平衡—新的平衡这样循环往复的动态变化过程即适应过程，维系与环境的相对平衡状态，或者达到新的程度的平衡，从而促进主体的发展。心理适应的过程是认知、态度体验和行为变化的过程，即主体以内外环境信息的整合为基础，调整身心状态和行为反应。具体过程如下图所示：

适应良好的基本指标包括对内外环境适应的主动性、反应的适度性、调控的灵活性。适应的类型划分可以根据不同的指标，从指向性看，可以分为自我适应和适应环境；从对象上看，包括学习适应、生活适应、人际适应、生存适应等方面；从效果看，包括积极适应和消极适应；从基础看，可以分为生理适应、心理适应和社会适应。

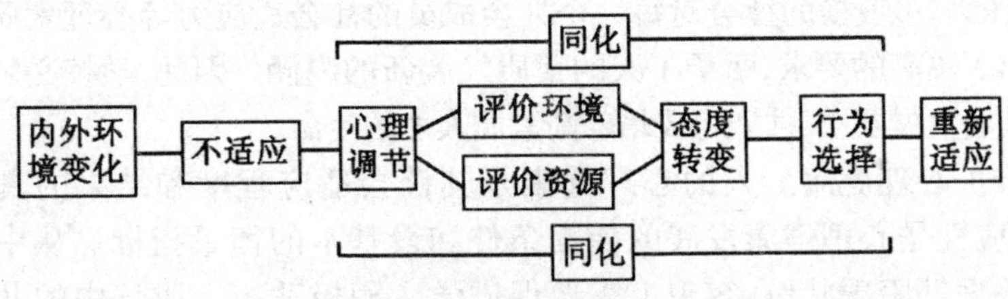

图4　适应过程示意图

国内学者普遍认为适应性是主体的能力。如个体在社会组织系统、群体或文化经济因素的变化中,其生存功能、发展和目标的实现等相应地变化的能力。也有学者认为,适应性也就是心理适应能力,即个体在与周围环境相互作用、与周围人们相互交往的过程中,以一定的行为积极地反作用于周围环境而获得的心理能力。还有学者从社会心理学角度提出,适应性是个体为完成某种社会生活适应过程,形成相应的心理——行为模式的能力。我们课题组认为,适应性是个体在基本的能力素质和人格潜质基础上,在自己特定年龄阶段的社会生活背景中,通过与社会生活环境的交互作用,对内部身心活动和外部社会环境适应的过程中所表现出来的习惯性行为倾向。适应性的形成,是在个体与社会生活环境的交互作用的过程中完成的,具体包括两个方面:一是对外部社会环境的学习、应对和防御等适应过程;二是对内部身心活动的认知、调适、控制等适应过程。根据主体心理和行为在自我和外部环境之间的指向性程度的差异,我们把主体的适应性分为自我定向适应性和社会定向适应性两类,前者包括学习适应、生活适应、生理适应、职业适应等内容;后者包括社会环境适应、人际环境适应和应激环境适应等内容。

2. 适应性原则的依据

适应性素质是人的基本素质。我们课题组通过自编的《大学生心理素质问卷》、《中学生心理素质问卷》、《小学生心理素质问卷》对数万名大中小学生进行测试,因素分析结果表明,适应性素质是学生心理素质三个维度之一,它是认知和个性因素在个体的“适应—发展—创造”行为中的综合反映,是个体生存和发展的基本心理因素之一。有学者甚至提出社会适应素质是人的首要心理素质。

教育适应现代社会发展的要求和未来生活的需要。在知识经济时代,社会飞速发展和变革,社会生产方式、生活方式巨变,社会规范重构,社会利益格局重新调整,社会竞争加剧,生存压力加大,思想价值观念颤变,家庭结构和功能显著变化,知识信息的更新速率加快,文化的开放度提高……快节奏、高竞争、高压力、多变换的社会对每一个社会成员的社会适应力等心理素质的发展提出了更高的要求，赋予了人的素质发展新的内涵。因此，学校必须适应现代社会发展要求，才能完成培养高素质人才的使命。

维护心理健康。人的心理健康是其社会适应程度和结果的具体体现，适应性是心理健康发展的前提条件和最基本的衡量指标。从中小学生的心理健康现状看，客观上需要促进学生积极适应。成长中的儿童青少年，生理、心理迅猛发展但尚未成熟，心理矛盾交织，知识经验、生活阅历相当有限，适应能力差，心理发展中易出现障碍。据国内大量的调查研究表明，大约有 *10% ~20%* 的中小学生中存在程度不同、类型各异的心理障碍，这要求教育者根据不同的障碍类型和原因，分别采取不同的咨询辅导和教育对策。我们的研究表明，通过适应性教育，学生能够表现出与学习、生活、交往和生理发育的变化相一致的心理和行为。宋广文所作“中学生的学习适应性与其人格特征、心理健康的相关研究”，其实验结果表明，学习适应性强的学生无论在总体水平上，或是在具体项目上，其心理健康水平均较好。学习适应性强的学生具有高稳定性、高有恒性、高独立性、高自律性、低紧张性、低怀疑性和低忧虑性的人格特征。杨素华等发现中国科大少年班的学生具有高稳定性、高恃强性、高敢为性、高创新性、高自律性、低乐群性、低兴奋性、低敏感性、低怀疑性和低紧张性等人格特征，说明与同龄人相比，他们的确表现出了更多的适应学习的人格特征。这些研究表明，学习适应性水平与人格与心理健康的关系极为密切，适应性具有维护心理健康的功能。

3. 适应性原则的要求

在心理素质教育中贯彻适应性原则，应该注意以下问题：

首先，适应性教育是心理素质教育的主线之一。培养会学习、会交往、会生活、会做人，成为适应良好、心理健康的人是心理素质教育的基本目标。学习适应、生活适应、人际适应、身心适应等方面的训练是心理素质教育的重要内容。

其次，心理适应是心理素质教育的基础目标，是学生心理素质健全发展的基础，它不能、也不是心理素质教育的整体目标。适应性教育只是心理素质教育不可缺少的一部分，但是，心理素质教育并不限于适应性教育。

再次，心理素质教育既要适应学生生理、心理、社会性的发展水平和特征，适应学生的生活、学习、交往和成长的实际，适应学生未来发展的需要；又要适应社会发展的要求，适应现代社会和未来社会对人的素质发展

的要求。

发展性原则

1. 发展性原则的内涵

学校心理素质教育的发展性原则有两层含义:一是促进学生心理素质的主动发展,形成健全的心理素质,这是心理素质教育的高级目标。达成这一目标的基本要求是:促进学生心理素质各成分及其整体结构的健全、健康发展。有意识、有目的、有计划地培养和发展全体学生健全的心理素质,这既是心理素质教育的出发点,也是心理素质教育的终极目的。二是心理素质教育必须以发展的观点看待学生。这就要求学校的各种心理素质教育措施,既应符合社会发展和教育对人才的要求,又应有利于学生的成长发展,符合学生的年龄特征。因此,发展性原则是学校心理素质教育的根本原则。

2. 发展性原则的依据

发展性原则主要依据以下理论观点:

(1)现代心理学研究表明,儿童青少年时期是心理素质发展的关键期,发展潜能尚待开发,可塑性极大,及时给予心理辅导和训练,有利于开发其智慧潜能,塑造健全人格。

(2)青少年心理素质发展既是一个连续不断的过程,又存在若干发展阶段,各个发展阶段都有一般的、典型的本质特征。

(3)每一个发展阶段都有独特的心理矛盾,也有各自的发展任务。

(4)教育教学首先要适应学生的发展水平和年龄特征,同时又促进学生新的发展。

(5)教育教学应该走在发展的前面,找准学生的“最近发展区”。

(6)青少年的心理处于由不成熟向成熟发展的过程中,心理品质迅猛发展,心理矛盾突出,存在一些心理障碍是必然的。解决青少年心理问题的根本途径是发展其健全的心理素质。

(7)心理素质的健全发展应该是心理素质的整体结构、组成因素及其功能的整体健康发展。

3. 发展性原则的具体要求

心理素质教育中贯彻发展性原则,应当注意以下几个方面:

(1)培养学生健全的心理素质是整个心理素质教育活动的基本出发点,开发学生的心理潜能,形成正常的智能,养成正确的自我观念,培养乐观进取、自信自律、负责守信、友善乐群、开拓创新、不畏艰险的健全人格

和社会适应能力。发展性原则既是确立心理素质教育目标的基本依据，也是选择心理素质教育内容的依据，发展智能、发展个性、发展社会性、发展创造性是心理素质教育的在发展层面上的基本内容。

（2）心理素质教育必须遵循儿童青少年心理发展的年龄阶段特点、规律。目标的确立、内容的选择、方法途径的利用，都必须以各年龄阶段儿童心理素质发展的特点为基本依据，针对各年龄阶段学生心理发展中普遍存在或易于出现的心理问题进行各有侧重的养成性训练。

（3）心理素质教育应立足于学生心理素质整体结构和机能的综合发展。前苏联著名心理学家、教育家赞可夫关于教学与发展的关系强调要在“学生的发展上下工夫”。他说的发展，指“一般发展”，即“不仅是指智力发展，而且包括情感、意志品质、性格、集体主义的个性特征的发展”。我们的研究表明，学生的心理素质是由认知因素、个性因素和适应性因素三个基本维度和若干因素构成。心理素质教育的任务就是促进这些心理素质构成要素及其整体结构的全面发展。

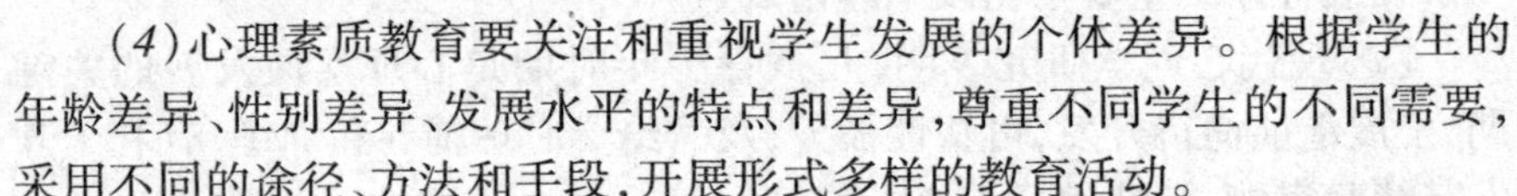

（4）心理素质教育要关注和重视学生发展的个体差异。根据学生的年龄差异、性别差异、发展水平的特点和差异，尊重不同学生的不同需要，采用不同的途径、方法和手段，开展形式多样的教育活动。

（5）建立全程式心理素质教育链，注意各年龄段的衔接，是贯彻发展性原则的基本要求。现代心理学研究表明，人的心理发展是一个连续的动态过程。无论是皮亚杰的发生认识论、艾里克森的新精神分析理论，还是西尔斯的学习理论，都将人的心理发展看作一个方向性的、连续性的过程，是阶段性和连续性的统一，任何阶段的心理素质既是前一阶段发展的延伸和超越，又是后一阶段的起点和基础。我们的研究也表明，在各年龄段前后过渡时期，学生的心理素质发展一般较差。这就要求心理素质教育必须解决各个年龄阶段的衔接与过渡，在培养目标上，注意适应—发展—创造三个层次间的衔接；在内容上根据大中小幼学生心理素质发展的阶段性和连续性从总体综合与局部综合建构发展性心理素质教育的内容体系。

活动性原则

1. 活动性原则的含义

学校心理素质教育的活动性原则是指心理素质教育必须通过创设活动情境，调动主体参与活动，促进主体将内外活动协调整合，进而形成健全的心理素质。活动是心理素质生成和发展的条件，通过活动促进学生的心理素质发展，学生主动参与活动是心理素质教育成功实施的前提。活动是主体与客观世界相互作用的过程，是人有目的地影响客体以满足自身需要的过程。心理素质教育中的活动可以分为两类；一是外部的行为操作、感性的实践性活动，它表现为人的行为系列和行为模型，而不是单一的具体的行为动作。二是内部的心智操作活动，主要体现在对自己的认知，对一些心理、行为情境的体验与反思，对一些心理事件和心理现象的领悟等。

2. 活动性原则的依据

活动是心理发展的基础，人的心理素质是在活动中形成的。在活动中和通过活动，主体和客体，主观的世界和客观事物，内在的东西和外在的东西才能统一起来。皮亚杰认为，活动是主客体的相互作用，人的认识（心理）不产生于主体，也不产生于客体，而产生于主体和客体的相互作用的活动中。前苏联心理学家维果茨基将人的心理机能分为两大类：一类是低级心理机能，包括感觉、知觉、情绪等；另一类是高级心理机能，包括观察、情感、意志等。他认为，人的高级心理机能不能像低级心理机能那样起源于种系发展，是自然发展的结果，而是起源于社会，是在活动特别是在人际交往过程中发展起来的。活动是心理的本源，是心理产生和发展的最重要因素。人的各种高级心理机能都是这些活动与交往形式不断内化的结果。因此，丰富多彩、形式多样的活动，不仅是心理素质教育取得实效的前提，而且是区别于学科教学的主要特征。学生认知素质的发展，健全个性人格的培养，适应能力的提高，不能像学科知识的掌握主要依靠知识传授的手段和方法，心理健康教育过程应当是学生的主动参与过程，让学生在主动参与的活动中发现问题，分析自我，探究原因，寻求方法，反思体验，形成思想、观念、能力等心理素质。学生参与内容丰富、形式多样的活动，是心理素质培养发展的前提。首先，参与活动为心理素质发展提供动力源泉，能满足中小学生参与活动的需要。学生独立意识和独立能力要发展，一个基本条件就是他自己要有独立的愿望，有独立思考、独立判断、独立选择、独立决定、独立活动的需要，而这种愿望和需要是在活动中产生并得到满足；学生的同情心的培养，首先也是基于他有同情别人的需要，这种需要是在活动中得到激发的。其次，活动为学生心理素质的表现和发展提供阵地和契机。再次，活动为中小学生心理素质的发展提供内容基础。在活动中，他们了解、选择、判断和整合客观的社会刺激和自我信息，把内外刺激源选择性地内化为自身素质。因此，必须强

调在活动中培养学生健全的心理素质，根据不同的内容要求和学生实际，开展内容丰富、形式多样、趣味性强、学生参与操作程度高的活动。

3. 活动性原则的基本要求

活动对人的心理素质发展具有决定意义，但并不是所有活动对学生都有发展性价值。活动对人的发展影响取决于活动主体因素和活动客体因素的相互作用。主体因素包括主体的身心发展水平、主体对活动的自主参与程度、主体的自我效能感等。客体因素包括活动目标的适合度、活动绩效、活动方式、活动对象和范围、活动条件等。这些主客观因素相互作用共同对学生的心理素质形成发展产生影响。

(1)活动的主体因素与心理素质教育的基本要求。

生理、心理和社会性发展水平。学生的心理素质形成过程是获得个体经验的过程，是形成观念、积淀情感体验、培养能力、养成习惯的过程。这个过程的顺利展开，必须以学生已有的生理成熟水平，心理和社会性发展水平为依托。同时，每个人对主客观世界的认知方式和作用方式，都受到已经形成的思维模式和行为习惯的影响，表现出个体特征。因此，心理素质教育活动必须与学生身心发展水平和知识经验水平相切合，与学生的年龄特征相适合。有研究者提出，小学段儿童以游戏和操作活动为主，初中段学生活动以体验和活动为主，高中段学生活动以体验和调适为主，但要始终贯穿一条活动主线，突出实践性和活动性；同时强调对不同年龄特征的学生，活动内容应有所侧重。

主体在活动中的自主性和参与度。主体对活动的自主参与程度表现为主体在活动中的地位、任务卷入程度以及由此产生的对活动的态度。主要有三种类型：被动应答型：外部要求、情境压力和群体舆论作用下的一种被动性行为，主体身心活动未被激活，兴奋状态低，注意仅仅局限于维持动作的完成，这类活动对主体发展意义不大；自觉适应型：主体接受并理解活动的任务、要求和意义，以积极、自觉的态度参与活动，这类活动对主体发展有一定意义；主动创造型：主体不仅自觉、主动参与活动，而且积极主动寻求解决问题的方法，设计行动方案，经历情感体验，始终卷入行动任务中，关注行为和目标的实现，这是最富有发展意义的活动类型。理想的心理素质教育活动，应该是学生自觉主动参与的、全身心投入的、发展作用显著的活动。

主体活动的自我效能感。同样的活动对活动主体的影响是不一样的，这取决于主体的自我感受。自我效能感是人在活动时对自己能否有

能力完成活动任务和进行具体活动的能力的预测，它影响活动任务的选择，活动目标的设定，活动心向的内容和性质，活动归因倾向，努力程度以及活动中自信心和效率等。自我效能感强的人，能正确估计自己的能力，选择有一定难度和挑战性的任务，合理设计活动方式，遇到问题和困难时坚持性高，愿意付出更多的意志努力，活动中能及对修正自己的错误，积极主动参与，活动过程充满活力。反之，效能感低的人，活动的参与感不强，自信程度低，坚持性差，活动调节能力弱，归因存在偏差。因此，心理素质教育活动中，应该设法通过让学生体验成功、合理归因、言语强化、情境创设等方式，增强学生的活动效能感。

(2)活动的客体因素与心理素质教育的基本要求。

活动目标的适合度。活动对发展主体提出的要求是否恰当，要看它与主体现有发展水平与生活经验的切合程度，过高过低的目标，远离主体生活的要求，都无助于主体的发展。只有那些既高于个体现有发展水平，又符合主体的发展需要，同时又是他有能力进行的活动，才能有效地促进主体的发展。为此，教育者应该认真研究学生的发展状况，在现有发展水平、最近发展区、长远发展区之间找到活动的切入点，有序地安排心理素质教育目标和内容。

活动绩效。活动成效会使主体产生成功的感受，激励主体产生新的活动需要，形成内趋力，对主体产生积极影响。不了了之、无成效的活动，或反复失败的活动，只能不断挫伤主体的积极性和参与愿望，产生消极影响。

活动方式与类型。不同的方式发展不同的经验，不同的活动类型和方式促进心理素质的不同侧面的发展。如有反映客体及主体自身的认知类活动，如启发思考、专题讨论、小组讨论、认知矫正、辩论、评价；情感类活动，如反思体验、移情体验、换位体验、情境感受；行为活动，如行为训练、行为改变、角色扮演、行为示范、行为强化；还有主体与主体之间的交往活动等等。虽然这些活动共同对人的心理素质发展发挥作用，心理素质教育也需要这些活动的整体效应，但是每一类活动的训练重点毕竟存在差异。

活动的条件。活动的开展必然具备一定的外部条件，如活动材料和工具的准备，活动情境的创设，活动气氛的渲染，活动空间的灵活布置，活动时间的安排及教育契机的把握，活动手段的利用等等，都将直接影响活动效果。

活动的指导与辅导。对活动的设计和恰当的指导、辅导能够使活动产生成效,满足学生的成就感。放任自流的活动,易于降低学生的成就感。

体验性原则

1. 体验性原则的含义

学校心理素质教育中,体验性原则是指心理素质教育充分利用体验这一知、情、意、行综合构成的内化系统作为心理素质形成的内在机制,促进健全心理素质形成。体验是个体心理素质形成的十分重要的环节,是心理素质教育区别于其他素质教育活动的特点之一。体验性原则包含三层含义:一是在学生亲身经历的活动中学生用自己的心灵去体验事物,既非空洞的说教、讲解,也非单纯的行为强化或训练;二是外部经验、事物必须通过学生自己的内化过程,才能转化为学生自身素质,内化体验是心理素质形成的关键环节;三是通过体验明晰认识,坚定信念,端正态度,规范行为,形成品质。

2. 体验的心理学意义及基本特征

在心理学上,体验是建立在个体"内部知觉"基础上的一种特殊活动。它通过"确定意识"与"存在意识"之间的相互联系与相互影响,实现"人的理性"的不断增强。具体说,体验是指主体亲身经历的、以情感为核心、生成意义的内心活动。它不仅仅是情绪情感活动过程,而且包括感知、思维、领悟、注意等其他心理过程。体验无所不在,几乎伴随人的生命始终。体验有如下特征:

(1)个体选择性。体验强调的是个体亲身经历中产生的内心感受,是自由选择、自主判断、自主内化的结果。体验过程中,赋予了体验者自己的需要、价值取向、认知特征、情感特点、已有知识经验等完整的自我个体性的色彩,生成的是体验者个性化的感受、领悟和意义。在1 000个人眼中,就有1 000个哈姆雷特,个人的感受、理解、领悟和建构等内心活动,都是个体选择的反映,任何外力无法替代。

(2)情感为纽带。对事物有体验,必然伴随某种情感。"体验的出发点是情感,主体总是从自己的命运与遭遇,从内心的全部情感积累和先前感受去体验和揭示生命的意蕴;而体验的最后归结点也是情感,体验的结果常常是一种新的更深刻的把握了生命活动的情感的生成。"体验是一种感受,体验产生情感,但是不等于情绪情感活动。相反,情绪情感活动是一种体验。学生在感受过程中形成情绪情感体验,同时也有感知、思维、注意等其他心理活动参与其中。

(3)体验的形象性。体验是人的感性活动，是具体情境中主体的感知、表象、领悟的由外而内的能动反馈活动。在这个过程中，通过主体心理结构把客体主体化的内容，具有具体、直观、形象的特征，一般都呈现为形象的模糊而非逻辑的精确；言语的隐喻而非科学的描述；人文的不可言说而非认知的概念给定。体验的这种形象性，对人的感觉、知觉、联想、想像等感性心理的发展、提高和完善，具有不可替代的作用。

(4)体验的生成性。体验生成意义，我们对某物有深刻的体验，必然对它产生个性化含义，即理解到它在个体心目中的独特意义，或者形成某种联想、领悟、感受。总之，体验是一种能生发与主体独特的“自我”密切相关的独特领悟或意义的情感反映，或者说它是一种伴有情感反映的意义生成活动。体验的结果是产生情感(有内心反应，内心有感动)且生成意义(产生联想、领悟)，二者缺一不可。光有情感没有产生新的意义就只能是一般的情感，而不能称作体验；光有意义而没有情感，就只能是认知性理解。体验是一种产生情感且生成意义的活动过程。长久的体验结果可以成为人的行为方式、行为倾向的一部分，甚至可能成为人格的特征。

体验的类型可以从不同的角度去考察。从内容上看，主要有情感体验、生活体验、挫折体验、成功体验等等。从途径上看，主要有家庭生活中体验、学校生活中体验、社会生活中体验、大自然中体验。从过程上看，主要有选择性注意、感知、领悟、感受、内化等等。

3. 体验性原则的依据

体验活动的本质特征是突出主体性。首先是尊重学生的主体地位，体验活动中，学生作为独立的、完整意义的和独立人格的人，作为认知外部世界和自我的主体，作为实践活动的主体，作为情感活动的主体，是谁也无法替代的，因为体验活动本身是个体活动。其次，主体意识的激发与唤醒、主体作用的发挥，都是与体验活动相伴随的。体验非外力强制，非灌输、说教，只有通过强化和激发学生主动意识，使学生由被动的受教育者成为主动自觉的自我心灵塑造者，通过学生主动参与、主动探索，才真实的积极的体验。同时，学生通过体验生活、感悟人生、积淀情感、养成习惯，这些为发掘学生的潜在能量提供了契机，为心理素质的发展提供了载体。

体验是心理素质形成的关键环节。心理素质是通过内化而形成的。

"心理素质是以生理条件为基础，将外在获得的东西内化成稳定的、基本的、衍生性的，并与人的社会适应行为和创造行为密切联系的心理品质。"内化的过程，实质上是一个客体主体化的过程，即客体以符号、形象或心理感受等形式进入主体并引起主体心理结构的重组、扩展或调适的过程。在此过程中，体验起着纽带作用。这是因为：首先，体验为主客体融合、物我交融提供载体。体验过程中，主体的认知、情感等整个心理世界呈现为受动、激活、唤醒状态，外在的事物得以进入人的内心世界。一种强烈的体验往往使主体形成对被体验之物的趋近、爱好甚至融合。"在体验中'物'与'我'的距离缩短乃至最后消失，进入'物我同一'的境界。自我仿佛移入到对象中，与对象融为一体"。其次，体验形成新的意义并产生领悟。体验活动的显著特征是强调实践性。

4. 体验性原则的基本要求

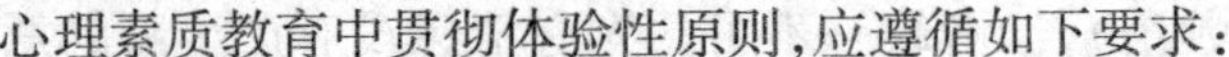

心理素质教育中贯彻体验性原则，应遵循如下要求：

（1）拓展学生心理自由和空间，让学生在探究、尝试活动过程中体验。尝试和探究是心理和行为训练的有效方法。学生在亲身探究和尝试中可以进行感受，获得体验，改善心理和行为状态。学生通过一系列的探究和尝试活动，如认知操作、游戏活动、角色扮演活动、行为作业等活动中产生直接的心理体验。学生自主探究和尝试的基本条件是给予必要的心理自由，减少心理活动的外部人为束缚，让学生自由感受、自主联想、充分想像、自我领悟。

（2）创设或利用互动式交流契机，让学生在交流沟通过程中体验。互动式交流沟通包括认知信息的交流、情感信息的交流以及态度和行为等方面信息的交流。通过分组讨论、合作交流等形式，让学生充分表达自己的思想和认识，表露情感体验，表现态度与行为意向。在交流与沟通过程中实现思想观念的启迪与碰撞、态度体验的共鸣与互勉、行为的互动合作。在交流沟通中进行经验分享与再创造，在师生之间、亲子之间、同伴之间、同学之间的互动中使学生获得丰富的内心体验。

（3）在自省、自讼、自监中体验，以体验促进内化。自我反省是对自己心理和行为的反思与评价，自讼则是对自己的过失与错误作自我批评、自我否定，自监即适时调节控制自己。在心理素质教育活动中，学生通过自省、自讼对自己的所思、所想、所感、所为进行感受与体验，不断审视自己，认识自我，并通过自我评价寻求对自身存在问题的解答，进而提高学生的自我调控能力，为更好地发展自我奠定基础。心理素质教育活动中的“镜中我”、“自画像”、“我是谁”等活动单元，以及学生经常进行的、适时的自我暗示、自我提醒等活动形式，就是通过自省、自讼、自监，以达到自我心理塑造的目的。

(4)在情境中强化体验。情境具有移情与感染作用，各种形式的情境能够以自然、直观、形象的方式引导学生感受事物，获得体验。通过设置问题情境，可以诱发学生的好奇心与求知欲，激发认知矛盾与冲突，领悟道理。通过创设或利用模拟情境，让学生在模拟情境中活动，领悟主题，获得真实的感受与情感体验。通过提供真实的活动情境，引导学生参与活动，在活动中达到入境入情。

学校心理素质教育的基本途径

随着素质教育的提出和全面实施，学校开展了心理健康教育和心理素质教育，向学生传授心理健康的知识、进行心理素质训练和心理问题的辅导。如：开设心理健康教育课程（有的叫“心理健康课”，有的叫“心理指导课”，有的叫“心理辅导课”）；开设心理健康教育咨询热线电话；设立心理咨询室；定期或不定期开设心理讲座；利用校园媒体（电台、网络、板报、学生小报）普及心理卫生常识。我们认为，为了达成心理素质教育目标，必须建立多渠道、全方位、立体的心理素质教育网络，探索学校心理素质教育的有效途径。我们课题组在心理素质教育研究中提出了三个主要途径：专门训练活动课、教育教学渗透、咨询辅导，每一途径又有若干具体实施途径，如下图所示。

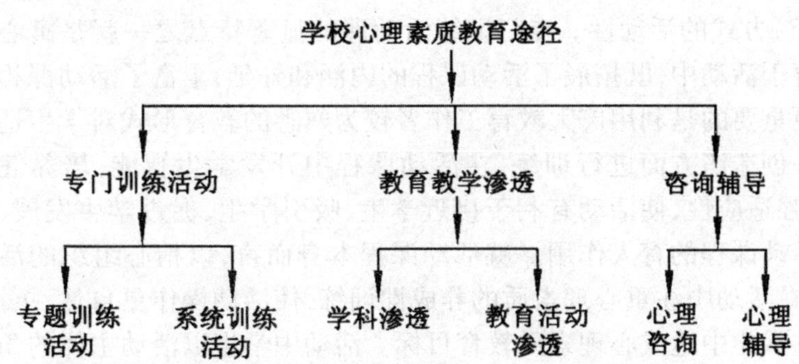

图5　学校心理素质教育途径体系示意图

专门训练活动课

专门训练活动课融合了课程模式、活动模式和训练模式的特点和优

势，针对学生的心理素质发展和成长中的问题进行专门训练。该途径以促进学生心理素质整体结构及其功能的健全、健康发展为根本目标，以各年级学生的心理素质发展为阶段目标，以每一年级学生的某类心理素质要素的发展为具体目标；以各年级学生心理素质培养目标为基本依据，针对心理发展中普遍存在的问题组织训练内容；以组织训练活动为中心。训练的形式又可分为专题训练和系统训练，专题训练主要针对重点或突出问题进行，系统训练则按年龄阶段，分层次对学生整体心理素质进行系统培养。

1. 专门训练活动课的特点

(*1*)目标的系统性。通过设置专门的心理素质教育课程，确立系统心理素质教育目标体系，对学生心理素质的整体结构及其构成因素进行分层、分类别的系统、全面训练，既能保证心理素质训练的整体性，又能提高心理素质教育的单位时间效能。

(*2*)内容的针对性。以心理素质教育的目标体系为依据，遵循各年级学生心理素质发展的特点，针对各年段心理素质发展任务，兼顾各年级学生心理发展中普遍存在或易于出现的问题，对心理素质教育八个方面(适应学习、适应生活、适应人际交往、学会做人、发展智能、发展个性、发展社会性、发展创造性)基本内容进行分解，在总体框架下按年级设置若干具体专题。这样的训练既符合心理素质教育总体目标的要求，又针对各年级学生的生理、心理、社会性发展的水平和特点，立足于学生现实学习、生活、交往实际，同时兼顾学生未来的需要，因此针对性突出。

(*3*)方式的活动性。专门训练活动课的显著特点之一就是寓心理素质教育于活动中，既拓展了活动课程的内涵和外延，丰富了活动课程的内容。更重要的是利用广大教育工作者较为熟悉的教育形式对学生适应—发展—创造诸方面进行训练，在活动课程中开发学生智能，培养健全人格，增强适应性，使活动有利于接近学生、吸引学生，促进学生发展，充分发挥活动课程的育人作用。就活动课程本身而言，以精心组织的活动为主线，在活动中注重心理素质的养成性训练，使活动操作更自然、更流畅，在潜移默化中达成心理素质教育目标。活动中学生以活动主体的角色参与，而不是旁观者，充分体现学生的自主性，有利于发挥活动主体的作用。活动课的操作活动符合中小学生的兴趣和需要，有助于他们全身心投入和参与，为心理素质训练提供了契机。

(*4*)重心的养成性。专门活动训练课以学生心理品质的养成性训练为中心，如认知能力的训练、观念的改变、情感的激发与积淀、人格的培养、行为的塑造和习惯的养成等等，并且这种养成性训练也是按系列、层次进行。这使心理素质教育区别于心理学学科知识普及课，也区别于以解决心理问题为中心目标的心理辅导课，还区别于有多种目标的综合实践课或一般活动课。

(5)对象的全体性。学校心理素质教育以面向全体学生的发展性目标为主，提高全体学生的心理素质。这单靠面向少数人甚至个别人的心理咨询是难以完成的，必须借助于面向全体学生的心理素质教育专门课程，才能实现上述目标。

2. 心理素质专门训练活动课的任务

有研究者提出心理训练课主要有三个方面的任务心理训练课是对心育学科课程所学知识的运用；心理训练课应把解决心理发展一定阶段上出现的关键问题作为内容；心理训练应当关注个体身上出现的心理问题。我们认为，心理素质专题训练活动课至少应该完成如下任务：

(1)创设或利用活动化、动态化、情境化的教学手段，促进学生认知自己心理素质发展的状况；

(2)教给学生最基础的心理常识，明白某种心理现象产生的原因及其对学习、生活、交往和成长的意义；

(3)通过互动式活动情境的创设，引导学生参与活动，在活动过程中训练学生掌握各种心理和行为策略，这是专门训练课最主要的任务。掌握解决问题的思维和行动的方法、步骤、过程以及策略，是心理素质形成的必要条件。

(4)引导学生对训练过程、方法和策略进行反思、比较，体验心理过程前后的感受，促进训练策略的内化。

3. 心理素质专门活动训练课的基本要求

(1)情境化。创设有思考价值、能引起学生思考的问题情境，能引导学生活动的活动情境，与目标、内容需要相符的、能触发学生感受的物理情境，民主、宽松、开放的、能触动学生内心世界的心理情境。

(2)活动化。学生自由、自主、创造性的参与活动，既包括外部的观察、动作操作、表演等活动，也包括内心的思考、体验、感受、反思等活动，以及由内到外的表达(文字、符号、图形等多种形式)、辩论、讨论等活动。

(3)操作化。训练内容重在学生如何思考、如何行动、如何体验、如何反思，教给学生方法、步骤和策略。

(4)发展性。训练目标重点强调素质的培养、训练、养成,而不是以咨询辅导、解决心理问题为主;注重观念、体验、习惯和能力的培养,而非心理学知识的普及。

(5)互动性。训练过程强调生生之间、师生之间、亲子、同伴之间的观念的启发与碰撞、情感的激发与冲击、行为的激励与制约。训练过程应该是一个互动过程。

(6)针对性。心理素质专门训练活动的开展应针对学生的年龄特点、心理素质的发展水平、学生中普遍存在的心理问题和家庭、学校、班级的实际状况。

(7)疏导性。教师在专门活动训练课中角色是设计者、参与者、引导者、组织者,训练过程中的主要作用在于启发、引导、调控训练活动,即知识性问题点到为止,学生内心矛盾、困惑要点醒,活动过程中及时点拨,引导学生及时归纳、总结、剖析训练所得。

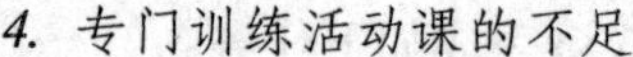

4. 专门训练活动课的不足

(1)心理素质专门训练活动课要求根据不同的心理素质训练的特征实施教学,它的设计、组织和调控存在较大的难度,如以辩论为主体的活动课,教师既要为学生创立一定的情境,又要组织学生并精心调控论辩过程,还要适时地总结、引导、概括,从而实现活动目标,这对教育者自身素质提出了较高的要求,比一般学科课把握活动效果更难。

(2)从学生心理素质的形成和发展来看,心理素质是以整体形式体现的,需要进行系统的培养和训练,而心理素质专门训练活动一般分专题进行,难以兼顾心理素质教育的全部。因此学校心理素质教育还需要从学生的需要和教育目标出发,采用其他教育途径,单纯依靠专题训练难以促进心理素质整体结构和机能的全面提高。

(3)心理素质专门训练活动对不同年龄段学生的要求存在差异。对中学高年级及其以上的学生,心理素质教育还应该注重系统的逻辑知识和理性思维的培养,单纯的活动训练既难以组织,也难以奏效。

教育教学渗透

1. 教育教学渗透的含义

渗透是心理素质教育的重要途径,它是指教育工作者在教育、教学活动中有目的、有意识地开展心理素质的养成性教育。它包括两个方面:一是学校常规教育活动渗透心理素质教育的目标、内容和要求,如通过朝会、班(团、队)会、升旗仪式、法纪教育等活动培养学生的爱国、负责、自尊、遵纪、守法等心理品质；通过形式多样的集体活动培养学生谦虚、进取、自尊、自爱、自信、自立、自主、自控、竞争、合作等人格特质以及自我教育、自我管理、自我服务、相互交往的能力；通过体育活动，在增强体质的同时，培养学生的生活适应性，磨炼意志，调节情绪；通过科技文体活动，激发求知欲，培养动手操作能力、创造能力以及发展各种特殊能力；通过组织学生参加各种社会实践活动，培养学生的社会责任感，并形成相应的分析综合能力、解决实际问题的能力、社会适应能力等等。另外一个方面是学科教学活动中运用心理学的原理、方法和技术渗透心理素质教育目标、内容和要求。

学科教学和常规教育教学活动，既是学校教育的重要组成部分，也是心理素质教育的主要渠道。从教育时空来讲，它们据了师生大多的时空；从心理素质教育资源来说，教育教学本身蕴涵有极为丰富的心理素质教育资源；从教育力量来看，渗透式训练有助于发挥全体教育工作者的心理素质教育积极性，增强教育的影响力；从教育效能来看，心理素质是学生素质结构中的中介、核心因素，它的水平的高低直接制约学生综合素质的形成和发展；从教育教学的成效来讲，心理素质教育符合学生的需要，有助于提高常规教育教学的针对性和实效性。因此在教育教学活动中渗透心理素质教育是学校开展心理素质教育工作的重要途径。

2. 教育教学渗透的特点

(1)教育教学渗透，以自然的方式实现心理素质教育目标，在潜移默化中对学生的心理素质发展施加影响。如果运用得当，它比专门训练活动课的教育效益更高。并且专门训练活动课毕竟存在人为训练的痕迹。

(2)通过学科教学和常规教育活动实施心理素质教育，对教育、教学本身其有较大的促进作用，增强了教育教学的吸引力，使之更符合学生心理需要，容易为学生接纳。教育教学渗透也大大拓展了学校教育教学活动的目标与功能，学生的综合素质从中获得更全面的发展。

(3)常规教育教学活动中渗透心理素质教育，是对教育教学资源的充分发掘、利用和丰富。学科教学和日常教育活动中，本身蕴涵有丰富的隐性或显性的心理素质教育资源，它的发掘、利用和丰富，有助于增强教育教学活动的活力，拓展教育教学活动的途径。

(4)渗透体现了心理素质教育的全员性策略，要求每一个教师、教育工作者都是学生心理健康的维护者、心理素质的教育者。引导全体教师共同参与心理素质教育。

(5)内容的全面性和环节的复杂性。教育教学渗透涉及多方面内容。既包括学习心理素质训练,如学习动机的培养与激发、学习策略训练、学习习惯的养成、学习技能和能力的培养,也涉及良好个性品质的训练,还包括适应性品质训练。训练环节既有学科教学、日常教育活动的基本环节,同时也要兼顾心理素质的养成过程,比单一的教育教学活动或者单一的心理素质专题训练活动更为复杂,涉及的因素更多。

3. 教育教学渗透的任务

(1)在学校教育教学目标体系中设立并整合心理素质发展的目标要求。即把包括认知能力在内的学科能力的培养、健全个性的发展、适应能力的提高等心理素质培养目标与学科教学目标、常规教育目标融合、统一起来。

(2)以教育教学内容为载体,发掘、利用心理素质教育资源。每门学科或学校的常规教育活动,自身都有特定的、无可置换的内容,但是无论自然类学科、社会类学科、艺术类学科或者工具类学科,其内容中都蕴含丰富的心理素质教育资源。以体育课为例,有研究者分析存在六个方面的心理素质教育资源:一是促进智力发展;二是调节消极情绪;三是锻炼坚强意志;四是健全学生人格;五是改善人际关系;六是提高适应能力。并且,常规教育教学内容中的心理素质教育资源存在如下特点:①心理素质教育内容的广泛性和多样性。一篇课文、一个单元的数学问题、一次班会活动,所涉及的心理素质教育内容,往往是多种多样的、多侧面、多维度的。②心理素质教育内容的分散性。学科教学内容往往是按照学科知识体系编排,主要遵循学科逻辑,而非心理素质专门训练的心理逻辑。③心理素质教育内容的潜在性。④心理素质教育内容的伴生性。教育教学活动中的心理素质教育内容往往不是独立存在,而是与其他教育因素综合并存。

(3)以学生心理素质的形成过程作为常规教育教学活动过程的基础。我们的研究表明,学生心理素质的形成过程一般要经历如下环节:自我认识—动情晓理—策略导行—反思内化—形成品质,渗透教育教学过程也应该围绕这个过程进行和展开。

4. 教育教学渗透的基本要求

在教育教学活动中渗透心理素质教育,应遵循如下要求:

(1)教育教学目标体系中有机融合心理素质培养的具体要求。学校常规教育教学和心理素质教育各有出发点和培养目标,这是渗透的基本

前提。但是,二者又可有机整合。整合的基本要求是:①从常规教育教学与心理素质教育之间的内在联系出发,利用或发掘其中的心理素质教育因素。②以学生的心理素质发展现状为依据,结合内容,有选择、有针对性、分层次地设立常规教育教学中的心理素质培养目标。③注重间接和非系统性目标。常规教育教学中的心理素质培养目标的达成可能是与知识的传授同步完成,进而在教育教学过程中产生立竿见影的效果,但更多的可能是产生滞后效应。因此,目标的设立不宜过分系统化,不能强调目标的即时达成。④针对不同学科、不同活动心理素质教育目标的差异性,把握学科之间、活动之间"质"的差异性,根据学科或活动中能够利用和发掘的心理素质教育资源来确立各自具体的目标。

(2)找准常规教育教学内容与心理素质教育内容的结合点(含连接点、涉及点、接触点等几方面)。二者在内容上的结合点是多方面的:一是直接利用常规教育教学内容材料,作为心理素质教育内容;二是归纳、总结常规教育教学内容材料,在教育教学过程中衍生、扩展,作为心理素质训练的内容;三是发掘常规教育教学内容材料;四是把学生自身作为教育资源,从学生心理素质发展的特点、心理素质形成的影响因素、心理素质的形成过程等方面拓展渗透的内容。

(3)在常规教育教学过程中体现心理素质教育要求。常规教育教学过程因性质、目标、内容、条件的不同而存在较大的差异,但这也为教育工作者在此过程中探索各具特色的渗透模式提供了提件。在不同的常规教育教学过程中渗透心理素质教育的共同要求是:①学生主动参与是渗透成功实施的前提条件。渗透训练既要促进学生认知素质尤其是学科能力的发展,又要培养学生健全个性,提高适应能力,单靠传统知识教学中的教育教学手段是远远不够的。渗透过程应该是学生主动参与的过程,让学生在教与学的活动中发现问题、分析问题、探究原因、寻求答案、反思内化,形成自己的思想、观点、能力、感受等心理品质。②学生心理素质的形成过程是渗透的基础。学生心理素质的形成过程作为一种心理序,它与既有心理序又有学科知识序的学科教学过程之间的交叉和重叠的过程就是渗透的过程基础。③创设互动式教育教学情境是提高渗透有效性的必要条件。学生心理素质是在人与人之间相互作用而构成的心理环境中得到培养和锻炼的,创设民主、开放、自由、宽松的互动气氛,多渠道的交流沟通,有利于增强常规教育教学的效果,也有利于增强心理素质教育的效果。④知识教学是学科渗透的着力点。学生知识经验的适应性既是影响学科渗透综合效益的重要

原因，也是影响心理素质健全发展的重要原因之一。在学科渗透过程中，既要注意学科的知识结构，更要注意学生已有知识的认知结构。从学生知识经验的适应性出发，促成学生认知结构的自主建构。

1. 教育教学渗透的局限

(1)对教师的综合素质要求高，观念转变难度大。常规教育、学科教学活动中渗透心理素质教育是一项全新的系统工程，教师的教育观、学生观、质量观、效益观等方面需要有较大的转变。对教师的专业素质要求非常高，不但要具备学科教学所需要的优秀的学科专业素质，而且需要心理学专业的综合学科知识和从事心理训练的专业技能。

(2)心理素质教育目标与教育教学目标的协调上存在一定难度。虽然从理论上讲，心理素质教育目标应该与教育教学目标统一，心理素质的培养是学校教育目标的有机组成部分。但实际操作中，心理素质教育很难在学校教育尤其是学科教学中占有一席之地，很容易受到排挤、忽略。同时，过分强调心理素质教育目标的达成，教育教学目标又容易被削弱、挤占，反过来使心理素质教育目标也难以达成。二者之间，应该是既相互独立，又相互融合的对立统一。统一的基点是学生综合素质的健全、健康发展。在建构常规教育教学目标体系时，心理素质训练只能放在次要地位，常规教育教学活动也不能包揽心理素质教育，心理素质教育还应该通过其他途径的协同作用。

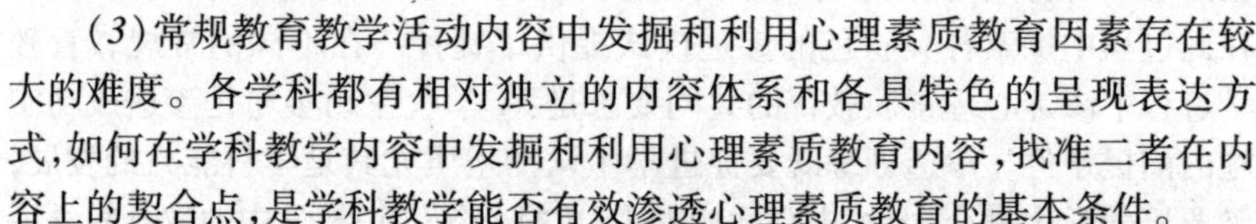

(3)常规教育教学活动内容中发掘和利用心理素质教育因素存在较大的难度。各学科都有相对独立的内容体系和各具特色的呈现表达方式，如何在学科教学内容中发掘和利用心理素质教育内容，找准二者在内容上的契合点，是学科教学能否有效渗透心理素质教育的基本条件。

(4)教育教学过程与心理素质教育过程各有侧重。前者强调教师的导向、教育、培养与学生的主动参与并重，而后者更多强调学生的自我塑造过程。在教育教学中，由于学生知识经验的局限性，教师的传递、导向、训练仍然占有相当的成分，年级越低比重越大。而心理素质教育过程在某种程度上是学生自助互助的过程，是学生在主动参与的自我教育、自主内化的过程。因此，转变教育教学观念，在教育教学活动过程中尊重学生的主体地位，发挥主体作用，通过创设互动式的活动情境和积极的心理气氛激发学生参与教育教学活动，开发主体潜能，是渗透式训练过程的基本要求。

咨询辅导

心理咨询和心理辅导是学校心理素质教育的重要途径。咨询辅导是目前许多学校开展的心理健康教育的基本途径，心理咨询可以看作是心理辅导的一种特殊方式。

1. 咨询辅导的特点

(*1*)含义。对于心理咨询与心理辅导，不同的学术组织、专家学者的看法存在差异。例如，美国心理学会咨询心理分会就将咨询定义为："帮助个人克服成长过程中可能遇到的各种障碍，从而使个人得到理想的发展。"而人本主义心理治疗大师卡尔·罗杰斯则强调指出，心理咨询是一种"与日常生活中其他关系不同的一种特殊关系。"国内外心理学工作者对心理辅导也进行了各有侧重的界定，从狭义上看，辅导是帮助一个人自助；从广义上看，辅导是促进全人类的发展，即当事人凭着在辅导中学会的面对难题和解决难题的原则，全面而均衡地发展他的人生。实质上，心理辅导是教育者对学生心理和行为的一种协助和促进。

(*2*)心理素质教育与心理咨询、心理辅导、心理治疗的关系。为了更好地理解心理辅导的实质，有必要明确心理素质教育与心理咨询、心理辅导、心理治疗几者的关系。结合刘华山、张大均、吴增强等教授的相关论述，可以这样认为，在育人、助人的功能与方式上，教育、辅导、咨询、治疗各自以一个连续体的不同区段作为自己的重心。如下图所示：

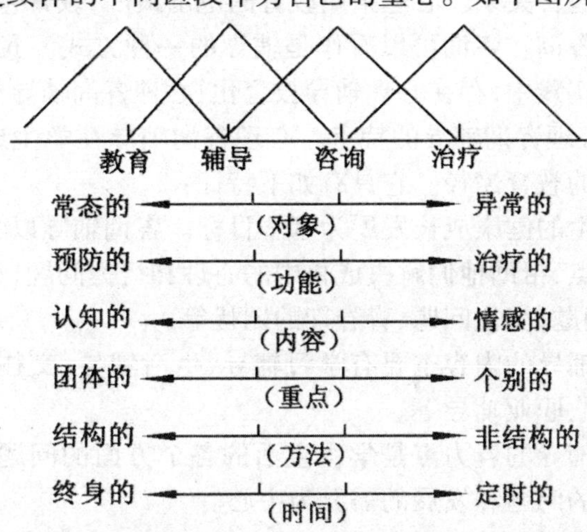

图*6*　心理素质教育与心理咨询、心理辅导、心理治疗的关系

从上图可以看出，在对象上，心理素质教育、心理辅导以正常学生群体为主，以全体学生为教育和辅导对象；心理咨询以轻、中度心理、行为问题的个人为主；心理治疗对象是重度心理和行为疾患患者。从目标上看，心理素质教育的根本目标是培养学生健全的心理素质，含适应性目标、发

展性目标和创造性目标；心理辅导的基本目标是促进人的发展；心理咨询的目标是解决心理问题，心理治疗的目标是解决心理疾患。从功能上看，心理素质教育的主要功能是促进与维护学生心理健康，促进心理素质整体结构及其组成要素的健全健康发展；心理咨询的主要功能是预防和发展；心理咨询和治疗的功能是防治性的，主要是维护心理健康，解决心理和行为问题。从内容上看，心理素质教育的主要内容包括学习适应、生活适应、人际适应、学会做人、发展智能、发展个性、发展社会性、发展创造性等整体心理素质的发展；心理辅导在重视资料的提供与获得、认知与环境改变的同时，也重视学生的需要与情感活动，促进某些心理素质成分的发展；咨询与治疗则侧重当事人的情感活动以及人格的重建与发展。在活动方式上，心理素质教育与心理辅导更多采用团体活动与个体活动相结合的方式；咨询与治疗更多采用个体方式。在方法上，心理素质教育更多采用结构化的、预设的方法；心理辅导的方法有更多的弹性；心理咨询与治疗的方法更强调专门化，它的使用更富有弹性和情境性。从时间看，心理素质教育与心理辅导是终身的；心理咨询与心理治疗有相对时间限制。

事实上，就服务范围而言，心理素质教育、心理辅导、心理咨询、心理治疗依次存在包含关系。心理素质教育的范围最广，教育包含心理辅导，辅导包含心理咨询。咨询可以看作是辅导的一种方式。我们认为，目前在研究取向和实践中，存在心理辅导教育化、心理咨询辅导化的趋势。

(3)学校心理咨询辅导的特点。心理咨询辅导在学生成长发展中的一种不可缺少的教育途径。它具有如下特征：

以促进学生的健康成长发展为基本目标。咨询辅导以学生成长发展的需要为出发点，帮助他们解决成长中的心理和行为问题，如学校生活适应问题、学业问题、交往问题、青春期的困扰等。

心理咨询辅导的内容主要有学习辅导、生活辅导、交往辅导、人格辅导、青春期辅导、职业辅导等。

心理咨询辅导的着力点是学生生活的各个方面的问题或障碍，以解决学生成长中的问题和发展的需要为中心。

心理咨询辅导虽然也强调干预训练，但反应性干预多于前置性干预。反应性干预是当学生心理出现问题后心理辅导工作者采取的对策，而前置性干预是在心理问题发生之前，设法完成相应发展阶段的发展任务。并且前置性干预是以任务目标的形式提出而非矫治性问题的形式提出。

辅导是一种合作式的、民主式的助人、自助和互助的过程。心理辅导

是一个积极的人际互动过程，通过辅导者与学生之间、学生与学生之间的相互作用，来解决学生成长中的问题。辅导者的作用是协助学生解决问题，而非代替学生解决问题。

心理咨询辅导由受过专门训练的专业工作者来承担，有特殊的专业知识技能要求。从事学校心理辅导工作涉及心理学、教育学、医学、哲学、社会学、心理测量学等诸多学科的专业知识和技能。而心理咨询除了上述要求外，还需要许多心理技术和精细的咨询技巧。

2. 咨询辅导的任务及要求

(1)确立以发展性目标为主体的目标结构体系。心理咨询辅导的目标分为三个方面：一是发展性目标，即心理咨询辅导的根本目标是解决学生成长中的问题，提高全体学生心理素质；二是预防性目标，即预防学生心理行为问题的出现，顺利渡过各个发展阶段；三是矫治性目标，矫正、治疗已经出现的轻、中度心理和行为问题。这三者之中，发展性目标应该占主导。

(2)采用多种形式对学生进行咨询辅导。心理辅导的方式是多方面的，如开设心理辅导课、学科渗透、个别辅导与咨询、专门活动、小组辅导、结合班团队活动开展心理辅导等。但要防止纯学科化和课程化的倾向或单纯咨询化的倾向，前者把心理咨询辅导等同于心理学学科课程，局限于心理学知识的传授；后者把心理咨询辅导的承担者局限于心理咨询辅导老师，忽视了心理咨询辅导的全员性要求。

(3)心理辅导以学生的自主探索、自我教育活动为主线，强调采用自助、互助、助人的运行机制。因此，辅导者与学生之间建立和谐、融洽的人际关系，营造宽松、开放、民主的心理气氛，是心理咨询辅导成功的基本条件。

3. 咨询辅导的局限

(1)目标定位不容易把握。咨询辅导者在实际操作中容易在发展性目标、预防性目标、矫治性目标容易发生摇摆。

(2)辅导人员的专业知识和技能要求高。规范化的咨询辅导操作难度大。这限制了咨询辅导工作的普及和学生的受益范围和程度。

(3)以学生的心理行为问题为中心或学生的成长需要为中心，内容的系统性、全面性难以得到保障。

(4)教育者的导向不明确。

学校心理素质教育的方法

学校心理素质教育的方法是多种多样的。从心理素质的培养目标的

角度看，主要有认知类方法，如启发思考、认知建构、专题讨论、小组讨论、认知矫正、辩论、评价法等；情感类方法，如反思体验、移情体验、角色体验、换位体验、情境感受等；行为类方法，如行为训练、行为技能训练、行为矫正、行为改变、角色扮演、行为示范、行为强化等。还可以从教育过程进行分类，以了解学生为主的方法和以影响学生为主的方法，前者包括观察法、测评法、自述法、会谈法等；后者包括行为改变技术如强化法、行为塑造法、行为控制法、行为示范法、自我控制法、消退法等，系统脱敏训练，角色扮演法，讨论法，游戏法，实验法等。也有研究者从心育课程的角度，分为心育学科课程主要采用的讲授法、心育活动课程主要采用的心理训练的方法和环境课程主要采用的心理陶冶方法三大类。

学校心理素质教育的方法众多，这里侧重介绍其中几种常用方法。

讨论法

讨论法是学校心理素质教育中应用较多的一种方法。分组讨论通过若干小组全员参与讨论，群体互动，目的在于明确观点、明辨是非、共同探寻问题解决办法，属认知性的教育方法。

讨论的特点：

(1)多向互动性。讨论的过程，是一个以中心问题的讨论者之间相互作用、相互影响的过程，是一个交流观点、表达意见，从而互相启启迪、互相碰撞的过程。是一个信息多向互动交流的过程。（见下图）

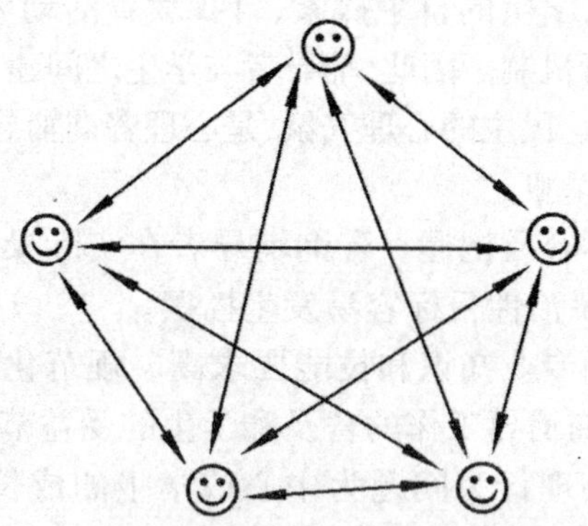

图7　多向互动示意图

(2)全员参与性。参加讨论的学生都有发表意见的机会，但是既要准备自己的发言，同时又要倾听别人的意见，要对别人的意见作出评价，而且要集思广益形成自己的观点。

(3)问题性。“问题”是引发学生讨论的重要媒介,是讨论的中心,讨论始终围绕问题进行:学生不明确或感到困惑的障碍性问题,能激发学生探究欲望、运用已有知识经验去发现和探索的认知操作性问题,新旧观念矛盾、能触动学生内心世界的矛盾冲突性问题,有多种可能答案的多维性问题,与实际生活密切相关的生活性问题。

(4)民主开放性。民主平等、宽松和谐的师生关系,有利于形成各抒己见、生动活泼的课堂气氛。前苏联学者雅各德钦曾经指出,重要的是创造一种生动活泼的课堂气氛,使学生感到没有思想负担,大胆地无拘无束地讨论问题,论证自己的观点。在这种民主、自由、平等、和谐的教学环境中,讨论活动才能顺利进行。

(5)有效性。“有效”即为有效果、有效益,它是20世纪上半叶西方在实用主义哲学和行为主义心理学影响下提出的教育理念。这里的“有效”主要指通过教师在一段时间的教学后,学生所获得的具体的进步和发展。

讨论包括四个基本环节:准备、讨论、反馈、小结。并且根据需要,小组讨论、班级讨论可以互换。

分组讨论的操作要求是:(1)精心选择讨论内容,设计讨论问题。(2)讨论的合理组织:包括确立小组——空间组织,充分活动——时间组织,营造氛围——情绪调控。(3)讨论活动的有效参与:让学生学会倾听、学会兼顾、学会交流,学会解决冲突。(4)讨论活动的合理评价。

角色扮演法

1. 概述

角色扮演是20世纪20年代由摩纳首倡并广为使用的一种心理训练技术。它是指角色承担者按照特定地位和所处情境,遵循角色期待所表现出来的一系列的角色行为。作为一种心理干预训练技术,实质是利用社会模仿、角色体验、群体互动、积极强化等效应,通过行为模仿、行为替代、想像、创造、体验等过程来影响个体心理和行为。在角色扮演中,学生可以学习改变自己的已有的行为、学习新的行为,获得角色体验,形成或改变某种观点。

2. 作用

(1)经验表征。通过角色扮演,学生将所感知、所想像、所体验、所向往的情境再现出来,这种再现也就是学生将自己所有的经验表征出来,从中感受、体验、探索周围的环境和世界,巩固和发展已有的经验。

（2）外显体验，暴露矛盾，澄清问题。通过体验，可以帮助他人或自己了解内心冲突与外在表现。也可以表露用语言无法或不好表达的感受、情绪、体验或观点，还可以暴露个性上、行为上的矛盾或问题。在表演中澄清问题，发现问题的症结，为解决问题提供切实可行的途径和方法。

（3）宣泄消极情绪，积淀积极的情感体验。扮演者内心的种种消极情绪，可以通过虚拟的、安全的角色行为情境宣泄。通过角色换位扮演，学生也可以从他人的角度来看问题，促进角色的相互理解，缓解人际交往中的紧张、冲突或对立的情绪。同时，扮演中获得的种种积极的角色体验得以积淀并产生移情作用。

（4）塑造矫正行为。角色扮演可以让学生在观察和体验中掌握正确的角色行为规范和标准，在模仿和练习中学习合理而有效的行为方式，矫正错误的行为。

（5）发挥并培养学生的主动性、创造性，促进心智水平和行为操作水平的提高。角色扮演让学生在轻松、自由、开放的时空中对角色进行假设、想像、创造和体验。可以获得生活中无法获得的体验，积累生活经验，并且想像力、观察力、体验能力、创造力、实际操作能力、语言表达和情绪表现能力等方面都可以得到发展和培养。

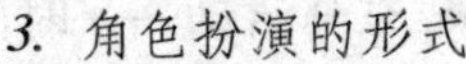

3. 角色扮演的形式

（1）心理剧或社会剧。通过即兴表演的方式，探索学生的认知特点、人格特征、人际关系、内心冲突和情绪问题。主要步骤是：设定目标，确定情境；对角色及扮演作出解释，排除疑虑；发展剧情，设定并分配角色；示范表演；正式表演；事后分析讨论。

（2）角色换位表演。角色换位有两种方式，一是在剧中A和B交换各自的角色。二是扮演一个与自己现实生活中的角色完全不同的角色。

（3）镜像法。这种方法是指看别人表演自己的方法，要求两个学生配合。例如一个是有问题的学生，另一个是配角。有问题的学生表演什么，配角就模仿其行为，重复表演什么，就像平面镜成像一样，即提供“以人为镜”的契机。

此外，还有哑剧表演、空椅子技术、独白法、同台表演等角色扮演方法。

4. 操作要求

表演中的要求是：一是让学生表演或再现其日常生活，尤其是涉及本人的内心冲突；二是表演或表演中讲述自己的真实感受和想法；三是采用音乐、动作等辅助手段增强扮演效果。四是反复表演，重复讨论。

行为技能训练技术

该技术根据行为心理学的强化原理，目的在于塑造我们希望学生具有的目标行为。该技术共分四个步骤：示范、指导、演练和反馈。

1. 目标行为示范

教师首先向学生示范目标行为。这种示范可以是生动的，也可以是象征性的。进行生动的示范时，由另一人在适当的情境中表现出目标行为；进行象征性示范时，目标行为通过录像、录音或电影等形式表现出来。教师在示范时应注意：(1)示范目标行为时，应示范出一个成功的结果(一种强化)；(2)确保学生的注意力集中到目标行为的重要方面上；(3)示范行为应在真实的情境或在对真实情境的角色扮演中进行；(4)为使学生能够正确掌握目标行为，应尽可能多地重复示范行为；(5)为了促进行为的泛化，应当用各种方法，示范在各种情况下如何运用该种技能；(6)看过示范后，应尽快给学生一个演习(模仿)的机会。

2. 指导

结合示范的过程，向学生恰当地描述目标行为。要达到最好的效果，指导应是特异性的，应当对你期望学生表现出的行为进行准确地描述。要按照顺序对目标行为的每一步都进行特异描述。指导时还应对行为产生的情境给予特异描述。这前两种策略是为了确保学生在头脑中能够领会目标行为的操作。

3. 演练

在观察行为示范和接受指导后对目标行为进行实践。演练是行为技能训练的一个重要部分，因为只有通过演习，教师才能确知学生是否掌握了目标行为，或者还有哪些需要改进的地方。在演练时应注意：(1)应当在适当的时候对行为进行演练，或者在一个真实的情境下，或者在一个可以激发类似情境的角色扮演中；(2)设计演练时，应遵循循序渐进原则，即首先演习简单的行为，逐步实践较复杂的行为；(3)正确的演练应当立即给予强化(可以是口头表扬，可以是物质奖励)；(4)不完全正确或错误的演练应当给予更正性反馈；(5)直到行为表现正确或至少偶尔有正确表现时，才能停止演练。

4. 反馈强化

学生进行行为演练后，训练者应当立即给予反馈。反馈包括表扬或其他的正强化，必要时还应包括对错误的更正，以及对如何进行改善的进

一步指导。反馈是对演习成果的必要的评价和总结,也是对目标行为的强化。运用反馈强化策略时应注意:(1)应当在行为完成后立即给予反馈强化;(2)反馈时,应当有对行为某些方面的表扬,如果完全没有正确的地方,至少应表扬学生的努力参与。这是为了使演习成为学生的一种强化性经验;(3)对错误进行更正时,不要用否定的方式,不要把学生的表现说成坏的或错误的,而应当是怎样才能做得更好或是怎样才能改善行为表现的指导;(4)进行更正性反馈前,首先要对某些方面进行表扬。

在心理素质教育实践中,具体选择和采用什么方法,主要有如下依据:首先,方法应该符合心理素质教育目标要求,即符合培养健全的心理素质这一根本目标、某一心理素质要素的具体目标、某一训练环节的过程目标。其次,切合心理素质教育的总体内容、阶段内容、单元内容、具体训练环节内容的特点。再次,符合儿童青少年心理发展的规律和不同发展阶段的年龄特征。最后,符合心理素质教育的基本原则,体现出适应性、发展性、体验性和活动性等心理素质教育的基本要求。另外,心理素质教育方法应该综合利用。

第八章

学校心理素质教育的制约因素

心理素质是一个人整体素质的重要组成部分，它的发展和完善，既受自身因素的制约，又受家庭、学校教育和社会环境的影响，并经过主体的实践锻炼而逐渐强化。以培养学生健全心理素质为目标的学校心理素质教育，必须重视学生主体因素、家庭因素、学校教育因素和社会环境因素在培育和优化学生心理素质中的重要作用。探讨学校心理素质教育的制约因素，将有利于提高学校心理素质教育的针对性，促进学校心理素质教育科学有效地开展。

影响学校心理素质教育的主体因素

在学校心理素质教育中学生是主体,各种心理素质教育训练必须作用于学生主体,落实到每个学生身上。其教育的针对性,有效性也只有通过提高学生的素质来体现。因此,充分认识学生的主体地位,调动学生参与心理素质教育的积极性、主动性,进而培养其自我教育,自我完善的能力,是实施心理素质教育的重要条件。同时,心理素质教育不同于其他教育,它更强调平等、尊重的原则。它不能用强制手段来逼迫学生,必须充分尊重每个学生的人格和发展潜能,发挥个体的主体作用,各种教育措施才能产生效果。故在心理素质教育实践中,能否发挥学生的主体作用,是心理素质教育成败的关键。

下面我们将从学生主体的生理条件、人格特征、心理健康水平、学习成绩等方面探讨主体因素对心理素质教育的影响。

生理条件与学生心理素质发展

一切心理现象的产生,都有其生物基础。心理素质作为一种基本的、稳定的、衍生和整合的心理品质,是以一定生理条件为基础,在个体已有知识经验和环境的交互作用中,将外部刺激与主体需要融合并内化而成的。因此,学生生理条件是其心理素质发展的基础,是心理素质教育的制约因素之一。

1. 生理遗传特征影响心理素质发展

一般认为,生理遗传给心理发展提供了可能性,后天的环境与教育则将这种可能性变为现实性。两者相辅相成,缺一不可。这里涉及两个问题,一是生理遗传与心理素质的关系;二是生理遗传的发育和成长(成熟)如何影响了心理素质的发展。

先天生理条件的优劣影响个体心理发展的速度、水平和特点。有研究表明,呆傻儿童*50%*以上是先天遗传因素造成的;*2001*年*10*月*4*日《自然》月刊报道,在人体*23*对染色体中的第七对染色体上的一种叫FOXP2的基因对语言学习能力起关键作用。在基因阶梯上,当有一个叫"鸟嘌呤"的梯级被"腺嘌呤"取代,就产生学习障碍。这种变异不仅会改变FOXP2的运动,而且在大脑发育的关键阶段会产生影响。这是在人类基因研究中所确认对某种心理障碍(语言)有确凿影响的第一个基因。因此,先天生理条件对个体心理素质的发展起着重要作用。

个体生理条件的发育与成熟是个体心理发展的物质基础。有研究揭示,个体的心理机能发展,决定于脑的各结构逐渐的和异时的成熟;髓鞘化是脑内部成熟的重要标志。新生儿出生时脑的低级部位(脊髓、脑干)已开始髓鞘化,以后的发展不均衡,先是与感觉运动有关的部位,然后是与运动系统有关的部位,最后是与智力活动直接相关的额叶、顶叶髓鞘化,六岁末几乎所有皮层传导通路都已髓鞘化。因此,在个体发育过程中,查明脑的不同部位成熟的程度和性质,对于理解不同年龄的个体的具体心理活动和行为的机制是有益的,对研究个体心理素质的发展及适时开展心理素质教育具有基础意义。

2. 心理素质的发展影响个体的生理发展

心理和生理的关系是心理学的基本问题之一,是心理学各种理论问题的基石。探讨这个问题对心理素质的理论研究和心理素质教育实践具有重要意义。

心理活动的最复杂形式可以被看作是脑的特定部位的机能,换言之,它们可以定位在脑皮质的特定部分中,就像初级机能(运动、感受性)那样。经典神经生理学的研究发现,条件反射建立的基础,是暂时神经联系的接通,是整个神经系统的普遍特性。即学习行为在脑内许多结构包括发层下深部结构,都具有形成暂时联系的能力,心理活动在个体的生理系统中有表征。当今,信息技术与神经科学的结合,人们广泛研究在人类信息处理过程中心理活动与中枢和外围中多种生理指标变化间的动力关系,使人们认识到脑功能的非线性运动过程,认识到心理过程如何促进个体生理的发展。总之,生理系统是基础的下位系统,它的具体的机制和规律表现为心理系统的功能和性状;心理系统是上位系统,它对生理系统有整合、调节和支配作用;心理素质的发展影响个体的生理发展。

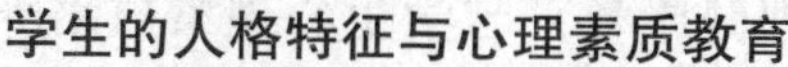

学生的人格特征与心理素质教育

心理学的理论和教育实践表明,人的人格在外界环境影响下,通过教育与训练,加之自我的渐进内化,是可以变得更加完善的。人的需要、兴趣、爱好、动机是可以激发和引导的,人的能力经过训练可以增强,人的气质和性格也可以通过教育,改变人的行为,某种行为长期坚持就会形成习惯,习惯被固定下来就形成了人的性格。可见,人格的改造、重塑、优化,都离不开符合心理品质形成规律的教育、培育和训练。因此,心理素质教育对于学生形成完善的人格是必不可少的。

1. 人格品质是心理素质的内核

人格是个体在行为上的内部倾向。它表现为个体在适应环境时的能力、动机、需要、兴趣、价值观、态度、气质、性格和体质等方面的整合。是具有动力一致性和连续性的自我,是个体在社会化过程中形成的给人以特色的心身组织。它是通过个人的生活道路而形成的,反映了人与人之间稳定差异的特征。虽不直接参与对客观事物认识的具体操作,但具有动力和调节机能,制约着人的适应、生存和发展。心理素质是以生理条件为基础的,将外在获得的东西内化成稳定的、基本的、衍生的,并与人的社会适应行为和创造行为密切联系的心理品质,包含认知因素、个性因素和适应性因素。因此,人格因素是心理素质的内核,是现代人最重要的心理素质。如,从性格品质来看,一个人是独立还是依赖,直接制约着认知能力的发展和社会适应行为的表现;另一方面,个性又是在人认知能力的发展中,在社会适应的行为结果的反馈中逐步强化、积淀而成的。从心理动力来看,一方面,一个人的性格优化,认知能力提高,社会适应行为良好,心理动力是内在力量源泉;另一方面,性格品质、社会适应行为又直接左右着心理动力的目标指向。

2. 心理素质教育完善学生人格

人格既稳定性,也有可塑性,稳定性说明人格有一定的模式,可塑性说明人格可以通过培养和教育人为地加以改变。这就提示我们,在心理素质教育中,我们完全可以按照一定的人格发展模式,采取教育学和心理学的训练方法,来完善学生的人格,关于这一点,早在希腊时代,亚里士多德主张通过塑造良好的环境培养学生良好的习惯来培养人格。前苏联教育家马卡连科认为,所谓培养一个人,就是培养一个人的人格。它还把教育的目的归纳为“人的人格的培养计划”。由此可见,心理素质教育培育学生的人格是可行的,也是十分必要的。

根据我们在中小学进行的“心理健康教育与学生心理素质培养”的实验研究表明,实验学校的学生通过心理素质教育与训练,从心理素质测验结果来看,取得了令人满意的效果。学生在抱负水平、独立性、坚持性、求知欲、自制力、自信心、责任感、挫折耐受力等方面得到显著提高。祝新华在历时三年对中学生进行心理素质教育实验证明,在心理素质的个性特征中,求知欲、灵活性、独立性、自制力、坚持性、稳定性等心理品质试验班学生明显优于控制班。我们不难看出,心理素质教育有利于提高学生自信心和抱负水平,心理素质教育有利于培养学生的意志品质,心理素质教育有利于发展个性品质,即有利于完善人格。

学生的心理健康与心理素质教育

处在转型之中的中国社会,伴随而产生的价值多元化、竞争加剧、文化冲突等问题使学生承受着很大的心理压力,加之青少年学生自身生理与心理发展的不成熟,使青少年学生心理问题越来越突出。心理健康教育成为了当前学校不容忽视的问题。如何解决学生心理问题,我国主要有三种模式,一种模式是对学生进行心理咨询与治疗,解除心理问题;第二种是对学生进行心理健康教育,对心理问题进行积极预防;第三种是对学生进行心理素质训练,进行以培养学生健全心理素质为目标的心理素质教育。

1. 心理健康是心理素质健全发展的标志之一

在学校心理健康教育中,提高全体学生的心理素质,充分开发学生的潜能,培养乐观、向上的心理品质,促进学生人格的健全发展,是其总的目标和要求,这说明心理健康的基础是具有良好的心理素质。在社会现实中,一个人能正确认识自己,调控自己的行为和情绪,适应环境,承受挫折能力强,其心理发展水平就较高;一个人具有健全的人格和良好的个性心理品质,其心理健康水平就较高。而一个人健全的人格,积极的适应能力等是心理素质的核心。也就是说,心理健康是心理素质的社会和心理功能。同时,人们也常常把心理素质的优劣用心理健康状况作为衡量的标准之一。所以,一个人心理素质的高低,直接关系到提高其整体的素质,这个整体的素质(包括生理素质、心理素质、文化素质)表现的优劣,是一个人心理是否健康的表征。

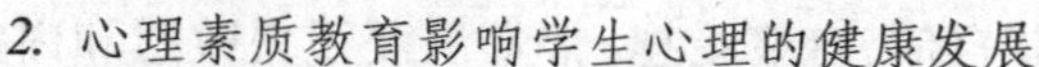

2. 心理素质教育影响学生心理的健康发展

心理素质的优劣制约学生心理健康状态,也是个体心理发展水平高低的标志。教育实践表明,在学校中系统、科学地开展心理素质教育,使学生积极适应,主动发展,有利于促进和维护学生心理的健康发展。第一,心理素质教育的目标积极适应、主动发展是中小学生的心理健康现状的客观需要。据国内大量的调查研究表明,大约有10%~20%的中小学生中存在程度不同、类型各异的心理和行为障碍,常见的有:抑郁、焦虑、人际关系敏感、攻击性行为、学习困难等等。我们的研究表明,通过心理素质教育,学生能够表现出与学习、生活、交往和生理发育的变化相一致的心理和行为,增强他们对学习、生活、交往和环境的适应能力,缓解他们成长中的心理矛盾和心理压力;开发学生的心理潜能,使其形成正常的智能,养成健全人格,使学生健康成长。第二,心理素质教育的内容包含了

学生心理健康所需要的心理品质。一个心理健康的人,应该具备良好的心理品质和能力,如自信、坚持性、自制力、求知欲、责任感、情绪稳定、认识能力、人际交往的能力、学习的能力、挫折耐受力、情绪调控能力等等。这些能力不但对学生自己认识自己的问题,自己找到解决问题的方法,自己对自己的行为负责是必要的,而且是心理素质教育的主要内容。第三,心理素质教育的过程能促进良好的心理和行为习惯形成并内化为稳定的心理品质。在心理素质教育中,我们强调从培养良好的行为习惯出发,要求学生积极参与,强调在活动中的反思体验,从而来形成健康的行为和良好的心理品质。这些心理品质是心理健康的基础,也是学生适应现实,发展自身,创造未来的必要条件。当然,心理健康的学生有利于良好心理品质的形成,这是相互促进,相互制约的关系。

学习成绩对学生心理素质发展的影响

1. 学习成绩影响学生心理素质的发展

学习是学生的首要任务,学习活动则是学生的主要活动。目前,学习成绩仍是判定在校学生发展水平的重要指标,学习成绩的好坏、对待学习成绩的态度等直接影响到学生的心理发展水平。

(1)学习成绩对学生心理健康有直接影响。

学习成绩好的学生,心理上得到了一定的满足,体验了较多的愉快情绪。有位学者说过:“献身于引人入胜的工作是实现心理健康的基本条件。”成绩好的学生能从学习中找到乐趣,感受到自我的价值和尊严,从而拥有自我效能感,他们在学习的过程中能忘掉烦恼,并从中得到安慰。

学习成绩差的学生,其自信、自尊受挫,常常沉浸于失败感和内疚感之中,容易紧张不安,对学习感到恐惧和迷茫,产生学习焦虑,加上父母师长施与的压力常常过大,成绩往往会进一步下降,这些学生容易产生对自身能力的怀疑,进而自暴自弃。

(2)学习成绩影响父母师长的教育方式和态度。

在一项研究中,研究人员根据学习成绩把学生分为差生组和优生组(各120名),调查两组学生家庭和学校的教育方式。结果发现,优生组父母和老师对学生的教养偏向情感温暖和理解,容易使他们产生温暖、信任和安全感,有助于形成良好的个性和学习习惯,有助于其心理素质的完善。差生组父母和老师对学生的教养则偏向惩罚、否认、拒绝和过分干涉,容易使他们产生逆反及自卑心理,对学习厌恶、抵触和缺乏信心,从而容易出现各种心理问题。

2. 心理素质发展水平影响学生的学习成绩

心理素质对学习成绩的影响，主要表现为心理素质各个因素对学习成绩的影响程度。从理论上讲，人的心理素质作为一个整体结构，各要素都对行为产生影响。但由于学生爱好、个性、家庭环境、受教育程度等存在不同，各要素对学习成绩的影响程度、作用大小也有不同。

(1)整体而言，我们研究发现，认知品质和个性品质对学习成绩有直接的影响。而适应品质通过认知与个性品质对学习成绩起间接作用。同时，认知与个性品质还互为中间变量对学习成绩有间接影响。其中，认知品质中的一般认知特性、元认知特性，个性品质中的独立性、求知欲、自制力、自信心、责任感，适应品质中的人际适应、学习适应、情绪适应等心理素质因素都对学习成绩产生重要影响。小学生的认知品质对学习成绩有极大的影响，中学生的认知品质和适应品质对学习成绩有直接效应，个性品质、适应品质通过认知品质对学习成绩有间接效应。

由于认知品质中的一般认知特性是一种与人的各种认识活动相联系的潜在能力，其核心是抽象思维，因此与学习成绩的关系密切。元认知特性是对认知的监控与调节，直接决定认知活动的方向，能够纠正学习者的认知偏差。因此对于学习成绩有积极影响。

在个性品质中，独立性是学生独立思考，善于怀疑，善于批判，善于创新的心理品质，在学习上，学生能否有良好的学习成绩，与独立性有关。美国教育心理学家布鲁纳倡导的发现学习就是充分发挥学生的独立性为前提的。求知欲是学生学习的内部动机，是学生积极探求知识的欲望，它促使学生坚持不懈地进行探究活动，促进学生进行创造性学习活动。只有不断地保持旺盛的求知欲，才会有极大的兴趣投入到学习中，学习活动才能顺利开展。自制力是抑制妨碍达到目的的心理现象和生理现象的意志品质，有助于克服学习中消极因素的影响，保证学习活动的顺利进行。自信心是学生对自己的能力的一种确信，具有自信心的人有较高的抱负，勇于探索，所以能发挥自己的能力，能提高学习成绩。责任感是解决许多问题的条件，马卡连科说过："没有责任感就不会有真正的工作。"有责任感的学生才会积极地促进其对自己的学习负责。

在适应品质中，学习中的人际适应主要表现为师生关系，生生关系，在学习中有融洽的师生关系，学生的想像力和创造力就能得到充分发挥，学生的自觉性和坚持性就会增强，教师传递的信息学生才乐意接受。有了良好的师生关系，学生才不至于在学习时受到不良人际气氛和情绪的干扰,有利于学生间相互学习。学习适应是学生根据学习环境、学习内容和教师的教学方式的改变而随时调整自己的学习计划、方法等。众所周知,学习方法直接决定学习成绩的优劣。情绪与认知过程密切联系,没有情绪的认知和没有认知的情绪都是不存在的。情绪可以影响和调节认知过程,也就是说情绪和情感能促进和阻止工作记忆、推理操作和问题解决。因此,情绪适应影响学生的学习成绩。

(2)不同学习成绩组学生的心理素质对学习成绩的影响不同。学习成绩高分组学生的学习成绩主要受个性品质的影响,认知品质与适应品质有间接影响。学习成绩低分组主要受认知品质的影响;学习成绩中等组,心理素质中的认知品质、个性品质与适应性品质对学习成绩有直接影响。出现这种现象的原因是:①学习成绩高分组的学生其一般认知特性和元认知特性有良好的发展,学生是否具有自制力、求知欲、自信心、坚持性等个性品质,决定着学生的学习成绩;②学习成绩低分组的学生从事学习活动最基本的心智条件的认知品质发展较差。据我们统计发现,学习成绩低分组的学生75.4%的在智力等级位于中下水平;③学习成绩中等组学生发展不平衡,受认知、个性和适应品质的影响也不平衡,呈现影响因素较复杂的情况。

综上所述,心理素质与学生的学习成绩互相制约,互相影响。部分学生学习成绩低下是由于心理素质问题造成的。因此,处于心理发育的高峰期的学生,通过全面素质教育,除了常规的课堂知识教育外,实施系统的心理素质教育,不仅使学生心理素质得到发展提高,而且也会使学生的学习成绩得到提高。

影响心理素质教育的学校因素

学校是实施心理素质教育的主要场所,在心理素质教育中起主导作用。各种心理素质教育必须以学校教育环境为依托,以教学活动为载体,以学校各种教育活动为途径,通过教师有目的、有计划、系统的实施,才能发展学生的心理素质,维护学生的心理健康。我们的实验研究表明,从整体上看,重点中学学生的心理素质水平显著高于普通中学学生,但大学生的心理素质水平没有学校类型差异。这也说明,学校因素是制约学生心理素质发展的重要因素。关于学校因素我们主要从学校氛围、师生关系、教师人格特征等因素来进行分析。

学校氛围对学生心理素质发展的影响

学校氛围简单地说就是学校的心理环境,这与学生的心理素质发展有直接关系。这里的学校氛围主要指直接或间接影响学生心理健康与发展的环境。从形式上划分,指能目睹的自然环境和看不见、摸不着但每时每刻都在影响着学生心理发展的文化环境,包括校风、班风、学风、教风等。大量的研究表明,这些环境对学生的学习、心理健康、人格的完善、心理素质的发展等起着积极的促进作用。

1. 校园自然环境

校园环境的布局、绿化、建筑、教室、宿舍等等形成了校园的自然景观。校园的自然景观从整体上影响着身处其中的人的情绪和心理体验。整洁、优雅、宽阔的校园,师生们从中体验到的是愉快、轻松向上的气氛。反之,在一个阴暗、狭窄、杂乱灰暗的校园里,人会感到压抑、烦躁、沉闷。

良好的校园自然环境,能产生3种心理效应:①认同激励效应。当学生进入一个环境幽静,整洁的校园,心理会认同这是一个读书的好地方。环顾左右,发现的是学校培育的英才展览,学生的书画作品,美丽的风景山水画,一些科学方面的名人画像,学校的校训等,无形中会激励学生奋发向上。②行为规范效应。学生进入校园,到处干净、整洁、有序、规范,浓郁的文化氛围如别致的景观,精美的雕塑,宁静的环境等,使学生身在其中产生集体荣誉感,规范自己的行为。③情感共鸣效应。一个学校如果绿化适宜、整洁、干净、朴素、大方、和谐,会在学生心里产生愉快感、美感和安全感等,使学生能喜欢这个学校,并以作为该校的学生而自豪。总之,学校应尽可能为学生的心理健康与发展提供良好的环境,这有利于学生良好心理素质的形成。

2. 校园文化环境

校园文化环境包括校园里的政治、经济等社会心理气氛及生活方式和课外活动等。主要表现为校风、班风、学风、教风等。研究表明校风班风学风教风与师生的心理健康水平有明显相关,它们通过潜移默化的作用,对身处其中的人的心理素质形成和发展产生影响。

(1)校风。

校风是学校风气的简称。作为社会风气有机组成部分的学校风气,是每个学校的领导者和师生员工共同具有的、富有自己特色的、稳定的集体意识倾向和行为特点的集中表现。校风是由两个系统构成的:一是学校领导者的作风、教师的教风和学生的学风系统。领导作风是决定因素。

而教风和学风则是校风的集中表现。这三股风气相互强化。二是校容、校貌、校纪和校训系统，在这个系统中，校纪和校训是主要的。严明的校纪和校训，有助于校容和校貌的改观，而良好的校容、校貌则能使师生员工心情舒畅，提高工效。

校风包括学校的精神环境和心理氛围。它对学生的心理素质发展有着重要的影响。比如清华大学，有着“厚物载德，自强不息。”的校训。以其“严谨，求实，勤奋，创新”的校风，影响和培养着一代代清华学子。清华的良好学风，使得校内勤奋求学，刻苦钻研，蔚然成风，即使在周末，图书馆、教室，也坐满了上自习的同学。清华学术气氛尤其浓郁，校园里常常举办各类学术活动、学术报告，求学问、搞研究之风十分普遍。学生见善思齐，从善如流，形成健康的心理和健全的人格。

良好的校风是通过创设各种有教育意义的情境而逐步形成的，同时良好校风本身就是创设的一种最佳的心理情境。它具有3种基本的功能：①心理感染功能。校风是一种无形的感染力量，无声的行动命令。在良好校风的感染下，师生往往能自觉地约束自己的思想言行，采取符合教育要求的从众行为方式。②行为导向功能。校风是一种行为准则，不成条文的心理契约，能使师生员工继承优良的学校传统，抵制和摊除不良风气和行为方式的侵蚀。③增加凝聚力的功能。校风是由师生员工共同努力而形成的，自觉珍惜它和维护它。所以它能增强集体意识，增强内聚力。

(2)班风。

班风则是在一个小环境、小气候里集中反映出的班级群体的精神面貌。一个班级里充满着积极向上、宽松友爱、健康温馨的气氛，学生就感到心情舒畅，其尊重、理解、归宿、友谊等心理需求得到满足，并从班级的支持中得到勇气和力量。促进其良好个性品质的形成和巩固。而如果班里充斥着消极不振、猜疑戒备、互不配合，学生在其中就感到孤立无助，紧张压抑，烦躁不安。一个生机勃勃、团结健康的班集体会有利于学生心理素质的发展，而一个混乱、松散、不合作的班集体，则不利于学生健康的心理品格的形成发展，这是班风影响作用的一个方面。总之，一个学生如果为他所在的班级所接受、欢迎，在班级中有较好的地位，则有利于其心理素质的发展，反之，则不利于心理素质的发展。

(3)学风。

学生是课堂教学活动中的主体，学生的学风好坏，是影响课堂中心理

气氛的重要因素。学生的学风是通过学生的学习态度、道德品质和行为、组织纪律性、团结协作、尊敬师长、爱护公物、关心同学、热爱集体、自学互学、刻苦勤学等方面表现出来的。学生自觉遵守纪律,友好地竞争与合作,集体舆论健康,尊师蔚然成风,关心集体的声誉和成就是良好学风形成标志。

良好的学风有两种作用:①良好的学风有利于学生心理健康。学生在紧张冷漠、担心、互不服气的环境中学习、生活,会产生不良情绪,久而久之,就可能形成心理问题,这必然会妨碍心理的发展。学生在轻松愉快,课堂气氛活泼而严肃有序的环境,必然会提高学生的学习兴趣,在学习中体会到学习的快乐;也会使学生之间相互尊重,理解,积极争论,又相互支持,这有利于健康心理的形成。②良好的学风有利于学生形成良好的心理素质。学生在尊重、信任、宽松、活泼的师生关系和生生关系中学习,能给学生带来安全感、尊重感、幸福感,使人有一种愉悦的情绪体验,而得到高层次的心理需要,这也促使学生形成自强、自信、自尊、乐群等良好的心理品质。反之,则形成负性的心理品质。

(4)教风。

教师是课堂教学的组织者、领导者、管理者,肩负着光荣而艰巨的教书育人任务,而心理素质教育是教书育人的基础。当然,心理素质教育应成为每个教师的本质工作中的部分。在学校教育中的体现是教风。教师应是为人师表的楷模,教师教风的优劣是学生心理素质和能力发展的决定因素。教师的教风,是由教师的教学思想、教学态度、教学能力、教学风格、治学精神、管理方式,特别是道德品质和行为等多种心理成分构成的。正确的教学思想,认真、负责、勤恳的教学态度,高超的教学能力和艺术,良好的教学风格,严格的治学精神,科学的管理方法,高尚的道德品质是良好教风的形成标志,也是促进学生的智力发展和良好心理素质形成的重要因素,不良的教风,将不利于学生联合心理素质形成。

师生关系对学生心理素质发展的影响

师生关系是学校环境中最普通、最基本的人际关系。教学过程是师生两方面在理性和情绪上的动态的人际关系过程。在学校环境中,影响学生适应、发展和创造的因素中,恐怕没有比师生关系这一因素更重要的了。学生与教师所建立的关系,是决定学生的学校经验是否有助于他的全面发展,还是会增加学生的困难与挫折的关键。教育心理学家认为,一切有效教育活动的进行,都是建立在良好的师生关系之中。苏霍姆林斯

基说："我坚信，常常以教育上的巨大不幸和失败而告终的学校内，许许多多的冲突，其根源都在于教师不善于与学生交往。"

1. 师生关系的特点

(1)对象的限定性。

这是由学校教育性质决定的，即教师作为教育者，学生作为受教育者。教师与学生不论是否互相喜欢，都必须接受对方。如果师生关系融洽，会使双方心理上产生满足感，否则会给双方带来不愉快，而学生比教师更感到不愉快和不自由。因为教师是施教者，总有控制学生的权力；学生是受教育者，必须服从教师的要求。在这种情况下，学生可能产生逃避和对抗心理。

(2)教师的主导性。

在师生关系中，教师占主导地位。教师不仅要指导学生之间的人际交往，对师生关系的建立也起主导作用。学生的交往技能靠教师来培养，师生人际关系的发展主要靠教师来导向，师生人际关系的矛盾主要靠教师来协调。师生关系的好坏，责任主要在教师。当师生关系紧张时，教师首先要反省自己。任何把责任推给学生、怪罪学生的行为都是没有道理的。

(3)学生的能动性。

在师生关系中，学生不是被动的接受，而是主动的参与者和建设者。有文章指出："在现代美国和其他西方国家中，师生关系不主张以教师为中心或是以学生为中心，而是着眼于师生相互影响的过程和方式并根据有关理论建立师生关系模式。"在各个理论模式中，以相互作用模式较有影响。这种模式衍生出三个小模式，这就是小团体沟通模式，师生相互作用模式，师生交互作用模式。总之，未来师生关系的发展会越来越重视学生的能动性。

2. 师生关系的类型

心理学家西尔伯曼(Silberman)把教学情境中的师生关系分为四种类型：

(1)友好型：教师喜欢学生，不公开表示偏袒。学生学业成就高，对教师顺从、合作、喜欢接近教师。

(2)冷淡型：教师和学生交往活动频率较少，较冷淡。学生被动退缩，对教师无个别交往要求。

(3)关怀型：教师在合理范围内接纳学生的要求，公开关心与互动较多。学生学业成就较低，但迎合教师的要求，期望教师的关心。

（4）拒绝型：教师对学生期望消极，较多注意其行为问题，忽视其学习努力的表现，师生互动较多。学生学业成就低，有违纪和不遵从倾向。

在某些情况下，也会产生师生对抗，一般说来是由教师对学生的非人道行为引起的。有人把教师的非人道行为分为三类，与此相应，学生对教师非人道行为的反抗也分为三类。具体如下：①教师的体罚—学生的报复：教师对学生的体罚是一种常见的非人道现象，年纪越小的学生越严重，体罚的形式五花八门。而学生受到教师的体罚，在心理和行为上是一定要做出反应的，这种反应多半是报复性的行为。比如，以恶作剧的形式还击教师，以欺凌小同学宣泄怨气，以反社会的行为作为报复等等。②老师的惩罚—学生的逃避：惩罚不同于体罚，它并不对学生诉诸拳脚，伤害学生身体，而是以某种借口并以某种形式间接地对学生进行处罚，如用作业压迫学生。此外还有变相的惩罚，如提醒家长，暗示家长，甚至直接要求家长"管教管教"孩子。而学生面对课业惩罚或变相惩罚的结果，多半是学生厌学、逃学、旷课、流失等。③教师的心罚—学生的沉沦：所谓心罚型，就是刺伤学生自尊心，侮辱他们的人格，损伤他们的尊严，破坏他们的情感，歧视他们，轻谩他们。常见的表现有：谩骂、训斥、讥讽、嘲弄、取绰号、排队子、隔离等。教师的各种心罚对学生心理和情感的伤害所造成的后果是非常严重的。教师对学生心罚的结果，往往是使学生心灰意冷，萎靡不振，沮丧沉沦，自尊心受到打击，失去自信心。心罚给学生留下的是一种内在的创伤，是一种由无助感到无望感的转变。

上面三种对抗形式，其程度心罚重于惩罚，惩罚重于体罚。体罚固然不能容忍，但相对来说，心罚对人造成的后果更严重。总之，师生对抗现象在目前教育中带有一定的普遍性。解决它，要靠各方面努力。但是建立良好的师生关系是解决这一问题的根本保证。

3. 师生关系的相互作用和影响

（1）良好的师生关系促进学生人格健全。

任何人人格都会受到自己所热爱对象的影响。对学生的爱可以激发教师对教育工作的热情，对学生的爱更会使教师乐于接受学生，亲近学生，缩短与学生的心理距离。同时，良好的师生关系有助于教师能随时了解学生的需要，并尊重学生的人格尊严，促进学生人格的健全发展对于教师会用亲切的话语、真诚的表扬、鼓励的眼神等，使学生心情愉快，充满自信和自尊，使学生的心理素质得到优化，心理发展水平得到提高。

(2)良好的师生关系具有调节学生行为的作用。

对于小学生,往往并不真正明白学习目的,他们最需要的是为了获得爱。他们努力学习,遵守纪律是为了博得教师的赞赏,并以此获得与教师交往的满足。心理学研究证明,凡是喜欢与教师接近的学生,其学习态度和成绩一般较好。同时由于学生尊重教师而乐于接近教师,在他们有学习困难或个人生活上遇到问题时,就容易向教师请教,使他们在学习和生活上进步很大。另一方面,良好的师生关系对于调节师生的情绪,缓解学生的心理压力,避免心理问题,发展学生的心理素质,创造有利于学生心理健康发展的环境气氛,避免了对学生心理的劣性刺激,必然会优化学生的行为。

师生人际关系是学生尝试建立的人生第一种正式的人际关系。人际关系是以个人需要的满足为根据的,建立在个人情感基础上的个人之间的联系,是个体寻求需要满足的心理状态。学生往往透过师生关系这面窗户,透视社会上人与人之间的一切关系,从中体味人世间的炎凉冷暖,学习与人相处的准则,形成自己的人生观。从教师那里获得炽热情感的学生,可以在他们身上萌发热爱人、热爱人生的积极态度,打下与人相处的良好行为基础。

教师的人格特征制约学生心理素质发展

学校心理素质教育环境的真正优化,必须有赖于教育者自身心理素质的首先优化。其中教师的人格特征对教育活动和教育对象的心理产生重要的影响。因为,教师与学生接触最多,如果教师的心理出现问题,对学生的影响就很大。其伤害的可能不止一个,而是一批;其危害可能不仅一时,可能是学生的一生;其不良的影响不仅在一个方面,而可能是全面的影响。正如教育家乌申斯基指出:“没有教师对学生的直接的人格方面的影响,就不可能有深入性格的真正教育工作。只有人格能够影响人格的发展和形成。”因此,教师的人格特征直接制约着学生的心理素质的发展。

1. 优秀教师的人格特征

据调查,优秀教师与一般教师相比,在卡特尔十六种人格特质上,只有两种特质有显著的差异。即优秀教师的敏感性、乐群性显著高于一般教师,在次级人格因素方面,优秀教师的感情用事与安详机警性、怯懦与果敢性的得分显著低于一般教师。由此可见,较之一般教师,优秀教师所具备的最重要的人格特征是:

第一,较高的敏感性:即细心、敏感。优秀教师具有较高的敏感性,与心理咨询者所应具备的品质不谋而合。教师这一职业虽然与心理咨询是两个不同的职业,但都要非常善解人意,能细心而敏感地觉察来访者或学生的内心世界。加德纳(Gardner)的多元智能理论将这种特征视为一种智能,认为"人际关系智能的核心,是留意他人差别的能力,特别是观察他人的情绪、性格、动机、意向的能力。我们可以在宗教和政治领导人、教师、心理咨询专家和家长身上,观察到复杂微妙的人际关系智能的高级形式"。虽然名称不同,但都认为教师要非常敏感地察觉他人的情绪变化、内心感受等。

第二,较高的乐群性:即开朗、热情、随和。教书育人是教师的天职,在对学生施加种种教育影响的过程中,教师必然要和学生发生种种互动,良好的师生关系是教育得以顺利进行的保障。

2. 教师的人格特征对学生心理素质发展的影响

健全的人格是合格教师必备的心理素质。大量的研究表明,教师的人格特征不但影响其自身教育教学活动效果,而且在很大程度上决定其能否促进学生人格的健康发展,教师对学生智力、社会性和情绪的影响,取决于教师的人格类型和他所教学生的人格类型。

有学者对教师和学生测试后,把学生分为遵从型、反对型、犹豫型、奋斗型四种类型,把教师分为激情型、自控型、畏惧型三种类型。激情型教师自由散漫,不喜欢纪律约束,他们更注重学生的思想而不是学生本人,强调思考和推理的客观性,而且他们从不掩饰自己的情感冲动,这种类型的教师最适合教已经有心理安全感、能自律的遵从型和奋斗型的学生;自控型的教师强调纪律、班级团结和活动计划,他能理解学生,对学生热情友好,并对学生的情感变化非常敏感,这类教师的学生的焦虑程度比其他两类教师的学生的焦虑程度低,因此,这类教师相对来说适合于教任何类型的学生;畏惧型教师容易焦虑,行为稳定性差,在遇到不确定的事件时似乎无法自主思考,与其他教师相比,他们的防御性更强,对自己的约束更严格,甚至苛刻,喜欢照章办事,不喜灵活变通,并且希望别人也像他们一样遵从纪律规则,这种类型教师容易诱发学生的焦虑和防御反应,教奋斗型学生的效果稍好一点,但总的来说不及前两类教师。这说明,一个情绪稳定性差,说话刻薄,性格古怪的教师,会使学生处在紧张、恐惧、焦虑等负性心境之中;一个不顾学生自尊、打骂学生的老师,可能使学生丧失自尊、自信,变的逆反,甚至出现反社会人格,造成学生的性格不良、个性

缺陷,有的还会成为学生出现严重心理障碍和行为不良的诱因。所以努力加强教师自我个性修养,使教师具有良好的个性品质,对学生形成良好的心理素质具备积极的作用。

心理素质教育在学科教学中的应用

心理素质教育是以培养学生健全的心理素质为根本目的。目前,心理素质教育在部分学校已作为一门课程来开设,学科课程也在努力探索心理素质教育的开展,以便从根本上改变学校教育中教和育相分裂的现象。在实践中有的教师尝试把学科教学分为知识和心理素质教学两大版块;有的教师力图摈弃常规的教学模式,将心理素质教育贯穿学科教学的始终;也有不少教师在学科教学中带领学生尝试搞心理素质教育课题研究等等,这些都是在学科教学中开展心理素质教育的大胆探索。

1. 教师教学观念的转变制约心理素质教育的开展

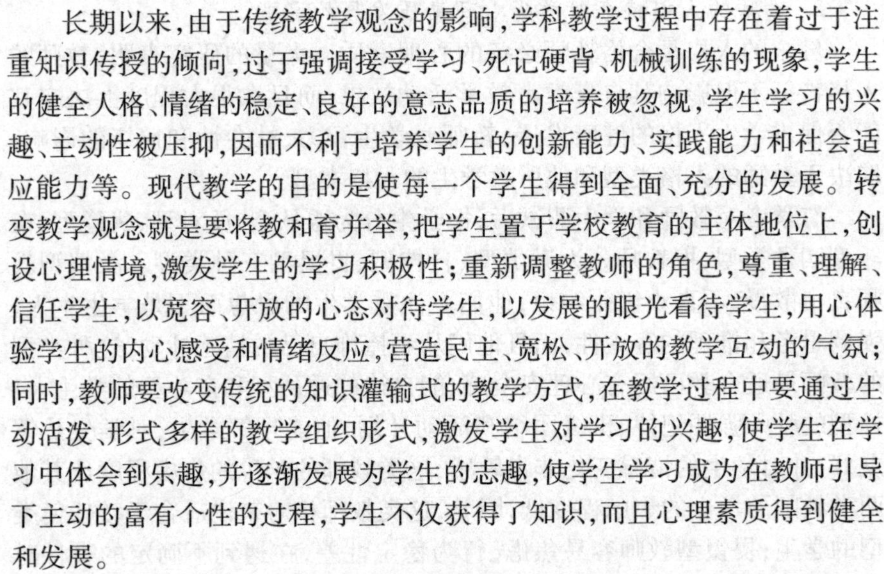

长期以来,由于传统教学观念的影响,学科教学过程中存在着过于注重知识传授的倾向,过于强调接受学习、死记硬背、机械训练的现象,学生的健全人格、情绪的稳定、良好的意志品质的培养被忽视,学生学习的兴趣、主动性被压抑,因而不利于培养学生的创新能力、实践能力和社会适应能力等。现代教学的目的是使每一个学生得到全面、充分的发展。转变教学观念就是要将教和育并举,把学生置于学校教育的主体地位上,创设心理情境,激发学生的学习积极性;重新调整教师的角色,尊重、理解、信任学生,以宽容、开放的心态对待学生,以发展的眼光看待学生,用心体验学生的内心感受和情绪反应,营造民主、宽松、开放的教学互动的气氛;同时,教师要改变传统的知识灌输式的教学方式,在教学过程中要通过生动活泼、形式多样的教学组织形式,激发学生对学习的兴趣,使学生在学习中体会到乐趣,并逐渐发展为学生的志趣,使学生学习成为在教师引导下主动的富有个性的过程,学生不仅获得了知识,而且心理素质得到健全和发展。

2. 心理素质教育的实施促进学科教学

(1)学科教学中穿插心理素质教育单元。

目前学科教学中尝试开展心理素质教育较多的一种形式,是在不破坏学科知识逻辑性和系统性的同时,在学科教学中适当穿插一些与学科教学内容有关的心理素质教育活动。必然,心理素质教育活动时间、方案就至关重要,它直接影响教学的效果。在我们的教学实践中发现,心理素质教育活动来源有两个途径:①从教材中引申心理素质教育活动。教材中的某些内容本身就包含了心理素质教育的内容，对于学生可能并未意识到，作为教师可以设计相应的心理素质教育活动，给学生点拨，进一步点醒，甚至点化。如初中语文课中“海伦”的内容，有些教师在这节课的最后十分钟，进行了“如何克服不良情绪”的心理素质教育活动，让学生学会解脱，换一个角度思考问题，同时给学生布置课外作业，通过查阅书籍、访问、调查等活动来收集资料，证明学会解脱、换一个角度思考问题对保持心理健康的作用。②从现实生活中选择与学科内容有关的心理素质教育内容。心理素质教育强调学生要自己发现自己的问题、自己解决自己的问题、自己对自己的问题负责，让学生解决身边与学科内容有关的实际问题。学生可通过查找资料、讨论、社会调查等亲身实践获得对社会的直接感受，尝试着与他人交往和合作，从而发展自己的心理素质，也加深了对课程教学内容的理解。

(2)课堂教学中渗透心理素质教育。

目前，班级授课制依然是学生学习的主要组织形式，课堂依然是常规学习的主要空间。因此，如何在课堂教学中开展心理素质教育，以从根本上改变教学方式，更好地培养学生全面发展，这是一个现实而又具体的问题。课堂教学中开展心理素质教育，关键是教师要把心理素质教育的思想渗透到学科教学之中，具体可采取如下措施：①创设心理情境。心理氛围是心理素质教育实施的起点，是激活或唤醒学生心理活动的“起搏器”。它通常能引发学生的认同感、缺失感，激发情感共鸣或者震撼，诱发行动愿望。因此，心理情境的创设在心理素质教育中特别重要。心理环境的创设既可采用背景、环境设计，如背景音乐、动画的呈现、空间位置的设置等等；更应该重视应用心理手段，营造民主、宽松、开放的互动气氛。教学，需要也能够渗透心理素质教育因素，以便最大限度地发展学生能力。②创设多种心理素质教育活动。现行课堂教学知识获得和运用的方式大都是经过抽象加工整理而成的文字、图形、表格等“书面材料”，学生缺少真正的体验。而心理素质教育要求以活动为载体，学生在活动中体会到“为什么”“如何做”，通过这种活动，学生将对书本知识有更多的理解，学生的各项技能和能力得到最大限度的发展，学生的智力也会在其中得到提高。因此，课堂教学中，要创设多种心理素质教育活动，会提高学科教学的质量。③反思内化。任何一种教育要求要转化为学生的心理结构，必须有内化的过程。进行反思，目的是将心理素质教育活动中的方法、思维方式延伸到类似的其他情境，主要采取如下形式：①呈现问题，活动前后对比；②设计情境，实际操作；③对案例进行归纳总结；④自我暗示提醒反思等。以往的教学，偏重于对概念或理论的解释，缺乏深一层次的反思，如用以解释各种自然现象和社会现象的众多知识是如何形成的？定律、法则或理论存在的依据和前提是什么？这些知识存在的价值是什么？而人们又是如何将这些知识应用到日常生活中去的？其实这些都是学生应该考虑的问题，是心理素质教育的反思内化的内容。比如，物理学科中的“牛顿力学定律”是如何产生的？它的价值何在？学生是不是能创造一个新的学说来替代它呢？这样不仅有利于学生了解科学知识，而且有利于培养学生发现问题、提出问题等思维心理品质。

我们相信，随着学科教学中的心理素质教育的深入开展，教育工作者在教学实践中不断地探索和创新，心理素质教育必将结出丰硕的成果。心理素质教育的开展也将有力地推动学科教育和素质教育的健康发展。

心理素质教育对学校思想政治教育的影响

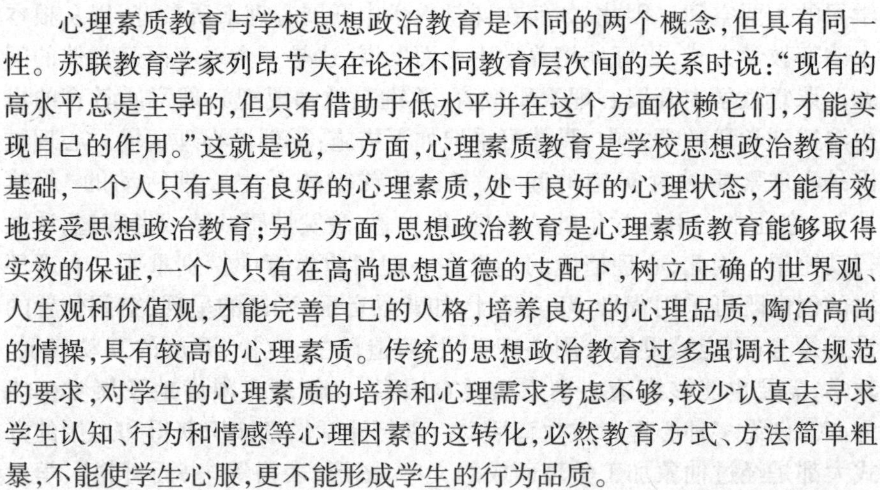

1. 心理素质教育与学校思想政治教育是一个整体

心理素质教育与学校思想政治教育是不同的两个概念，但具有同一性。苏联教育学家列昂节夫在论述不同教育层次间的关系时说：“现有的高水平总是主导的，但只有借助于低水平并在这个方面依赖它们，才能实现自己的作用。”这就是说，一方面，心理素质教育是学校思想政治教育的基础，一个人只有具有良好的心理素质，处于良好的心理状态，才能有效地接受思想政治教育；另一方面，思想政治教育是心理素质教育能够取得实效的保证，一个人只有在高尚思想道德的支配下，树立正确的世界观、人生观和价值观，才能完善自己的人格，培养良好的心理品质，陶冶高尚的情操，具有较高的心理素质。传统的思想政治教育过多强调社会规范的要求，对学生的心理素质的培养和心理需求考虑不够，较少认真去寻求学生认知、行为和情感等心理因素的这转化，必然教育方式、方法简单粗暴，不能使学生心服，更不能形成学生的行为品质。

从古至今，思想政治教育与心理素质教育就是两门联袂发展的教育。

我国古代，思想政治教育始终处于教育的中心地位，形成了以儒家思想为核心的把身、家、国、天下联为一体的系统的德育思想。儒家经典之作《大学》关于“欲修其身者，先正其心；欲正其心者，先诚其意”的论述，提出“正心”、“诚意”的修养方法。这说明，我国2 000多年前已经不自觉地涉及了教育对象的思想与心理的关系问题。在大力倡导和发展素质教育的今天，学校思想政治教育与心理素质教育的同步发展对于培养跨世纪高素质人才的意义,更加受到各级各类教育工作者的高度重视。教育部在*1999*年*8*月*13*日颁布《关于加强中小学生心理健康教育的若干意见》中明确指出:“良好的心理素质是人的全面素质中的重要组成部分,是未来人才素质中的一项十分重要的内容……培养学生良好的心理素质,是素质教育的重要组成部分。”心理素质不仅是学生素质的重要组成部分,而且对其他素质(如科学文化素质、思想道德素质)的形成有重要作用。

2. 学校思想政治教育对心理素质教育的作用

根据学校思想政治教育和心理学的基本理论,学校思想政治教育对学生心理素质教育的作用是决定心理素质教育的方向,主要表现在如下三个方面:(*1*)加强马克思主义基本理论的教育,是强固学生积极认知的精神支柱,是发展学生社会性的重要内容。主要加强以马列主义、毛泽东思想、邓小平理论和“三个代表”重要思想为主要内容的基本理论教育,坚定学生为社会主义、共产主义奋斗终生的理想;教育学生树立正确的人生观、价值观等。(*2*)加强爱祖国、爱人民、爱党、爱社会主义的教育,是强固学生的情感基础。重点加强爱国主义、集体主义和社会主义教育,激发学生的民族自尊心、自信心和自豪感,知我中华,爱我中华,建设我中华。(*3*)加强革命英雄主义和舍身卫国精神的教育,是强固学生的心理意志品质。主要加强科学世界观和革命人生价值观教育,教育学生正确对待生与死、苦与乐、荣与辱、得与失,保持健康的思想和心理;加强法规法纪教育,教育学员自觉遵章守纪;有意创设逆境条件,锤炼学员吃苦耐劳的意志品质。总之,学校思想政治教育能促进学生良好心理素质形成,在学校教育实践中已证明具有科学性和有效性。

3. 心理素质教育对学校思想政治教育的作用

心理素质教育要求详细了解学生的生活经历、家庭教育情况、心理卫生状况、人格特征等,根据学生的年龄和心理素质发展特点,发展学生正确的认知,培养学生积极的情感,形成良好的心理素质。这就使教育者与学生之间有了沟通的基础,彼此的心理距离缩短;也使教育者能更好地把握学生的心理需求和思想脉搏,找到教育的切入点,使学生积极配合,主动实践,进而内化。同时。还可以在一定程度上使学生、家长和教师的关系和谐,形成教育的合力。因此,思想政治教育必须依靠心理素质教育。

在我们的调查中发现,学生中真正意义上的思想品德问题是较少的,大多数与心理素质发展不健全有关。如:一个自卑的学生往往表现出孤僻、消极等行为,一个社会适应能力差的学生,可能表现为人际关系紧张、逃避行为等。这些问题的处理必须是心理素质教育与思想政治教育相互补充,缺一不可。

按照学生适应和发展八个方面的内容,对学生进行系统的心理素质培育和训练,使学生具有良好和健全的心理素质,在学生的心理上筑起一道坚固的防线。在现实生活中,当学生面对种种矛盾、冲突时,依据自己善良的心灵、坚强的意志、良好的人际交往能力和自我表达能力、积极的社会适应能力、顽强心理承受能力、良好的情绪调适能力等,去预防、解决心理问题,化解矛盾、冲突;避免行为失误和一部分思想、道德、政治问题。由此可见,心理素质教育可以促进学生的自我思想政治教育。

总之,心理素质教育与思想政治教育应相辅相成,相互制约,相互促进。

影响学校心理素质教育的家庭因素

学生心理素质是遗传、社会、家庭、学校及个体的生活经历等多种因素综合作用的结果,其中家庭环境的影响则具有特殊的意义。如果把学生心理素质比作遨游太空的卫星,那么家庭教育就好比助推他上天的火箭。家庭是人生活中第一个接触到的环境。家庭环境对儿童与青少年身心发展的影响,是以一种多因素、多侧面的复杂方式来实现的。作为子女的"第一任"教师,家长本身的素养及对子女的教育观、教养方式,都会给每个人的心灵烙上深刻的"印记",对子女心理素质的发展的影响具有其他因素不可替代的作用。同时,家庭结构对学生的影响,也会对其一生的发展起作用。本节将从家庭氛围、父母的教养方式、家庭结构等方面探讨其对学生心理素质发展的影响。

家庭氛围对学生心理素质发展的影响

所谓氛围,就是指人所处的环境气氛和情调,它是在某一环境中的人们相互影响、相互制约过程中造成的某种心理情绪和环境气氛。青少年在适应家庭环境的过程中,常以父母和其他家庭成员为最亲近、最直接的模仿和认知的对象,并以模仿式的学习来感受事物、熟悉环境、发展自己的习惯行为,形成自己的心理定势和性格特征,然后在以后与社会环境的接触当中,就开始以长期在家庭气氛中熏陶出来的心理模式、性格特征、习惯行为来判断自己对家庭以外的世界的适合或不适合。在现代大多数家庭中,由父母间形成的家庭人际关系和由父母与孩子之间构成的家庭教育关系(育人态度与方式方法等)所支配的家庭气氛对青少年的心理健康有十分重大的影响,往往父母的眼神、语言交流、行为举止、性格表现、作风习惯和对儿童的态度都能无形地给青少年心理以极大的刺激和启示,并在其适应过程中,形成他们自己心理和性格上的特征。因此,家庭气氛的好坏是学生心理素质发展的重要相关因素。

1. 家长态度的影响

态度是人们对一定对象较一贯、较固定的综合性心理反应倾向。这里指的家长态度是指家长对子女受教育的态度。家长对子女的态度非常重要,家长对子女的态度影响孩子智力和能力,行为和道德发展。子女处理事物的方式、对待人际关系的方式等各种行为受家长态度的影响。子女的自尊、自信、自主性、意志力等受家长态度的强化。因此家长的态度直接影响到子女心理素质的形成和发展。

一位教育家说:“评价 = 成就”。这是说父母和教师对待学生的态度对其能力的形成有巨大的影响。如果父母认为子女在平均智力水平以上,那么子女的态度往往是积极的,对周围事物的看法也是乐观和自信的。父母给子女以较好的评价,有两个方面的意义,一是父母把自己对子女某方面能力和行为的期待告诉给子女,让子女知道和了解父母对自己有什么希望,父母希望自己在那些方面表现的更好一些。更重要的方面是父母给子女以较好的评价,子女会对自己形成较好的评价。子女对自己的评价是建立在他感受到的周围的人对他的评价的基础上,特别是父母对子女评价的基础上。对年龄较小的子女,父母或抚养人对子女的评价是极为重要的,可能会影响到子女一生对自己的评价。

父母对子女的态度不仅影响子女智力发展和学习,也影响子女其他能力和人格的发展。如子女的社会适应能力、人际交往能力、自主能力、独立能力等。人的这些能力是在童年时代奠定基础,父母对子女的态度对子女这些方面能力的形成有巨大影响,父母对子女持有消极和不良的态度,就会影响子女的行为往不良或不健康的方面发展,父母对子女持有积极和良好的态度,就会促进子女的行为往健康的方面发展,子女在社会能力方面才能建立起较好的自我评价和自我意向,建立起自信心,很好地发展自主能力、独立能力和其他社会能力,为一生奠定下良好的基础。

2. 家长期望的影响

家长的期望在很大程度上影响着其教育行为,从而也影响了学生的心理素质发展。正如教育心理学实验中的经典试验“皮格马利翁效应”

也称“罗森塔尔效应”一样，家长的适度、积极的期望，能促使学生适应良好、发展和谐、主动创造，家长的过度、负性期望会给学生心理的发展造成障碍。

(*1*)家长期望的成因。

从人的活动有其动机和目的性出发，我们可以看出家长的社会心理，需要与家长对学生的期望关系十分密切。现代人养育子女的观念“除了社会地位和身份、有刺激性、权力、经济效益、道德性的标准外，还有自我延伸感、创造感、成就感、能力感和社会比较竞争等”。自我延伸感意指有了子女会提高父母的责任感、忘我精神，并促进父母自身的意愿等在后代人身上体现。通过当父母，帮助儿童成长和发展，父母可感到一种快慰、产生创造感、成就感和能力感。子女的成就可以被父母用来同他人的子女相比以评价各自的成功与否，并从中获得高度的自尊和满足感。这些原因反映了父母们的社会心理需要，他们根据自己的经验、学识和思维，为孩子的成长和发展进行构思、规划、设计和安排，这就形成了父母对子女的期望。这种期望是在孩子还没出生前就可能产生的，并且会影响到孩子的整个成长时期。“可怜天下父母心”就是说这种期望在所有的父母身上具有普遍性。

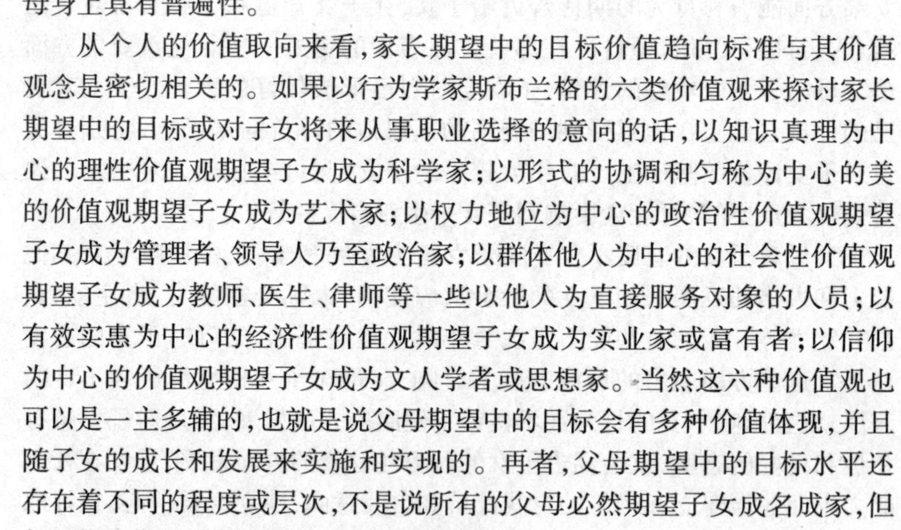

从个人的价值取向来看，家长期望中的目标价值趋向标准与其价值观念是密切相关的。如果以行为学家斯布兰格的六类价值观来探讨家长期望中的目标或对子女将来从事职业选择的意向的话，以知识真理为中心的理性价值观期望子女成为科学家；以形式的协调和匀称为中心的美的价值观期望子女成为艺术家；以权力地位为中心的政治性价值观期望子女成为管理者、领导人乃至政治家；以群体他人为中心的社会性价值观期望子女成为教师、医生、律师等一些以他人为直接服务对象的人员；以有效实惠为中心的经济性价值观期望子女成为实业家或富有者；以信仰为中心的价值观期望子女成为文人学者或思想家。当然这六种价值观也可以是一主多辅的，也就是说父母期望中的目标会有多种价值体现，并且随子女的成长和发展来实施和实现的。再者，父母期望中的目标水平还存在着不同的程度或层次，不是说所有的父母必然期望子女成名成家，但却可能是期望让子女具备某些有价值的素养。

(*2*)家长期望的作用。

①家长良好的期望会转化为子女的成就动机，并增强其自信心。成就动机是一种根据适当的标准，争取成功的内驱力。家庭是社会的细胞，

父母是孩子的第一任教师。当孩子遇到新异的刺激时会产生探究行为，问一些“什么”、“为什么”等，这有助子形成孩子求知欲旺盛的认知内驱力。当孩子入学后所形成的取得好成绩，或从挫折中吸取教训从而加倍努力的内在力量，称作自我提高内驱力。孩子为达到父母的标准和期望，得到教师和同学们等人的认可，以搞好学习和工作的需要被称作附属的内驱力。认知内驱力、自我提高内驱力和附属的内驱力组成了学生学习生活中的成就动机。

教育心理学家认为期望使父母对其子女的态度保持一定的心理倾向性。父母对子女的较高期望带有一种隐蔽的强化作用，它通过其子女的知觉和投射两种心理机制，使他们受到良好的激励，之后又通过日积月累的反馈作用，子女就会更深刻地感受到家长的关切和信赖，并时时将自己与父母期望的形象相比较，从而使求知求学的热情、刻苦努力的意志品质和不断进取的自信心均得到增强。

②家长期望会强化家长的教育行为和更关心孩子的事情。期望是作为个体行为的动机的决定因素而起作用的。一般说来，父母期望高低表现在教育孩子的行为上也有高低之分。较高期望的父母往往更多地对子女的成长、成功和成就关心，投入时间精力和花费钱财支持子女，甚至以培养孩子为生活中极大的乐趣和要事，并为此作出自己个人的某些牺牲。

美国著名教育心理学家布卢姆在其《发展青少年的才能》中，通过对卓有成就的钢琴家、游泳健将、数学家这些代表艺术、运动和认知技巧领域的人才的研究认为，家长对孩子的早期兴趣的培养和把他们的能力提高到非凡的水平，给予孩子不断激励和支持与使他们成功地走向辉煌有着极为密切的关系。

家长教养方式对学生心理素质发展的影响

家长教养方式是在家庭生活中以亲子关系为中心，以培养身心健康和合格社会成员为目标的最主要的活动，它在儿童、青少年的心理发展过程中起着十分重要的作用。教养方式，顾名思义包含有教育和养育两个方面的内容。在家庭中的教养，事实上是通过养而教的，即在养育的过程中达到教育的目的，或者说养育本身就具有教育的功能，特别是对年纪极小的孩子。养育方式的不同，将使婴幼儿形成不同的行为习惯，并纳入其个性的塑造之中。倘若孩子极小时形成的坏习惯没有及时采取果断措施加以纠正，由此产生的对其心理发展不利的个性特征将难以从根本上得到改变。

1. 家长教养方式与学生心理素质的关系

人们称家庭是“制造人类性格的工厂”，家长的教养方式对子女的心理素质的发展起着直接的作用。有关研究发现，家长教养方式与学生的心理素质形成和发展有如下的关系。

(1)权威型。

家长只从自己的主观意志出发，不考虑子女的心理愿望，过分限制子女的活动。食、衣、住、行、物质、精神上照顾的无微不至。使子女容易发展为顺从、懦弱、缺乏自信自尊、孤独、依赖性很强，独立性差，缺乏创造性和想像力、社会适应能力差。

(2)放任自流型(放任型)。

家长对子女从小缺乏教育和关心，提供子女基本的生存条件，但漠视其心灵感受，让子女放任自流，子女多为性格内向，孤僻，对人冷漠，情绪消沉，兴趣狭窄，缺乏理想和追求，不易学会社会常规，任性。

(3)不协调型。

即教育态度缺乏一致性，连续性，随心所欲，以家长的情绪为转移，教育方式多变。家庭内部缺乏稳定感，情绪不稳定，容易恐惧、焦虑、急躁、多疑、自卑，容易发展不良行为和心理变态。

(4)专制型。

家长对子女的一举一动都横加限制或斥责，更有甚者，许多人相信惩罚的作用，子女做错了事，家长就大发脾气，不问青红皂白，先揍一顿，子女挨了揍还不知错在哪里。这样的教育，结果使子女产生恐惧心理，缺乏自信心，往往以说谎自卫，变得既怯懦又不诚实，性情非常不安定，心理缺陷和心理障碍发生率很高。

(5)民主和睦型。

是最理想的教养方式。家长常常有较好的心理品质和文化修养。家长对子女的活动在加以保护的同时，并给以社会和文化的训练；对子女要求给以满足的同时，并在某种程度上加以限制或禁止。家长对子女长期耐心教导，以身作则，启发说理，督促检查。这种家长教育出的子女常常具有很好的心理品质，健全的人格，独立性和创造性，社会适应良好。个体化和社会化协调平衡发展，易独立成才。

调查研究发现，我国家长的教于方式，以权威型最为突出。有的虽属于民主型或其他类型，但也都兼有权威型的特点。对子女过分保护，不放手让子女去独立活动，不让子女自己去学习、去锻炼，经受挫折，则子女可能变得依赖和抗挫折能力低，心理素质不能健康发展，进而影响其心理健康的发展。

2. 家长教养方式的类型与学生心理素质发展

家庭是构成社会的基本单位，是一个人最早接触、并且终身保持密切联系的重要环境，因此，早期生活经验的形成与内容，多半由家长教养方式所决定。良好的家长教养对亲子双方和整个社会都有很重大的意义。教养成功能大大增加父母的自我价值和生活满意度，使家庭的总体功能稳固、健全。对子女而言，良好的教养使他在个性、品德及行为诸方面健康成长，为他一生的身心健康、生活幸福和事业成功打下坚实可靠的基础。对社会而言，良好的家长教养可以使文化传统和社会规范得以在亲子互动关系中很好地传递，这是任何家庭之外的力量所不可替代的。反之，如果子女教养存在重大困扰或发生严重紊乱，自然会直接危害两代人的身心健康，使家庭生活的质量下降，家庭的总体功能发生障碍，甚至导致家庭解体进而危及社会稳定。

欧洲一些医学心理学家经过多年的跨国研究表明，家庭教育方式对保持和巩固良好的心理素质有着最为直接的关系，因为它能积极影响学生的人格。不正确的家长教养方式不仅是一个社会学和教育学问题，而且也是一个医学问题。因为由此而引起的一些不良的个性特征往往会导致学生出现心理问题，这正是引起许多心理障碍的原因之一。中国学者的研究发现，家长教养方式对小学生自尊的发展具有显著影响。采取“温暖与理解”的教养方式会促进学生自尊的发展，提高其自尊水平；“惩罚与严厉”、“拒绝与否认”等方式则会不同程度地阻碍学生自尊发展，降低自尊水平。

综上所述，家长的教育方式对子女的心理素质发展具有极其重要的影响，子女通过接受家长的教养方式给他们的教育影响，集成并获得了社会的价值观和传统的行为习惯，并为将来的发展做好心理上的准备。

家庭结构对学生心理素质发展的影响

家庭结构主要指家庭的人口结构。家庭结构有四种类型：①核心家庭（也称独生子女家庭）。一对夫妇和其未婚或未成年的子女住在一起。②扩大家庭。有两对配偶，两到三代人住在一起，主要是直系双偶家庭，即父母与一个已婚子女同住。③大家庭。多代多偶家庭。④特殊家庭。单亲，离异，寄养等等。我国现在以核心家庭占主要部分，大家庭趋于消失。

在家庭人口结构中，一个十分重要的因素就是家庭结构的健全完整程度。近年来的一些关于离婚与儿童心理健康的研究普遍证实，由于父母离异，使子女的内心产生严重的焦虑与矛盾。多疑、孤僻、冷漠、心神不定或神经质，甚至导致心理变态及反社会行为，这主要是因为破裂的家庭结构给儿童带来了过分紧张的生活气氛和感情冲突，家庭缺乏温暖和关怀，致使他们失去了生活目标，于是在思想观念、情感、行为、性格等方面出现动荡，易于向不良的方向发展。因此，动员各种力量稳定家庭结构，对于保证下一代身心健康成长有着极为重要的意义。

1. 独生子女家庭与学生心理素质发展

近年来我国由于实行了计划生育这项基本国策，广大城乡的独生子女越来越多。未来的家庭子女也渐近“独生化”。据我国教育心理学家在部分省、求抽样调查分析中得出的结论是，独生子与非独生子，同样遵循儿童身心发展规律成长；由于独生子女在家庭中位置特殊，家长对这种特殊性缺乏认识和心理上的准备，因而带来一些值得探讨的新问题。

(*1*)独生子女心理特点及其形成原因。

现代家庭结构的变化是导致独生子女的心理特点的形成的重要原因，由于我国实施计划生育这项基本国策，使现代家庭结构发生了根本性的变化。由原来的多子多孙的“四世同堂”式的家庭结构向“二加一”的家庭结构转化，向“四、二、一”的家庭发展。这样的家庭结构对独生子女的心理发展带来了一定的影响。表现在以下几个方面。

①独生子女与成人接触较多：独生子女没有兄弟姐妹，加之城市住宅日益楼房化，使家庭与家庭之间交往渐渐减少，独生子女与伙伴之间的交往也渐渐减少。这就造成了独生子女与成人交往的机会增多。独生子女与成人交往增多有利的一面，也有不利的一面。成人都有一定的文化知识，又有一定的成熟经验传授给孩子。所以，独生子女有良好的早期教育，智力开发早，兴趣爱好广泛，理解能力较强。

但是，由于独生子女经常与成人交往，成人的经验多方位地影响他们，使他们显得过早地成熟，过早地失去童年的天真、单纯和幼稚生活，这对独生子女身心发展有一定的影响。在“二加一”或“四、二、一”的家庭结构中，成人只知道为独生子女服务，包惯任性、骄横、不合群、以我为中心、不尊重别人意见，只会问怎么办，父母和教师成了他们的拐杖，缺乏独立处理和解决问题的能力，形成很强的依赖性。

②独生子女与同伴接触少：人的心理是客观中各种各样的事物在人

脑中的反映。独生子女心理的形成与发展，也必须经过他们自己的实践，如游戏、交往、学习、等多方面内容能动地反映。独生子女在活动中缺乏同层次小朋友之间的交往，这就必然影响独生子女学习与相处的规则，原因是独生子女同其他儿童一样，他们更需要与自己有同一认知水平的伙伴。只有同这样的伙伴交往，他们才能学会与人相处的原则，适应社会的规范，成功地学习社会生活经验。而这些是每个社会成员在其发展过程中都必须学会掌握和遵守的。

(2)独生子女家庭对学生心理素质发展的影响。

独生子女因为没有在家庭中的社会生活，父母对孩子采取娇生惯养的教育态度和独生子女没有兄弟姐妹共同生活的训练容易形成利己、脆弱等性格上的缺陷。利己性会制约心理素质中的道德感、责任感的发展，独生子女虽然常听到父母教育他们要互相帮助，但这对于他们而言只是一个概念，并没有真正的谦让行动。而情操是靠实践培养出来的，所以未经实践的独生子女缺乏与他人共同生活的品德，具有利己性。独生子女在父母无微不至的关怀下，很少与同伴们交往，缺乏对自己、对他人、对社会的了解，所以在生活中缺乏独立性，自治处理能力差。不能养成良好的社交能力和交往的敏感性，影响其社会适应能力和良好的个性发展。

独生子女缺乏同伴之间的交往，在生活中事事由父母亲自安排和照顾，使他们在社会生活中没有充分地认识到自己的存在，自己不能支配自己，减弱了社会存在中的主体意识，因而竞争意识差。缺乏社会的锻炼，独生子女性格就会脆弱。如果一个孩子经常受到生活中的磨炼，性格便会变得坚强和有韧性，但是，独生子女没有这种机会，一旦遇到挫折和失败时，就会束手无策或受到打击，因而一蹶不振。总之，正是父母采取尽量让孩子避开障碍的错误态度，会使孩子表现很脆弱不堪，无法去处理日常生活中的难题。

但是，独生子女一旦进入学校，标志着他已经走出家庭的小圈子，学校是把独生子女从家庭引向社会的过渡机构，它对于成长中的独生子女来说，学校是社会利益的代表，所以教师应培养他遵循一定的社会规范与小伙伴交往、游戏等，促使他们社会角色地位发生变化，促进他们心理得以很快的发展。使独生子女在一定社会环境和社会关系中，独立掌握社会规范，正确处理人际关系，妥善自治，以顺利地适应社会生活需要。

2. 特殊家庭与学生心理素质发展

特殊家庭一般包括四种情况：一是离异家庭，指父母离异的家庭；二

是缺损家庭，指父母其中一方由于天灾、疾病等自然原因过早去世的家庭；三是收养家庭，指有继父母及收养关系的家庭；四是寄养家庭，指将子女寄养在亲戚朋友家中的家庭。据有关部门调查，1999 年我国的离婚率约为 13.54%，2000 年增长到 15.58%，不难想像，在我国的单亲家庭的学生将逐年增加，探讨单亲家庭对学生心理素质的影响就具有重要的现实意义。

（1）单亲家庭的教育功能缺损。

以家庭功能的角度来分析，父母二人作为一个系统，有着互相支持、共同负起维持一个健康的快乐的家庭及养育子女的意义。当其中一人离开后，这些责任都由一个人负担。身兼双职自然吃力得多。这个人责任过重，以致产生"功能缺陷"。现代家庭的结构就像一个三角形，父亲—母亲—孩子。和睦美满的家庭这个三角形坚实可靠，孩子的身心沿着正轨健康发展。当家庭结构不完整，这个三角形就出现变异，失去稳固性，生活在这类家庭中的孩子的身心往往不能得以平衡发展。

在这类特殊环境下生长的学生，不管随父或随母生活，由于受到的关爱打了折扣，受到的家庭教育必定不全面，教育心理学家称为"教育功能缺损"或"教育功能不全"。对于他们身心的健康发展其消极影响极为严重。因为，对子女的教育是父母双方的责任，缺少一方，有些作用是难以代替的，而且双亲都在身边给孩子带来更高的安全感和情感满足，也是单亲家庭所没有的。这是不能不承认的事实。孩子在群体中容易与他人比较而产生失落感和自卑感，成为一种无形的心理压力，给孩子带来性格和学业上的问题。

（2）单亲家庭对学生心理素质发展的影响。

教育实践证明，家庭中不健全的关系既是子女不良行为的首要原因，也是子女高级心理功能畸形发展的首要原因。忧愁烦恼、情绪的波动、不满意感、在家中受到双亲的厌恶被抛弃或受歧视以及其他各种神经机能病态的反应，所有这些在一定程度上都不利于儿童个性的形成和道德的发展。单亲家庭对学生心理素质发展的影响如下：

①自闭：单亲家庭的孩子易形成自我心理封闭：自卑、抑郁、孤独、冷漠。对自己产生脱离实际的偏低评价，往往伴随着害羞、内疚、胆怯的心理。受挫后情绪低落，郁郁寡欢、封闭自我。别人的嘲讽、歧视使他们常常心灰意冷，失去热情。人际关系表现较为被动，包容需求比较倾向于期待他人引导自己，支配需求比较倾向于期待他人引导自己，感情需求比较

倾向于他人对自己表示亲密。

②猜忌:易在主观上先假定他人对自己的不满、歧视或具有恶意,然后把生活中许多无关的事拉扯在一起来证明自己的猜疑,产生成见,强化自我心理防御。自尊心强,情绪不稳。由于家庭关系的失衡,但他们内心又渴望受到重视,却又不易被他人理解和接纳,心理距离相距甚远,当他们强烈的自尊心受挫,情绪波动就很大,就易产生抵触情绪,言行容易走极端。

③攻击心理:在离异之前,父母往往是争斗型的,常常动用武力,偶尔也往子女身上撒气,使其子女在心理上受到一定的压力,暗恨埋怨。不安、忧伤、失望的情绪体验使他们的整个心理失去平衡。一方面自怨自艾,顾影自怜,一方面遇事变责己为责人,把对自己的不满投射到别人身上,产生攻击心理。一旦遇上某种场合或某种条件便会发泄,影响了与同伴的友好交往。

所以在学校教育活动中,教师应控制和调节好教育任务、内容、方法和组织形式,有的放矢、因人施教,同时尊重信任单亲学生,以发展的眼光看待单亲学生,以宽容开放的心态对待单亲学生,使这些特殊家庭的子女在生活和学习中不仅能得到老师和同学给予的援助和温暖,获得来自父母之外的爱心补偿,从而医治他们心灵上的创伤,调整他们的心理状态,而且也能够通过有规律的严格教育,矫正他们的不良性格和行为,激发他们积极进取,奋发向上。

影响心理素质教育的社会因素

学生在学校和家庭形成的心理素质将接受社会的洗礼,因此,社会文化心理环境对学生的心理品质的形成具有重要的强化作用。美国学者弗洛姆认为:“心理健康是由客观因素所决定的,社会既可以促进人的发展,又可以扭曲人的发展。”我国正处在社会转型期,伴随新的思潮,生活方式的不断变化,加之学生的心理发展的不成熟,社会因素对学生的心理素质的发展的影响,已变得越来越不容忽视。本节主要从社会风气、社会生活、社会转型等三方面探讨社会因素对学生心理素质发展的影响。

社会风气与学生心理素质发展

社会风气是一个社会主流价值观、审美倾向、信仰等的反映,它是一种看不见、摸不着的文化因素,然而,对人的心理素质发展的影响无处不在。

社会风气的形成,有的是民俗信仰使然,有的是历史文化所致,有时是约定俗成,有时政府的政策也会主导时尚。此外,人有追赶时尚的习性,只要流风所及,人必随之,自然形成一股无法阻挡的社会风气,例如近来彩票的风行、网络交友的盛行,乃至偷拍、盗版、盗拷、抢劫之风猖獗,都在说明社会风气具有无形的感染力,风向所及,往往影响普遍。

社会风气通过潜移默化的方式影响着人们的人生观和世界观,进而影响人们的需要、动机、理想以及价值观等,因而也对人的心理健康产生影响。社会风气对人心理健康的影响一方面通过风俗习惯、宗教、道德观等传统因素;另一方面通过时尚文化对人产生直接的影响。作为现实中活生生的人,必然要受到当前社会风气的影响,也必然会承受现代传播媒介所携带的强大时尚信息的冲击。

1. 社会风气对于青少年的影响

青少年涉世不深,世界观、人生观、价值观处在形成阶段,很不稳固,对社会、对人生的认识易表面化、直观化,最容易受社会风气影响,出现"近朱者赤,近墨者黑"的现象。

当电视里充满暴力与色情内容时,青少年会变得更具有攻击性,更容易走上犯罪的道路。当社会上的以权谋私、行贿受贿等不正之风盛行时,青少年的心灵会受到相当严重的影响,容易对司法平等原则产生怀疑,对社会不满,对法律、社会信任度降低。书本教育、教师的教导和社会现实之间的反差,社会风气和学校教育的在方向,目标上的相互冲突和矛盾,会对青少年的心理素质发展产生消极的影响。常常使青少年觉得无所适从。很多青少年心理失衡,有的对不正之风深恶痛绝,有的悲观失望对前途丧失信心。青少年中思想不稳定、抵制力较弱、意志力差的人,甚至可能成为违法犯罪的后备军。

2. 抵御社会风气的消极影响的措施

在实施素质教育的过程中,学校要加强法律、道德教育,开辟第二课堂,把对青少年的世界观、人生观教育,爱国主义教育,集体主义教育纳入德育课,并认真考核。组织青少年参加一些社会实践,打开他们的视野,丰富他们的生活。做到校内校外,课内课外相统一,以形象、生动、学生喜闻乐见的方式实现素质教育的要求,贴近青少年实际,讲求科学,避免政治课、德育课教学形式化,把正确的是非观映入青少年学生的头脑中,积极抵制社会上不良风气的影响,使正气成为健康心理的支柱。通过各种心理活动情景训练,增强青少年的自尊心、自信心和进取心,提高他们承受挫折的能力，切实有效地促进人格完善。

在学校和社区中建立完善科学的教育辅导、治疗体系，设置心理咨询机构，由专家和心理医生对青少年的心理状况进行专门的系统调研，掌握其现状，研究控制不良心理的对策，对青少年心理教育起到指导和帮助作用。

古人云："君子之德风，小人之德草；草上之风，必偃。"改善社会风气，要从自身做起。整个社会没有良好的示范，如何能培养出身心健全的下一代？

所以，塑造青少年健康心理是全社会的责任，心理卫生工作的开展往往需要有社会力量的配合，在针对个体强调心理健康的同时，更应该重视整个社会的精神文明建设，净化社会风气，营造一个有利于培养青少年健康心理的环境。

社会转型与学生心理素质的发展

当前，我国正处于转型期社会，即由传统社会向现代社会转变，由计划经济向市场经济转变，由封闭社会向开放社会转变，由农业社会向工业社会、信息社会转变。当前国内和国际社会复杂而深刻的变化，特别是多种所有制和分配制并存、价值多元化带来的冲击，人们的社会生活思想领域、心理层面都发生了深刻的变化。处在这新旧观念的更迭，经济全球化引致中西文化的交流与冲突，生活节奏的加快以及社会竞争的加剧的时代，人们所承受的心理压力、产生的心理问题远大于以前。

伴随着改革开放和社会急剧变革，中国社会文化也进入一个迅速变迁的阶段：社会文化变迁频繁化、人际关系复杂化、竞争激烈化、价值观念多样化、生活紧张化等。民族文化与港台文化及外来西方异质文化广泛交流和相互影响，尤其是多种文化、多种价值倾向体系的抉择之间的矛盾；崇尚人格完善和追求金钱、名利之间的冲突，使得他们无所适从，青少年心理产生了无意义感、多余感和厌烦等心态，因而引起了心理机制的应激反映，久而久之，引起心理失衡，导致心理障碍。若缺乏及时有效的引导，会造成青少年心理的迷惘，极易损害青少年的心理健康。

1. 社会转型期的矛盾表现

在新旧体制转换过程中出现了各种各样的矛盾，主要表现在：(1)社会上滋长的"一切向钱看"的消极现象，不仅妨碍学生树立正确的人生观和价值观，而且也助长他们产生拜金主义、享乐主义和极端个人主义的心理。(2)在当前教育体制下容易产生重智轻德、分数至上的消极现象，它往往使学生产生焦虑情绪、挫折感和人格障碍。(3)家庭教育不当也会使学生产生各种各样的消极现象。有些独生子女家庭,由于对子女娇惯、纵容、溺爱,致使孩子任性、懒惰、独立性差、依赖性强、不够合群等毛病严重。(4)大众传媒中不健康的内容也是造成学生心理行为问题的重要原因。所有这一切,都是学生心理问题产生的根源。

2. 社会转型对学生心理素质教育的影响

从宏观上来看,目前我国正处于一个社会转型时期,人们的思想意识和价值观念变得复杂起来,社会竞争加剧,无论是教师、家长还是学生,在教与学方面都面临着种种新的挑战、新的困惑。如何使教师、家长和学生获得良好的心理状态,形成三位一体的良性互动,这就需要进行心理素质教育。心理素质教育也就必然地成为了新时期教育工作者应该掌握和应用的一种特殊的教育措施。还有,我们大力提倡的素质教育,实际上主要是对学生进行非智力因素诸如人格个性、意志力、适应能力、认知能力及情感、审美等方面的塑造和培养,而这些都与心理素质教育有着密切的联系。家庭、学校、社会三方面教育影响着学生的成才,心理素质教育工作应当贯穿于学校教育、家庭教育和社会教育等各个方面,以学校为中心,以社会为依托,以家庭为基础,构筑多渠道、多层次、全方位、立体交叉的心理素质教育网络,相互协调、同步互衬,密切配合,为青少年的心理素质的健全发展创造一个良好的环境。